U0507711

浙江省哲学社会科学规划重点基地
项目（13JDYW03YB）
浙江省哲学社会科学重点研究基地越文化研究中心资助出版

绍兴文理学院越文化研究院（浙江省哲社重点基地越文化研究中心）
越文化研究丛书编委会（以姓氏笔画为序）

顾　　问	安平秋	黄　霖			

委　　员	王志民	王建华	叶　岗	冯根尧	朱万曙	寿永明
	李圣华	张太原	陈书录	周鸿勇	赵敏俐	胡晓明
	费君清	高利华	郭英德	徐吉军	钱　明	谢一彪
	廖可斌	潘承玉	魏小琳			

主　　编　寿永明

执行主编　潘承玉

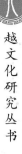

越文化研究丛书

袁瑾 著

地域民间信仰
与乡民艺术
——以绍兴舜王巡会为个案

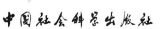

中国社会科学出版社

图书在版编目（CIP）数据

地域民间信仰与乡民艺术：以绍兴舜王巡会为个案/袁瑾著．—北京：中国社会科学出版社，2017.5
ISBN 978-7-5161-9605-2

Ⅰ.①地⋯ Ⅱ.①袁⋯ Ⅲ.①信仰—民间文化—研究—绍兴
Ⅳ.①B933

中国版本图书馆 CIP 数据核字（2017）第 005178 号

出 版 人	赵剑英	
责任编辑	郭晓鸿	
特约编辑	席建海	
责任校对	季　静	
责任印制	戴　宽	

出　　　版	中国社会科学出版社	
社　　　址	北京鼓楼西大街甲 158 号	
邮　　　编	100720	
网　　　址	http://www.cssp.cn	
发 行 部	010 - 84083685	
门 市 部	010 - 84029450	
经　　　销	新华书店及其他书店	

印　　　刷	北京明恒达印务有限公司	
装　　　订	廊坊市广阳区广增装订厂	
版　　　次	2017 年 5 月第 1 版	
印　　　次	2017 年 5 月第 1 次印刷	

开　　　本	710×1000　1/16	
印　　　张	15.25	
字　　　数	202 千字	
定　　　价	69.00 元	

凡购买中国社会科学出版社图书，如有质量问题请与本社营销中心联系调换
电话：010 - 84083683

版权所有　侵权必究

双溪江舜王庙山门

双溪江舜王庙大殿

双溪江舜王庙中的舜王神像

双溪江舜王庙的戏台

双溪江舜王庙文物保护建筑碑文

2009 年舜王巡会湖墩大舜庙舜王行像出庙

2013 年吴山舜王庙中参加庙会的民众

扮演宫娥、护卫的民众

扮犯人

黄校会

伞 会

狮　会

龙　会

马灯会

巡会队伍在山路间蜿蜒

路祭的信众

路祭接会

路祭唱"八仙庆寿"

舜王祭祀上的绍剧表演

目　　录

绪　论

第一节　问题的提出与研究对象的确立

一　问题的提出

　　近年来，随着非物质文化遗产保护工作的深入，各地的民间庙会活动也逐渐恢复起来，自发参加者众多，是当地颇有影响的社会文化活动之一。这一类庙会活动以神灵祭祀为主题，并伴有大量民间表演，一直被视为地方性民族文脉考察的重点。绍兴舜王庙会也是在这一大背景中涌现出来的，是颇具特色的民间庙会活动之一，其中尤以各种民间艺术表演的恢复引人注目。舜王庙会上的民间艺术主要包括民间小戏、民间舞蹈、杂耍武术、民间造型艺术、民间音乐等，集中反映了舜王信仰的地域特点与当地民众的艺术个性。作为庙会传承的核心，民间信仰与民间艺术表演之间存在复杂而又密切的关系。民众通过艺术的形式向神灵献祭，表达内心的虔诚，同时也借敬神、娱神、酬神而聚人、娱人，缓解日常的劳顿，共同享受欢愉热闹的节日气氛。因此，这些民间艺术表演往往能够成为庙会活动中参与性最强、最具人气的活动。

然而繁华热闹的表象之下，我们也应注意到，伴随着乡村经济文化的发展，农耕文明生活方式正在逐渐消退，宗族家庭结构在慢慢解体，庙会中民间艺术表演在当下的发展正面临诸多新的挑战，其中不少已超出单纯的技艺层面而涉及社会结构、观念意识、审美评判等诸多因素。如何理解当下传统民间艺术的生长机制，进而在更广泛的意义上讨论传统之于现代生活的意义，不仅仅是个学术问题，也是非物质文化遗产保护工作中的现实问题。

二 研究对象的确立与特点

传统的庙会活动一般分为朝山进香和迎神赛会两类。"朝山进香"通常指民众在特定的日期，比如神诞日前往供奉神灵的庙宇上香祭拜、祈福，以及参加各种祭祀活动。因旧时规模较大的庙宇多建在环境清雅的山林之中，故称为"朝山进香"。"迎神赛会"通常指民众抬着神像按一定路线巡游，并形成浩大的队伍，其中往往包括各种民族民间艺术的展演，是全国各地常见的一种庙会活动。

绍兴南部会稽山区的舜王信仰十分兴盛，舜王庙会活动分成常规性的朝山进香与不定期的迎神赛会两种。在当地，民众称"迎神赛会"为"巡会"，本书入乡随俗，以此定名。巡会中当地民众自发组织参与的各种艺术表演活动则被称为"会货"。会货表演的种类繁多，他们按照一定的顺序排列起来，边走边舞，构成了巡会队伍的主体。

本书主要以绍兴舜王庙会中巡会会货表演这一仪式性的民间艺术整体为研究对象，探寻地域民间信仰与民众艺术的互动关系。选取舜王巡会中的会货表演为突破口主要是因为其在当地的影响力及其作为当下传统复兴个案所具有的典型性特征。

虞舜是传说中的五帝之一，绍兴南部会稽山区、诸暨枫桥、嵊州北部山区及上虞杨浦以西一带虞舜信仰盛行，文化积淀十分深厚，至今留有不少相关传说、自然历史风物、庙宇，以及庙会等信仰活动。舜王菩萨是当地民众普遍崇拜、敬仰的神灵，并逐渐形成了农历九月廿七舜王诞辰朝山进香的传统，除此之外，每隔几年还要举行声势浩大的巡会。

传统的舜王巡会依托绍兴王坛镇双溪江舜王庙展开。由于缺乏地方文献的记载，巡会兴起的确切时间目前暂时无法考证，只能从舜王庙存在的时间及当地民众口头流传中推测，巡会的兴起早于清代晚期，至清末民初达到鼎盛，当时影响力波及杭州、嘉兴、上海等地。观看者、迎送者数以万计，会货表演的队伍绵延几十里山路。据统计，在巡会全盛时期有百余个会货参会，包括二十九个表演项目，共有王坛镇、稽东镇及周边六十余个村落参与组织，可谓盛况空前。作为会稽山区最大的民间祭祀活动，舜王巡会早已超出单纯的信仰层面，而是作为民众日常生活的延伸，渗入当地社会结构、生活实践、民众心理等各个层面。

较之于其他形式的民间艺术事象研究，会货表演有其自身的特殊性。首先，它不是单纯的艺术表演，而是围绕舜王信仰组织起来的队列型集合，巡会的队伍就是会货按照一定顺序依次排列起来的。因此民间信仰对会货表演的产生、发展、艺术特征的形成有深刻的影响，信仰元素的流失将直接影响民众参与会货表演的热情与表演的艺术水准。其次，会货表演不是单个表演项目，而是一个集合体，数量众多，几乎包括了民间各个艺术门类，具有高度的开放性和容纳性。表演舞队的结构形式、各个表演之间的内在联系看似杂乱无章，实际上依旧受到民众信仰心理传统逻辑的约束，表现出内在的逻辑联系。会货表演的具体内容总是处于不断的变化中，有新的表演项目出现，也有旧的表演项目消失，或者是表演内容与形式上的变化，但种种变迁并不影响民众对它的整体认知与情感认同，以及它作为仪式组成部分所具有的献祭功能。就整体而言，会货表演在历史上表现出了相当的稳定性与模式化特征。最后，作为巡会仪式中拥有最丰富、鲜艳、活泼表现形式的会货表演在发展中也反映了艺术发展自身的规律，并从中汲取新鲜的养分不断丰富民间信仰的内涵与表现形式。因此对会货表演艺术的剖析将为我们理解传统民间表演艺术在民众信仰生活框架内的生成、发展、演变提供十分有意义的案例。

当下会货表演的复兴与变迁也为我们研究民间表演艺术与民众信仰的关系打开了更为广阔的视野，提出了更加现实的要求，即通过对传统的建构关照当下的恢复和保护工作，进而厘清复兴中出现的一些变异，为非物质文化遗产保护的实际工作提供个案借鉴。自从 20 世纪 50 年代起，舜王巡会与会货表演就已中断，在经历了半个多世纪的断裂后，它的现代复兴也是一个充满冲突的过程。从 2007 年部分巡会恢复到 2010 年巡会与朝山进香二者合一，期间有来自个人、群体、民间、官方等各方面的力量角逐与妥协，还涉及多元价值观念的评判。与此同时，会货表演则在不断对新的表演情境进行调适的过程中，表现出顽强的生命力。它的复兴不仅仅是审美艺术层面的问题，而且具有更加深刻的社会文化心理意味。它所面临的各种问题和困境，在很大程度上揭示了游走于传统和现代生活框架之间的普通民众对于当下自身生存状态的认识和调适，并以其自身的存在解释了传统之于现代的意义。对表演传统的剖析和重建是为了观照当下的存在，从而使人们能够更加深刻地理解这一类围绕信仰而展开的艺术之于民众生活的意义。从这个角度来说，本书的讨论和研究都将是一次努力的探索，当这种探索与传统文化的现代命运相联系时，其意义也就不言而喻了。

综上所述，本书将从艺术学和民俗学的双重视角入手，通过表演、信仰、生活三者相互影响、相互交织的动态联系，重构舜王巡会中会货表演的艺术传统，探讨民间艺术与民众信仰、地域文化体系之间的关系，揭示这类不脱离信仰而存在的民间表演艺术是如何在传统社会生活框架中生成、发展的，并探讨它在新的生活情境中的发展趋势。

第二节　相关领域内的研究概况

会稽山区的虞舜信仰是会货表演发生的原动力。舜王庙会，特别是其中的巡会为会货表演提供了具体的空间，并以信仰的名义进一步加强和巩固了会货表演存在的合理性。围绕信仰而产生并为之服务的民间艺术在学术界被称为艺能。要厘清仪式性表演与信仰之间的互构关系有必要对庙会、艺能等相关领域内的研究有全面而清晰的了解。

一　关于庙会的研究

庙会，作为民众生活的重要组成部分，是一种围绕神灵祭祀而展开的群体性、周期性民俗事象，它在一定的地域内发生，由特定的人群组织，并具有很强的传承性。庙会的习惯称呼也很多，有庙市、香市、香会、神会等。与纯粹的宗教祭祀仪式不同，庙会是社群民众公共生活的中心，它是庙宇建筑、神灵信仰、仪式、文艺表演、商贸集市、传说故事等诸多因素组合而成的综合体，对了解该地区的社会结构，民众的生活状态、观念意识、经济活动等都有重要意义。因此，早在五四新文化运动时期，不少学者就本着教化民众的目的，开展了颇有建树的庙会调查研究，并开创了民俗学庙会研究的学术传统。

1925 年，在顾颉刚的带领下，北京大学研究所国学门风俗调查会一行五人假扮进香的香客，对北京西郊的妙峰山进行了为期三天的进香风俗调查，其成果在《京报》副刊上连载。这个调查活动是在当时救亡图存的大背景下展开的。自清末以来，中国社会动荡不止，面对国弱受辱的现象，知识分子纷纷参与到救亡图存的运动中，希望探索一条救国救民的道路。到民间去，启迪民智，改造落后的国民性，成为当时知识分子的一种共识，并掀起了一场持久的"教育救国"运动。作为民众生活重要组成部分的庙会，自然也被纳入学者的视野。正如顾颉刚在《妙峰山进香专号引言》中阐释的庙会研究的双重目的，一是为社会运动，了解民众的生活状况，使他们甘心接受教化；二是为研究学问，从生活中搜集材料，加以整理和理解。1929 年 5 月，顾颉刚一行十三人，再次对妙峰山进行调查，《民俗》第 60、70 期合刊专门开设《妙峰山进香调查专号》以刊登调查成果。对妙峰山的调查研究内容主要包括香会的由来、组织、分类，以及明清香会状况和神灵信仰等内容，对其中的民间表演形式也略有涉及，但数量和内容均不多。《妙峰山进香调查专号》虽然称不上严格意义上的田野调查报告，但开启了学科意义上对庙会调查研究的传统。受到妙峰山调查的直接影响，1929 年谢云声对厦门醉仙岩庙会活动进行了调查，并在《民俗》第 61、62 期合刊上发表了《厦门醉仙岩仙诞的调查——读妙峰山以后而作的》一文。

同一时期，中华平民教育促进会对河北定县社会概况进行了一系列调查，出版《定县社会概况调查》一书，其中记录了当时定县村落庙宇、神灵、庙会活动的数量、种类、日期、分布状况及宗教团体的一些情况。1930 年年底，郑合成对河北安国药王庙会进行了调查，他将安国药王庙会药市作为一个农村贸易交易的典型经济模式加以研究与分析，为改善农村经济献计献策。1934 年，河南省立杞县教育实验区联合河南省淮阳师范学校共同编撰了《陈州太昊陵庙会概况》，以期发掘乡村教育的资源，调查对庙会上的商品交易、娱乐活动等做了比较翔实的记录与描绘。王宜昌在 1937 年刊行的《北平庙会调查报告》中虽然也介绍了北平庙会起源、变迁等方面的内容，但主要还是从经济活动入手对庙会在社会发展过程中的作用加以研究。

总的来说，这一时期，庙会调查研究主要出于改善经济、提高教育的目的，涉及庙会信仰、祭祀活动、庙会组织、传说、庙市经济等方面的内容。虽然也有对庙会娱乐表演做的一些调查，但多为铺陈式描述，缺少深入的、理论上的考量与分析。

当时，受到功能主义的影响，有一批学者考察了庙会在中国乡土社会、村落生活中的作用，费孝通的《江村经济——中国农民的生活》、林耀华的《义序的宗族研究》便是其中的代表作。

新中国成立后，由于各种原因，公开的庙会活动陷入缺失的状态。庙会更多被作为社会主义先进思想的改造对象，一般将其改造为物质交易会，原有的信仰、娱乐、文化功能则被排斥。

20 世纪 80 年代以后，随着改革开放的进一步深入，长期处于休眠状态的民间庙会活动在全国各地逐渐复苏。民众自发集资修建庙宇、重塑佛像，开展小规模的朝拜活动。与此同时，随着民俗学、人类学、社会学学科的逐渐恢复，学界对于庙会的研究在继承20世纪三四十年代传统的基础上，快速复兴起来，并取得了许多创新性成果。

20世纪90年代以后，无论是庙会实地调查还是理论研究，都从庙会本身出发，试图揭示中国庙会的本质。从20世纪90年代至21世纪初，《民俗研究》《中国民间文化》《民间文学论坛》等刊物发表各类庙会调查报告近百余篇，影响较大的有《西华女娲城庙会调查报告》《辽东王姑祠庙会调查》《碧霞元君信仰与妙峰山香会》《胡公大帝信仰与方岩庙会》等。台湾学者王秋桂主编的《民俗曲艺丛书》、法国学者劳格文主编的《客家传统社会丛书》和欧大年、范丽珠共同主编的《华北农村民间文化研究丛书》中也收录了不少乡村庙会的调查报告。在这些报告中，调查者深入田野，资料翔实，涉及庙会祭祀仪式、经济活动、文艺娱乐等各方面内容，但这些调查多是以资料性的搜集整理为主，缺乏深入的理论分析。

1991年全国庙会文化研讨会在陕西宝鸡召开，1992年会议论文以《论庙会文化》为题出版。在这次会议上学者们明确提出了"庙会文化"的概念，认为庙会是以宗教信仰为中心，以寺庙为依托，集游艺、艺术、贸易为一体的综合性文化事物。参会学者对庙会的起源、庙会文化的形成机制以及特点等做了广泛的探讨。1995年，首届民俗学论坛学术讨论会在北京召开，庙会文化也被列入论题，并于次年出版了论文集《妙峰山——世纪之交的中国民俗流变》。此次会议围绕庙会信仰在民众生活中的作用、庙会的历史变迁，以及不同历史时期、地域内庙会的对比研究等方面进行了分析研究，探讨新世纪庙会在社会经济、文化生活中的功能和发展趋势。这次研讨会展现了20世纪80年代以来庙会研究的基本状况。

　　20 世纪 90 年代中后期，来自民俗学、人类学、历史学、宗教学的学者们纷纷走进民间，在具体的语境中，对区域性民间信仰和庙会活动展开调查，通过追溯本地信仰的渊源、介绍庙会活动盛况、陈述禁忌习俗等方式总结归纳该地区民间信仰的特点。文化人类学家更加重视民间信仰与区域共时性文化体系的联系，聚焦信仰、仪式的象征体系，对其进行意义阐释，进而探讨信仰活动在区域社会文化体系中的功能和作用。在这方面，刘铁梁教授堪称代表。在大量个案研究、田野作业的基础上，刘铁梁教授从村落的实体性、自足的生活空间和自我意识的显现三个角度出发，提出将村落作为庙会、民间艺术、民俗生活基本传承单位的理念。这一观点在他的《村落——民俗传承的生活空间》一文中得以集中阐述，为以地域为单元而展开的庙会研究提供了方法论上的便利。在他看来，庙会是村落生活体系的组成部分，包含特定的时间、空间、器物、行为和语言。同时它又是符号象征的集合体，供奉着庞杂的神灵体系，体现了文化的地方性特质，表达了民众对其所处自然与社会生活空间内各种关系的认知。作为村落生活中的公共事件，庙会还通过仪式、表演的方式，替代性地为民众创造了一个等级融合、人神对话的想象空间，在行为和情绪上表现出张扬、放松的狂欢精神特质。在谈及庙会中的表演时，他指出村落集体仪式性文艺表演是民间信仰和民间文艺相结合的产物，"庙戏、祠堂戏、菩萨巡游等象征性行为的规模、范围与村民的社会组织观念紧密相连，体现出村民的生存地域观念，在不同的级序上整合着特定时空范围内的群体"①，在这些表演中，世俗与神圣并没有截然的界限。与之相似，另一位学者刘晓春在《区域信仰——仪式中心的变迁》

---

　　① 岳永逸：《俯视、蔑视与平视：百年乡村庙会研究史及其心性》，《节日研究》2010 年第 1 期。

中，也从空间的角度出发，探讨当地庙会与所在村落历史沿革、政治、经济、文化变迁之间的关系，以及庙会活动对村落内部关系和村落之间关系的影响，强调庙会活动对当地人生活空间的整合作用，揭示庙会活动对民众自我认同感起到的强化作用。

学者们除了对庙会与村落社会空间的关系进行探讨外，还十分关注庙会与生活节律的关系。历史学家赵世瑜将庙会视为"一种集体的心理活动和外在的行为表现，也是人们日常生活的一个组成部分"①，是特定时期、场合内的全民狂欢。他非常重视庙会在民众生活流中的非常态特征。另一位历史学者朱小田专注于江南庙会的研究，侧重于对庙会与民众休闲生活节律之间的关系并进行探讨。

总的来说，新时期的庙会研究主要从历史学和民俗学两个角度入手。历史学追溯庙会源起、历史变迁、庙会在传统社会中的作用等。民俗学家则从个案入手，分析庙会的现状，庙会活动与村落生活空间的关系，仪式象征意义与民众世界观的关系及庙会对生活节律的调节等。从内容来看，主要涉及庙会的信仰、经济活动、仪式结构、庙宇建筑、传说等，虽然学者们也注意到民间文艺表演在庙会中的作用，但一般只做概貌上的描述，强调表演的娱乐功能，以及作为民众自我意识显现佐证的功用，而忽略了对表演本体的关注，对信仰空间内表演的结构体系、象征意义、运作模式、艺术传统等诸多因素缺乏深入系统的讨论。

二 关于艺能的研究

20世纪90年代开始，国内学者开始关注日本传统的艺能研究。一方面，不少学者通过撰文或者翻译将日本艺能研究的最新情况介绍

---

① 赵世瑜：《狂欢与日常——明清以来的庙会与民间社会》，三联书店2002年版，第13页。

到国内，如《艺能的成立和目的》《日本的艺能》《日本民俗艺能巡礼》等。在日本学界，艺能指的是从信仰礼仪到成熟戏剧的过渡状态，具备信仰礼仪性、戏剧性和中间形态的艺能性，这是一种不脱离信仰的艺术表现形式。①　从表现方式来说，艺能集舞、戏、曲于一身，"舞乐、能（狂言）、文乐、歌舞伎四大艺能都遵守着各种不同的固定的程式或型，它们成为一个纵传承的艺能王国。每一种程式或型都有各自的历史形成过程和秘传过程"②。同时，日本学者还很重视中日艺能之间的渊源关系，如诹访春雄认为日本的能乐直接来源于中国的大傩。神奈川大学的广田律子教授则利用立体坐标法对中日民间艺术进行数字化记录，对日本的能乐、花祭与中国的傩舞进行更加细致入微的比较。③

另一方面，一些中国学者也开始借鉴日本艺能研究的观念与方法对中国民俗艺能进行探讨，例如曲六乙的《中国现存敬神艺能的分类及其人类学价值》、陈勤建的《村落少女情怀的艺能化展示》及王耀华的《客家艺能文化》④　等。这些研究揭示了散落于民间并伴随仪式发生的表演是民众的一种生存手段，它发生在一定的民俗情境中，"蕴含着极为深邃的历史文化内涵。这种内涵包括了多元宗教、民俗信仰、巫术意识和以歌舞戏剧为载体的复合仪式，是长达数千年之历史复合文化的积淀"⑤。

---

①　参见［日］诹访春雄《艺能的成立和目的》，《上海大学学报》（社会科学版）1990 年第 2 期。

②　志慧编译：《日本的艺能》，《文艺研究》1987 年第 4 期。

③　参见［日］广田律子《日本传统戏曲与中国民俗艺能之继承关系与应用立体坐标法解释》，《贵州民族学院学报》（哲学社会科学版），2007 年第 6 期。

④　参见曲六乙《中国现存敬神艺能的分类及其人类学价值》，《艺术百家》2002 年第 4 期；陈勤建《村落少女情怀的艺能化展示》，《华东师范大学学报》（哲学社会科学版）2001 年第 6 期；王耀华《客家艺能文化》，福建教育出版社 1995 年版。

⑤　曲六乙：《中国现存敬神艺能的分类及其人类学价值》，《艺术百家》2002 年第 4 期。

伴随仪式发生的民间艺术形式已引起了有关学者的关注，但研究还相对比较薄弱，特别是对某个庙会所汇集的诸多民间艺术样式整体的描写，尤其值得尝试。

第三节　本书的研究方法与理论依据

在总体研究思路上，本项研究将延续近年来民间艺术研究领域兴起的整体性研究方法视角，从民俗学、艺术学两个角度入手，对会货表演传统进行深入剖析。

一　整体切入的视角

整体性研究方法自20世纪90年代以后逐渐兴起。一方面，当时随着民俗学、文化人类学与民间艺术研究的结合日益紧密，学者们开始注重将艺术与民众生活场景结合起来，强调特定区域内民众固有的生活文化与其艺术表演之间的互构关系。这方面的成果有陈勤建教授的《文艺民俗学导论》、薛艺兵研究员的《神圣的娱乐——中国民间祭祀及其音乐的人类学研究》、宋德胤教授的《文艺民俗学》、张士闪教授的《中国艺术民俗学》、容世诚的《戏曲人类学初探：仪式、剧场与社群》、王慯的《中华美术民俗》等，他们都从综合角度将民俗与艺术、文学研究结合起来；另一方面，立足具体地域生活场景的民间艺术个案研究也如雨后春笋般生机盎然，代表作有项阳的《山西乐户研究》、傅谨的《草根的力量——台州戏班的田野调查与研究》、张士闪的《乡民艺术的文化解读》等，都产生了很大的影响。在这些个案研究中，研究者立足田野调查，将民间艺术个案文本置于原本的生活语境中，运用民俗学和艺术学的双重方法，细致入微地考察艺术手段的文化特质，并将之作为民众的生活实践，纳入民众日常生活体系之中。

本书的研究借鉴了近年来上述民间艺术研究的新成果、新方法，将巡会中的会货表演置于特定的信仰空间内，在对当地民众生活文化整体把握的基础上，实现对表演体系的深度描写。

二 具体研究方法

在具体研究方法上，本书还将借鉴以特纳为代表的仪式理论、以吉尔兹为代表的阐释人类学理论，以及表演与情境互动研究中的一些方法和国内学者的经验。并在此基础上，将田野调查、历史文献梳理与理论思考三者结合起来进行考量与研究。

（一）仪式理论

庙会中的会货表演作为祭祀神灵的手段，围绕着一定的仪式展开。仪式作为人类普遍的行为，一直是人类学、民俗学家关注的重点。19 世纪末 20 世纪初，出现了"神话—仪式"学派，该学派关注古典神话与仪式之间的渊源关系，其影响至今不绝。随后涂尔干、布朗从社会功能角度对仪式展开研究，他们认为仪式能够将社会等级制度观念稳定地灌输给人们，从而加强社会的凝聚和稳定。与涂尔干、布朗强调仪式对静态社会秩序规范的调和不同，马克斯·格拉克曼认为社会处于秩序和规范的冲突中，仪式的作用在于有节制地彰显矛盾与冲突，并最终达到社会秩序的再次统一。他的观点在特纳那里得到进一步发挥，"结构"与"反结构"的概念被用以解释仪式中的行为和事件。特纳将社会的矛盾冲突视为常态，仪式的作用就是在动态的象征过程中重建社会的和谐与统一。仪式的过程充满了社会结构与文化的象征符号，借助这些符号，现实的社会等级、利益关系得以逆转，矛盾得以消解。他将仪式的过程分成阈限前、阈限和阈限后三个阶段。阈限在拉丁文中有"门槛"的意思，它指的是仪式的通过过程，即仪式的主体的原有的社会文化结构中分离出来直到完成仪式重新获得稳定状态的中间阶段。它具有显著的反结构特征，表现为狂欢式的交融。此刻，人们除去了社会身份、地位、关系、性别、形体、语言的不同，全身心地投入象征符号的互动中，最终实现对社会结构的再度整合。对研究者来说，就是要破译仪式中各种符号所隐含的意义，并借此走进他者的认知世界。

(二) 阐释学的方法

几乎与特纳同时代的另一位阐释人类学大师克利福德·吉尔兹①则将19世纪末以来阐释学的研究方法用于文化人类学的研究，用以解释人类赖以生存的文化网络所蕴含的独特意义。在他看来，文化是个符号学的概念，就是"一些由人自己编织的意义之网"②，因此对文化的分析就是探讨意义的解释学。一个区域内，文化意义并不是杂乱无章的，相反，它是一个有系统的意义网络，文化的各个层面，比如艺术、法律、意识形态、宗教、神话、天文历法等都按照内在的认知逻辑相互交织成为一个系统，文化系统的意义是通过人与人互动的象征性行动实现的。我们对某一文化现象的解读，必须将其置于原来

———————

① 关于美国阐释人类学家 Clifford Geertz 的中文译名目前有两种，分别为"克利福德·格尔茨"与"克利福德·吉尔兹"。为了书中论述的统一性，本书采取"克利福德·吉尔兹"的译法，但在引文及注释中，仍按照所引用书目的译法，特此说明。

② ［美］克利福德·格尔茨（Clifford Geertz）：《文化的解释》，韩莉译，译林出版社1999年版，第5页。

的语境中，以行动者为中心，逐渐领悟文化持有者赋予符号的意义，达到经验接近式的了解。

吉尔兹所谓的文化系统是微观的，他将文化意义的阐释纳入地方性知识的框架，为意义的建构与理解划定具体的时空坐标。因此，对文化的阐释有赖于研究者深入当地人的生活中，从生活的细节入手，揭示其特有的"文化语法"，从而进行广泛意义上的阐释和抽象分析。

就本书而言，会货表演既是当地民众生活文化系统的组成部分，又是一种实践性的艺术形式，其中各种肢体的动作、造型、道具乃至队列变换本身就充满了象征意味。艺术符号的意义生成于具体而细微的生活场景和情感体验，在互动性的表演场景中得以展现，因此，我们必须将其置于它原本存在的场景中，在它与当地民众的生活文化千丝万缕的联系中对其进行解读。

（三）文本与情境的互动

不论会货表演，还是其他民间表演艺术，其动态的表演过程必然发生在具体的场景中，受到当时各种因素的影响与制约。这种表演文本与情境的互动关系在早期的口头表演研究中就已经受到学者们的关注了。20 世纪 30 年代，艾伯特·洛德与他的老师哈佛学者米尔曼·帕里通过对南斯拉夫地区史诗表演的调查和研究，建立了著名的"帕里—洛德"口头诗学理论，表现出早期人类学家对口头表演与具体场景互动关系的观察与思考。"帕里—洛德"理论的核心就是表演中的创作。通过对史诗歌手活态表演场景的调查，研究者发现，每次表演都是独一无二的，歌手总是在有意无意间向表演中加入自己独特的标记，但是这些歌手"并不有意识地破除传统的词语和插曲，他受表演中的快速创作所驱使而使用这些传统的要素。对歌手来说，这些传统的成分不仅仅是必要的，它们也是很恰当的……他能依靠以基本程式为基础而建立的模式，为即兴的表达去创作或再创作一些词语"①。事实上，每一次独特的表演都不能完全脱离传统形成的程式。程式具有很强的能产性，在具体的表演中，诗歌的主题会有所扩展、缩小、增加或者减少，但最终仍会按照内在逻辑汇集在一起，以局部的变化赋予程式新的意义。程式的要素、主题的排列及程式化手段的延续保证了表演传统的稳定延续。当然程式并不仅仅限于史诗等口头表演，同样存在于民间表演艺术中。

20 世纪 60 年代后期，以理查德·鲍曼为代表的美国表演理论将口头文学的表演视为"语境的、民族志的现象"，力图"发现它们在社会生活引导下出现的意义，以及它们包含的那些社会和文化的因素"②。表演理论以"表演为中心，关注口头艺术文本在特定语境中的动态形成过程和其形式的实际应用"③。在他们看来，表演即为一种言说的方式，文本存在于口头交际中，它可以脱离表演框架得到确认，但是必须回到交流的具体情境中才能实现意义传递。表演理论重视考察具体语境中口头艺术表演的展开、重塑和意义的再解释。他们通过揭示包括个人、传统、政治、经济等在内的各种情境因素对表演的影响，最终建立起一个表演者和观看者之间的共享交流模式。

在表演理论的直接影响下，20 世纪中后期民族志诗学在美国兴起。民族志诗学从口头诗歌的跨文化转写与翻译入手，建立起一套阐释框架，其核心是将表演文本置于其自身的文化语境中加以考察。提

---

① ［美］阿尔伯特·洛德：《故事的歌手》，尹虎彬译，中华书局 2004 年版，第 5 页。
② 孟慧英：《西方民俗学史》，中国社会科学出版社 2006 年版，第 287 页。
③ 杨利慧：《表演理论与民间叙事研究》，《民俗研究》2004 年第 1 期。

出为了保持口头诗歌表演的口头性和表演性，在研究时一定要对其所处语境做一个详细的文化叙事，在文本与生活情境之间建立联系。针对民族志诗学理论所提出的语境过于宽泛的问题，我国学者巴莫曲布嫫通过对诺苏彝族史实的个案研究，提出"研究主体在田野观察中，依据表演事件的存在方式及其存在场景来确立口头叙事特定情境"的研究视野，并具体提出田野作业的"五个在场"原则，试图为口头史诗表演确立一个便于操作的观察框架。[①]

表演理论注重在语境中的文本展演，巴莫曲布嫫对民族志诗学理论和实践的进一步深化体现了根据研究对象具体确定表演语境的灵活研究方式，两者对本文的研究都很有借鉴意义。在当下情境中，表演传统、表演者、组织者、观看者甚至在场的从旁观察的研究者都会对表演产生一定的影响。复兴中的表演活动，面对的不再是单一、同质的传统生活情境，而是传统与现代并置、多元价值观共存的复杂情形。各种因素互相碰撞，又交织在一起，共同塑造了当下的会货表演形态。

三　本书的章节安排

在综合借鉴上述各种理论和方法的基础上，本书的研究工作综合了自 2009 年以来多次舜王庙会实地调查所获得的大量口述、影像、文字等资料，以及历史文献、地方志的相关资料，力图对会货表演诸多艺术样式之间的内在联系、信仰与民间艺术之间的互构关系及现实情境等诸多问题进行解读。研究的思路与章节安排如下：

第一章将迎神赛会这一类信仰活动置于宏观的历史框架内，考察

---

① 参见巴莫曲布嫫《叙事语境与演述场域——以诺苏彝族的口头论辩和史诗传统为例》，《文学评论》2004 年第 1 期；廖明君、巴莫曲布嫫《田野研究的"五个在场"——巴莫曲布嫫访谈录》，《民族艺术》2004 年第 3 期。

它的历史流变与基本特征。第二章将研究的视角转入会稽山区具体的地域社会文化结构中，对流传于当地的虞舜信仰的文化内涵进行分析与解读。借助传说与庙宇群的构成说明作为公共性形象的虞舜是如何实现在地区内的转换，从而阐明其作为艺术发生原动力的形态特征。第三章从虞舜祭祀圈内的仪式入手，展示会货表演所存在的神圣空间，并探讨仪式在空间过渡、组织架构等方面对表演所起的作用。第四章通过对大量田野资料、文献资料的梳理，重新建构起传统生活框架内约定俗成的会货表演的基本模式，进一步说明民间艺术自身所具有的独立的艺术审美个性与发展规律。第五章通过具体的表演样式分析，进一步阐明艺术与信仰深层次的互构关系，一方面，虞舜信仰所具有的伦理性特征、生活化气息在会货表演中留下了很深的痕迹；另一方面，会货表演有独立的开放性特征，多样化的艺术形态下蕴含多元并置、混沌一体的观念形态，后者拓宽了民间信仰的内涵，成为民间信仰吸引信众的重要方式之一。最后在第六章中，通过对巡会会货表演复兴状况的分析，揭示当下民间表演艺术的自我生长机制，借以重新审视保护与恢复中会货表演所产生的变异，并进一步探讨新的社会文化语境下，其作为公共文化资源的可能性。

第一章　迎神赛会的历史流变

迎神赛会是一种古老的民间祭祀活动，这一类伴有文艺表演的主神出游型祭祀活动全国各地都有。会稽山区尤以舜王巡会规模最为浩大，民间汇集各类艺术形式巡游赛演，为当地民众喜闻乐见。

正如人类学家雷德菲尔所说："乡民文化具有明显的历史，我们必须去研究它的历史；而且这一历史不仅仅是本地的，它是整个文明史在村庄的表达。"① 将舜王巡会会货表演连同整个巡会仪式作为一种文化现象，置于更广泛的时空坐标内，就会发现它既依赖于具体的社会生活语境，又继承了这一类祭祀与民间表演的一些共同特征，而正是后者奠定了舜王巡会会货表演的基本结构框架和表演基调，比如，庆祝神诞、驱除鬼祟的功能，世俗化的审美倾向等。从这个角度出发，在对个案进行微观的深描之前，我们有必要从更广阔的历史发展角度对这一类民俗事象做一番钩沉，借以说明其在发展过程中形成的基本特征。

---

① 转引自宋雷鸣《论大传统和小传统概念的时间意义》，《广西民族大学学报》（哲学与社会科学版）2010 年第 2 期。

第一节　古代祭祀中的表演

会货是巡会仪式中的文艺表演，祭祀伴以表演的习俗由来已久。在古代，人们出于对神灵和鬼神的崇拜和畏惧，在生产和劳动中形成了各种祭祀活动，其中尤以春秋两社、年末驱傩和蜡祭仪式最为重要。在这些祭祀活动中，我们看到了以信仰为中心的艺术形态的展演雏形。最初，这些表演作为敬神的手段，后来逐渐向世俗化、娱乐化方向发展，并对后世包括巡会在内的民间信仰活动中的表演传统产生了深远影响。在本节中，我们将以社祭、驱傩和蜡祭为例，展现古代祭祀中的表演传统形式及其世俗化特征。

一　社祭中的表演

社祭是以土地为中心的祭祀活动，分为春秋两祭。社祭早在商周时代已经出现。自商周开始到明清，社祭一直被列入官方祀典，是国之大事。

在传统农耕社会中，土地有极为重要的意义，直接关系人们的生存和生产生活。《礼记·郊特牲》说："地载万物，天垂象，取财于地，取法于天，是以尊天而亲地也。故教民美报焉。"[①] 这里表达了民众对土地朴素的感激之情。春季万物复苏，一年耕种从此开始，设坛

---

① 《礼记·郊特牲》"第十一"，陈成国点校《周礼·仪礼·礼记》，岳麓书社 1988 年版，第 360 页。

祭祀，祈求丰收，是谓春祈；后者，一年耕种完毕，果实成熟，准备纳藏备冬，此时要对辛苦了一年的土地进行答谢，同时也希望来年再获丰收，是谓秋报。

社祭活动中以歌舞、琴瑟相伴的仪式很早就形成了。如《诗经·小雅·甫田》有诗句云："以我齐明，与我牺羊，以社以方。我田既臧，农夫之庆。琴瑟击鼓，以御田祖。以祈甘雨，以介我稷黍，以穀我士女。"① 这里描述了秋天祭祀中用琴瑟鼓乐迎接田祖（即土地神）的场景。另一首《楚茨》对秋社祭祀场景描述得更加详细，从土地神来人们迎接开始，一直到送神止，"送神"时特别提到"礼仪既备，钟鼓既戒"②，说明礼乐在当时的祭祀中扮演十分重要的角色，是人神互通的"语言"。《周礼·春官·宗伯下》也有"凡国祈年于田祖，吹豳雅，击土鼓，以乐田畯"③ 的说法。可见祭神时，舞之蹈之，以乐歌相娱，早已蔚然成风。

汉代，社日饮宴成风，歌舞献牲，好不热闹。《盐铁论·散不足》记："今富者祈名岳，望山川，椎牛击鼓，戏倡舞象；中者南居当路，水上云台，屠羊杀狗，鼓瑟吹笙；贫者鸡豕五芳，卫保散腊，倾盖社场。"④ 三国时有王修，其母在社日去世，"来岁，邻里社，修感念母，哀甚，邻里闻之，为之罢社"⑤。罢社之举恰恰能使人联想到当时乡村中社祭盛行、欢歌笑语的场景。

随着人类对于自身命运掌控能力的不断增强，社祭中宗教的权威

---

① 《诗经·小雅·甫田》，《诗骚合璧》，浙江古籍出版社1995年版，第195页
② 《诗经·小雅·楚茨》，《诗骚合璧》，浙江古籍出版社1995年版，第191页。
③ 《周礼·春官·宗伯下》卷六，林尹注译《周礼今注今译》，书目文献出版社1985年版，第249页。
④ （西汉）桓宽撰、张之象注：《盐铁论》，上海古籍出版社1990年版，第102页。
⑤ （西晋）陈寿：《三国志·魏志十一·王修传》，许嘉璐主编《二十四史全译·三国志》，汉语大词典出版社2004年版，第181页。

性与巫术的神秘感逐渐淡化，仪式的神圣感和畏惧感也在日渐减弱，取而代之的则是观赏性、娱乐性的增长。原本庄严肃穆的歌舞祭祀仪式开始向艺术化方向演变，娱神娱人的色彩更加突出。尤其是唐宋以后的社日祭祀，各种民间表演种类日渐丰富，民间百戏也参与到社日的祭祀中。

唐宋时期韩愈、王驾、梅尧臣、杜甫、李公麟、范成大、陆游等文人墨客都留下不少关于乡间社祭的诗篇，为我们展现了一个个有趣、热闹、喜庆的节日场景。韩愈《赛神》云："白布长衫紫领巾，差科未动是闲人。麦苗含穟桑生葚，共向田头乐社神。"① 诗中虽然没有直接写出社祭活动的场面，但只要看到官府差人、隐者都去看热闹了，想必场面一定很吸引人。梅尧臣在《春社》中写道："年年迎社雨，淡淡洗林花。树下赛田鼓，坛边伺肉鸦。春醪酒共饮，野老暮相哗。燕子何时至，长皋点翅斜。"② 描绘的则是在靡靡春雨初放晴后，田边树下的舞乐情景。

南宋杨万里的《观社》也非常生动精彩。诗中写道：

作社朝祠有足观，山农祈福更迎年。

忽然箫鼓来何处，走煞儿童最可怜。

虎面豹头时自顾，野讴市舞各争妍。

王侯将相饶尊贵，不博渠侬一饷癫。③

这首诗描述的场景与民众聚集社庙祭祀有所不同，在这里人们吹箫击鼓、载歌载舞、走街串巷。还有演员化了妆、带着虎面豹头的面

---

① 孙民选注：《古代风俗诗画》，辽宁美术出版社 1992 年版，第 76 页。
② 同上书，第 79 页。
③ 同上书，第 89 页。

具头套在人群中尽情起舞。

宋代孟元老《东京梦华录》卷八记录了当时的秋社活动：

> 八月秋社，各以社糕、社酒相赍送贵戚。官院以猪羊肉、腰子、奶房、肚肺、鸭饼、瓜姜之属，切作棋子片样，滋味调和，铺于饭上，谓之"社饭"，请客供养。人家妇女皆归外家，晚归，即外公姨舅皆以新葫芦儿、枣儿为遗，俗云宜良外甥。市学先生预敛诸生钱作社会，以致雇倩、祗应、白席、歌唱之人。归时各携花篮、果实、食物、社糕而散。春社、重午、重九，亦是如此。①

可见，北宋时做社既保留了传统的"社饭""社酒""社糕"，民间还集资宴请各种表演，有杂耍、歌唱等项目。已婚妇女借机回娘家探亲，亲属相聚，相互间馈赠礼品。南宋社日习俗大致相仿，如《梦粱录》卷四"八月"条载：

> 秋社日，朝廷及州县差官祭社稷于坛，盖春祈而秋报也。秋社日，有士庶家妻女归外家回，皆以新葫芦儿、枣儿等为遗，俗谚云谓之"宜良外甥儿"之兆耳。②

当时官府依旧因循古制，设坛祭祀，而在民间早已是一派欢庆且充满浓厚生活趣味的节日气氛了。

明清时期的赛社活动也极为频繁。万历《绍兴府志》载："二月社日，乡有社祭。"③又引《嘉泰志》记载，该地在每年二月春社前后开西园供全郡民众游览，是时还有竞渡表演，全郡上至帅府下到平

---

① （宋）孟元老：《东京梦华录·秋社》卷八，中国商业出版社1982年版，第56页。
② （宋）吴自牧：《梦粱录·八月》卷八，中国商业出版社1982年版，第24页。
③ 丁世良、赵放主编：《中国地方志民俗资料汇编华东卷》，书目文献出版社1995年版，第819页。

民无一不去观看。当时相隔不远的杭州钱塘县二月社日，"民间轮年酿金祀土谷神。祀毕，为社会饮"。七月，杭城人游西湖，作"赏芙蓉会"，"各里酿金作会祀神，与春社同"①。

另据清光绪《上虞县志校续》载：

> 二月"春社"前后，各乡村聚天齐社会，旗帜绣东岳帝像，鼓乐导迎，斋戒必虔。所至以酒馔相款洽，谓之"礼拜"。其迎会之人称"老佛"，其鼓吹之人号"十番"……乾嘉以来，每礼拜毕，三月中里人又聚各社各旗迎东岳帝于城中及东西两乡，谓之"花迎"。羽葆鼓吹，绣帜锦伞，高跷、文马、鱼龙百戏，约排列三、四、五里许，每年所费巨甚，亦以见风俗之日靡也。②

此处，民间巡会已然和社祀合二为一，参加人数众多，声势浩大，已然成奢靡之势。而其间也形成不少专门负责筹办鼓乐表演、祭祀供品的民间群体组织，成为巡游、祭祀活动的生力军。这些组织也被称为"社"，其组织形态一直为后世民间祭祀活动所沿用，影响深远。关于这一点，后文将专章详述，此处不复赘言。

二 行傩仪式

行傩是历史上另一种重要的祭祀仪式，主要以驱疫禳灾为目的。关于戴假面行傩的记载最早可追溯到周代。据《周礼·夏官·方相士》载："方相士，掌蒙熊皮，黄金四目，玄衣朱裳，执戈扬盾，帅百隶而时难，以索室驱疫。大丧，先柩，及墓，主圹，以戈击四隅，

---

① （万历）《钱塘县志·纪事·风俗》，《武林掌故丛编》第 16 集。
② 丁世良、赵放主编：《中国地方志民俗资料汇编华东卷》，书目文献出版社 1995 年版，第 837 页。

驱方良。"① 这里方相士半人半兽打扮,凭借长相的凶恶和自身的力量驱逐无形之鬼。

到了汉代,宫廷行傩仪式更加复杂,不仅要扮方相士黄金四目,还有十二神兽,一百二十个"侲子","皆赤帻皂制,执大鼗"②,驱鬼逐疫。

早期的行傩保持了仪式的神圣感与神秘感,但在后来的演变过程中娱乐色彩逐渐浓重起来。比如唐代,宫廷民间都要举行驱鬼逐疫的傩仪,而此时神秘的祭祀仪式已经开始向乐舞发展,对此段安节在《乐府杂录·驱傩》中描述得十分详细,其文曰:

> 用方相四人,戴冠及面具,黄金为四目,衣熊裘,执戈扬盾,口作"傩、傩"之声,以除逐也。右十二人,皆朱发,衣白画衣。各执麻鞭,辫麻为之,长数尺,振之声甚厉,乃呼神名。其有"甲作",食者;"胇胃",食虎者;"腾简",食不详者;"揽诸",食咎者;"祖明"、"强梁",共食磔死寄生者;"腾根",食蛊者。侲子五百,小儿为之,衣朱褶素襦,戴面具,以晦日于紫宸殿前傩,张官悬乐。太常卿及少卿押乐正到四阁门,丞并太乐署令、鼓吹署令、协律郎并押乐在殿前。事前十日,太常卿并诸官于本寺先阅傩,并遍阅诸乐。其日,大宴三五署官,其朝寮家皆上棚观之,百姓亦入看,颇谓壮观也。③

当时行傩,皇帝在紫宸殿上大宴群臣,鼓乐齐奏,官员家属、百

---

① 《周礼·夏官·司马下》卷八,林尹注译《周礼今注今译》,书目文献出版社1985年版,第325页。

② (南朝宋)范晔:《后汉书·志第五·礼仪中》卷五,许嘉璐主编《二十四史全译·后汉书》,汉语大词典出版社2004年版,第273页。

③ (唐)段安节著、罗济平校点:《乐府杂录·驱傩》,辽宁教育出版社1998年版,第3页。

姓都入内观看，场面很大。这时的行傩已不仅仅为了驱疫禳灾，其中的装扮开始具有装饰性特征，再加上宫廷礼乐的配合，开始显现娱乐的意味。

宋代首次采用艺人扮演傩神，戏剧化成分更加明显了，如《东京梦华录》卷十"除夕"条载：

> 至除日，禁中呈大傩仪，并用皇城亲事官。诸班直戴假面，绣书色衣，执金枪龙旗。教坊使孟景初身品魁伟，贯金副金鍜铜甲装将军。用镇殿将军二人，亦介胄，装门神。教坊南河炭丑恶魁肥，装判官。又装钟馗、小妹、土地、灶神之类，共千余人，自禁中驱祟出南薰门外转龙弯，谓之"埋祟"而罢。①

与唐代及之前的宫廷傩仪相比，宋代宫廷驱傩发生了十分显著的变化，表演、娱乐的色彩更加浓重。宫廷尚且如此，民间的情况可想而知。《东京梦华录》卷十"十二月"条记载当时腊月民间乡傩的情况：

> 十二月……自入此月，即有贫者三数人为一火，装妇人神鬼，敲锣击鼓，巡门乞钱，俗呼为"打夜胡"，亦驱祟之道也。②

《梦粱录》卷六"十二月"条也有类似记载：

> 自此入月，街市有贫者，三五人为一队，装神鬼、判官、钟馗、小妹等形，敲锣击鼓，沿门乞钱，俗呼为"打夜胡"，亦驱傩之意也。③

---

① （宋）孟元老：《东京梦华录·除夕》卷十，中国商业出版社1982年版，第70页。
② （宋）孟元老：《东京梦华录·十二月》卷十，中国商业出版社1982年版，第69页。
③ （宋）吴自牧：《梦粱录·十二月》卷六，中国商业出版社1982年版，第45页。

可惜的是，宋代宫廷傩仪在元朝、明朝和清朝并没有保留下来，但民间乡人傩至今仍有遗存。而傩仪中驱疫禳灾的要义则为民众所继承，其中一些表演形式和手段在民间也有所保留。

三　蜡祭仪礼

蜡祭是一种古老的年终祭祀活动，它起源很早，各代叫法不一，比如夏时称"嘉平"；商时称"清祀"；周时称"大蜡"；秦初称"蜡"，又改为"嘉平"；汉代以后称"腊"，并将其定在冬至后第三个戌日；魏晋承袭汉制。鼓乐吹打、行走迎送的祭神方式在古代的蜡祭仪式中同样表现得十分明显。

蜡祭的对象主要是与农业有关的神灵，如《礼记·郊特性》载：

> 天子大蜡八，伊耆氏始为蜡。蜡也者，索也。岁十二月，合聚万物而索飨之也。蜡之祭也，主先啬而祭司啬也。祭百种以报啬也。飨农及邮表畷、禽兽，仁之至，义之尽也。古之君子使之必报之：迎猫，为其食田鼠也。迎虎，为其食田豕也。迎而祭之也。祭坊与水庸，事也……八蜡以记四方。四方年不顺成，八蜡不通，以谨民财也。顺成之方，其蜡乃通，以移民也。既蜡而收，民息已。故既蜡，君子不兴功。①

在先秦时期，蜡祭中除了祭祀万物之神外，还特别配了八位农业神，以酬谢土地的恩赐，连食田鼠的猫和食田豕的虎也因为有利于农事而被列入祭祀之神，可见当时人们心之虔诚。对这些神灵，人们总是"迎而祭之"，在迎送的队伍中，就有人扮演的神"尸"。在古代

---

① 《礼记·郊特性·第十一》，陈戌国点校《周礼·仪礼·礼记》，岳麓书社1988年版，第367页。

祭祀中，"尸"代表各方鬼神享用人间祭品，在神"尸"享用完祭品后，人们又奏乐击鼓将它们送回原处。祭祀时，人们衣着肃穆，"皮弁素服而祭……黄衣黄冠，息田夫也。野夫黄冠。黄冠草服也"①，弥漫着宗教的气氛。尽管迎尸的祭祀习俗在秦汉的宫廷蜡祭中逐渐被神主代替，但民间仍然历代承袭，且世俗色彩更加浓重，正如苏轼所说："'迎猫则为猫尸，迎虎则为虎尸，近俳优所为。'是其迹久类于戏也，是以元、明废止不行。"②

人们在迎神、供神、送神之后，也不忘放松自身，于党序之中饮酒作乐，举国欢腾。如《周礼·春官》载：

> 国祭蜡，则吹豳颂，击土鼓，以息老物。郑玄注："豳颂，亦《七月》也。七月又有获稻作酒，跻彼公堂，称彼兕觥，万寿无疆之事，是亦歌其类也。谓之颂者，以其言岁终人功之成。"③

这里的人们为了送走冬季衰老的作物，迎接来年春季蓬勃的新生而吹奏豳颂，击土鼓，也借机庆祝"岁终而人成""万寿无疆"。此时"一国之人皆若狂"的情景曾令孔子的门徒子贡大惑不解，孔子则从"百日之蜡，一日之泽"出发，归纳出"张而不弛，文武弗能也。弛而不张，文武弗为也。一张、一弛，文武之道也"④的道理。认为大家劳累了一年，借此机会恣意欢娱也是十分自然的事。由此可见，

---

① 《礼记·郊特牲·第十一》，陈戍国点校《周礼·仪礼·礼记》，岳麓书社1988年版，第367页。
② 赵尔巽等：《清史稿·吉礼三》志五九，中华书局1977年版，第2550页。
③ 《周礼·春官宗伯下》卷六，林尹注译《周礼今注今译》，书目文献出版社1985年版，第249页。
④ 《礼记·杂记下》第二十一，陈戍国点校《周礼·仪礼·礼记》，岳麓书社1988年版，第429页。

祭祀中的表演很早就已经是仪式的一部分了，并成为民众自我放松、调节身心的一种手段。

尽管如今上述这些古代祭祀仪式的原始形态已经很难觅到，但其中酬神祈福、驱逐邪佞的要义却被继承下来，并成为包括迎神赛会之类的民间祭神活动的共同主旨，而表演也作为一种惯常的娱神娱人手段被世代沿袭。在社祭、行傩、蜡祭等早期祭祀的表演形态中，民众对其在整个仪式地位中作用的认知及欣赏习惯已然内化为一种惯有的文化心理模式，其对后世民间祭祀与表演传统的影响至今仍然得以显现。

第二节　佛教"行像"仪式的影响

佛教传入中国后，其中因果报应、转世轮回、十八层地狱等观念被民众接纳，并通过表演形象生动地表现出来。民间信仰在形式上也吸纳了佛教迎送神像等实践模式，其中尤以"行像"仪式的影响最为突出。"行像"是佛教中的一种宗教仪式，就是用装饰一新的彩车拉着佛像，在市井街衢或者乡间到处巡游，又称"巡城"或"行城"。宋代赞宁《大宋僧史略》卷上说："行像者，自佛泥洹，王臣多恨不亲睹佛，由是立佛降生相，或作太子巡城相。"

自东汉以来，佛道两教就在扩大影响、巩固宗教地位上相互竞争。在此过程中，佛教为吸纳信众逐渐本土化，名目繁多的宗教活动更是层出不穷。北魏时期，"行像"仪式就已经传入我国，如《魏书·释老志》说："世祖初即位，亦遵太祖太宗之业，于四月八日，舆诸寺佛像，行于广衢，帝亲御门楼临观散华，以致礼敬。"① 在后来的发展过程中，加入了许多世俗化的娱乐内容，以获得民众的好感，呈现出明显的本土化特征。

北魏孝文帝太和九年（公元485）迁都洛阳以后，大兴佛事，这一时期，各寺院纷纷采用走出庙宇的策略招徕信众，于是"行像"之风日盛，如《洛阳伽蓝记》卷一《长秋寺》载：

> 四月四日，此像常出，辟邪狮子，导引其前。吞刀吐火，腾骧一面。彩幢上索，诡谲不常。奇伎异服，冠于都市。像停之处，观者如堵，迭相践跃，常有死人。②

当时的队伍中已有杂耍、歌舞等表演，更有奇装异服人物装扮，旌旗林立，万人争睹，场面颇为壮观。同书卷三《景明寺》也记录了当时洛阳城南景明寺之"行像"盛况：

> 景明寺，景明年中立，因以为名……四月七日京师诸像皆来此寺。尚书祠部曹录影凡有一千余躯，至八日节，以次入宣门，向阊阖宫前受皇帝散花。于时金花映日，宝盖浮云，幡幢若林，香烟似雾。梵乐法音，聒动天地。百戏腾骧，所在骈比。名僧德众，负锡为群，信徒法侣，持花成薮；车骑填咽，繁衍相倾。时有西域胡沙门见此，唱言佛国。③

景明寺在当时堪称洛阳城南第一大寺院，每年释迦牟尼诞辰日都

---

① （北齐）魏收：《魏书·志第二十·释老志》卷一一四，许嘉璐主编《二十四史全译·魏书》，汉语大词典出版社2004年版，第2446页。

② （北魏）杨衒之著、周振甫释译：《洛阳伽蓝记校释今译·长秋寺》卷一，学苑出版社2001年版，第34页。

③ （北魏）杨衒之著、周振甫释译：《洛阳伽蓝记校释今译·景明寺》卷三，学苑出版社2001年版，第88页。

要举行盛大的"行像"活动，届时各寺佛像云集，动辄千余，百戏纷呈、争奇斗艳，十分热闹。舞蹈、百戏、出巡让凡夫俗子们争相观看，民间各种酬神表演活动也纷纷参与其中。

后世典籍中这一类记载也屡见不鲜，"行像"之风自南北朝到唐宋逐渐推广，地域范围不断扩大。宋代陈元靓《岁时广记》卷二〇引《荆楚岁时记》说：

> 二月八日，释氏下生之日，迦文成道之时，信钥之家建八关斋戒，车轮宝盖，七变八会之灯。至今二月八日平旦，执香花绕城一匝，谓之行城。①

《辽史》卷五三《礼志》六记载：

> 二月八日，为悉达太子生辰，京府及诸州雕木为像，仪仗百戏导从，循城为乐。②

唐人苏鹗在《杜阳杂编》中记载了唐懿宗咸通十四年（873）三月，法门寺奉迎佛骨的盛事：

> 十四年春，诏大德僧数十辈，于凤翔法门寺迎佛骨……长安豪家竞饰车服，驾肩弥路。四方耋老扶幼来观者，莫不蔬素以待恩福……初迎佛骨，有诏令京城及畿甸，于路傍垒土为香刹。或高一二丈，迫八九尺，悉以金翠饰之，京城之内约及万数……又坊市豪家，相为无遮斋，大会通衢间，结彩为楼阁、台殿。或水银以为池，金玉以为树，竞取僧徒，广设佛像，吹螺击钹，灯烛相继。又

---

① （宋）陈元靓：《岁时广记·佛日》卷二，丛书集成初编。
② （元）脱脱：《辽史·礼志（六）》卷五三，许嘉璐主编《二十四史全译·辽史》第二册，汉语大词典出版社 2004 年版，第 509 页。

令小儿玉带金额，白脚呵唱于其间，恣为嬉戏。又结锦绣为小车，与以载歌舞。如是充于辇毂之下，而延寿里推为繁华之最。①

唐代长安此类佛事巡游活动十分丰富。这里提到的"无遮会"是当时佛教寺院举行的法会。会上不分贵贱僧俗，设斋普施大众，宣扬佛法。此会往往历时数日，参加者不计其数，而且锣鼓喧天、结彩扎楼、香烛缭绕，极为热闹。从法华寺迎佛骨，游走于京城及畿甸，民间又做百戏，其形式已经与我们所说的巡会十分相似了。

宋代又有"浴佛"节，即抬着佛像走街串巷赐福化缘的习俗。《武林旧事》卷三《浴佛》记载："僧尼辈竞以小盆贮铜像，浸以糖水，覆以花棚，铙钹交迎，遍往邸第富室，以小杓浇灌，以求施利。"②另据《西湖老人繁胜录》载："诸尼寺僧门卓上札花亭子并花屋，内以沙罗盛金佛一尊，坐于沙罗内香水中，扛抬于市中。"③

宋代民间社会与佛教已经结合得十分紧密了，并且发生了合流。《梦粱录》记载的与佛教有关的结会朝圣活动有上天竺寺光明会、斗宝会、茶汤会、朝塔会、西归会、受生寄库大斋会、供天会、净业会等，还有"七月十五日，建盂兰盆会。二月十五日，长明寺及诸教院建涅会。四月八日，西湖放生池建放生会，顷者此会所集数万人……其余白莲、行法、三坛等会，各有所分也"④。

及至元代，则有宫廷组织的大型藏传佛教仪式"游皇城"，规模宏大，各种表演队伍总计有一千六百余人，堪称其中之最。《元史》卷七七《祭祀志》六"国朝旧礼"记载：

---

① （唐）苏鹗：《杜阳杂编》卷下，《笔记小说大观》第一册，江苏广陵古籍刻印社1993年版，第151页。

② （宋）周密：《武林旧事·浴佛》卷三，中国商业出版社1982年版，第46页。

③ （宋）《西湖老人繁胜录·佛生日》，中国商业出版社1982年版，第9页。

④ （宋）吴自牧：《梦粱录·社会》卷一九，中国商业出版社1982年版，第167页。

世祖至元七年，以帝师八思巴之言，于大明殿御座上置白伞盖一顶，用素段泥金书梵字于其上，谓"镇伏邪魔，护安国刹"。自后每岁二月五日，于大殿启建白伞盖佛事。用诸色仪仗、社直，迎引伞盖，周游皇城内外，云与众生祓除不祥，导引富祉。①

期间参加"行像"的表演仅仅乐部就有大乐、鼓板、仗鼓、筚篥、龙笛、琵琶、筝等"七色"，还有回族、汉人、河西三处"细乐"，总计七百二十余人。还有演把戏的及表演队戏的，还有装杂扮的三百余人。其余门类数不胜数，整个队伍"珠玉金绣，装素奇巧，首尾排列三十余里"②。《析津志辑佚》又说"迤逦转至兴圣宫，凡社直一应行院，无不各呈杂剧"，王孙公子、文臣武将皆"以家国礼，列坐下方迎引，幢幡往来无定，仪凤教坊诸乐工戏伎，竭其巧艺呈献，奉悦天颜。次第而举，队子唱拜，不一而足"③。

时人袁桷《皇城曲》中描绘了当时的盛大场面：

> 岁时相仍作游事，皇城集队喧憧憧。
>
> 吹螺击鼓杂部伎，千伏百戏群追从。
>
> 宝车瑰奇耀晴日，舞马装辔摇玲珑。
>
> 红衣飘裙火山耸，白伞撑空云叶丛。
>
> 王官跪酒头叩地，朱轮独坐颜酡烘。
>
> 蚩氓聚观汗挥雨，士女簇坐唇摇风。④

---

① （明）宋濂、王濂：《元史·志二七下·祭祀六》卷七七"国俗旧礼"，许嘉璐主编《二十四史全译·元史》，汉语大词典出版社 2004 年版，第 1504 页。
② 同上。
③ （元）熊梦祥著、北京图书馆善本组辑：《析津志辑佚·岁纪》，北京古籍出版社 1983 年版，第 215 页。
④ （元）袁桷《皇城曲》，《清容居士集》卷一六，四部丛刊本。

这不仅是一场宗教仪式，更是当时整个大都全城民众的狂欢。至此，民间早已把种种文艺表演形式与佛教仪式完全融合在一起，并且进入最高规格的皇家祭祀仪式，后世沿袭了这种形式。明清以来，关于"行像"的记载日渐稀少，但这只是形式上的变化，神佛出巡与民间群体性祭祀仪式逐渐融合、稳定下来，成为庙会祭祀活动的重要组成部分。

第三节　道教的推动

道教，作为中国的本土宗教，对民间巡会及会货表演的推动作用自然不可低估。南朝（梁）陶弘景撰的《真灵位业图》首次对道教神仙做了整理和排序，第一次建立了道教神仙谱系，共列有天神、地祇、人鬼、神仙三千余位。他将大量民间俗神、自然神等纳入道教仙谱系之中，显示了道教极大的包容性。到了宋金之际，得益于当时朝廷官府的推崇，道教得到了迅猛发展，道教神仙谱系也得到进一步发展。北宋贾善翔的《太上出家传度仪》、南宋金允中的《上清灵宝大法》及《道门定制》五卷确立了道教神仙排列的三种次序，成为后世奉行的道教神系的基础。民间十分熟悉的后土神、土地神、关帝、城隍、东岳大帝、崔府君、药王、雷神、火神、灶神等统统被纳入道教体系中。这一方面有迎合民众、吸引信众以加速道教自身发展的需要，另一方面也在客观上强化了民众的神灵观念，促进了民间迎神赛会及各种表演的开展。

道教对赛会之风最直接的影响就是促进了民间建庙观祀神之风。

据《梦粱录》载，当时临安有承天观、佑圣观、福德行庆真君庙、城隍庙、三真君庙、白龙王庙、通灵庙、至德观、东岳庙等，均有爵号，奉香火。其中东岳行宫有五处，"曰吴山，曰西溪法华山，曰临平景星观，曰汤镇顺济宫，曰杨村山梵刹，俱奉东岳天齐仁圣帝香火"①。广惠行宫有三处，"曰钱塘门外霍山，曰在城金地山，曰千顷寺"②。

另一个较大的影响就是神诞祀日举行盛大的巡游活动。道教神诞祭祀活动原本仅在道观举行，为了招徕信众，增加与普通民众的亲近感，神诞仪典也慢慢地走出道观，成为全民共同参与的活动。由于道教神灵系统庞杂，道教神诞巡会在民间巡会中占了很大比例。以南宋的临安为例，神诞祀日异常丰富，如《梦粱录》卷一九"社会"条载：

> 如正月初九日玉皇上帝诞日，杭城行香诸富室，就承天观阁上建会。北极佑圣真君圣降及诞辰，士庶与羽流建会于宫观或于舍庭。诞辰日，佑圣观奉上旨建醮，士庶炷香纷然，诸寨建立圣殿者，俱有社会，诸行亦有献供之社。遇三元日，诸琳宫建普度会，广度幽冥。二月初三日梓潼帝君诞辰，川蜀仕宦之人就观建会。三月二十八日，东岳诞辰。四月初六日，城隍诞辰。二月初八日，霍山张真君圣诞。四月初八日，诸社朝五显王庆佛会。九月二十九日，五王诞辰。每遇神圣诞日，诸行市户，俱有社会迎献不一。③

---

① （宋）吴自牧：《梦粱录·祠祭》卷一四，中国商业出版社1982年版，第113页。
② 同上。
③ （宋）吴自牧：《梦粱录·社会》卷一九，中国商业出版社1982年版，第167页

还有二月十五，"天庆观递年设老君诞会，燃万盏华灯，供圣修斋，为民祈福。士庶拈香瞻仰，往来无数"①。

神诞之时，各社会迎献不一，可谓百戏竞集、鱼龙曼舞，热闹非凡。如南宋时，二月初八临安民间社会齐会霍山行宫共庆神诞，"其日都城内外，诣庙献送繁盛，最是府第及内官迎献马社，仪仗整肃，装束华丽。又有七宝行排，列数卓珍异宝器珠玉殿亭，悉皆精巧。后苑诸作，呈献盘龙走凤，精细靴鞋，诸色巾帽，献贡不俗。各以彩旗、鼓吹、妓乐、舞队等社，奇花异果，珍禽水族，精巧面作，诸色石，车驾迎引，歌叫卖声，效京师故体，风流锦体，他处所无。台阁巍峨，神鬼威勇，并呈于露台之上。自早至暮，观者纷纷"②。

最为盛大的莫过于执掌生死的东岳大帝，是日庆典南北皆然。《梦粱录》卷二对此有详细的记载：

> 三月二十八日，乃东岳天齐仁圣帝圣诞之日，其神掌天下人民之生死，诸郡邑皆有行宫奉香火。杭州有行宫者五，如吴山、临平、汤镇、西溪、昙山，奉其香火。惟汤镇、临平、殿庑广阔，司案俱全。吴山庙居辇毂之下，人烟稠密，难以开拓，亦胜昙山梵宫内一小殿耳。都城士庶，自仲春下浣，答赛心愫，或专献信香者，或答重囚带枷者，或诸行铺户以异果名花、精巧面食呈献者，或僧道诵经者，或就殿庑举法音而上寿者，舟车道路，络绎往来，无日无之。又有丐者于吴山行宫献彩画钱幡，张挂殿前，其社尤盛。③

① （宋）吴自牧：《梦粱录·二月望》卷一，中国商业出版社1982年版，第7页。
② （宋）吴自牧：《梦粱录·八日祠山圣诞》卷一，中国商业出版社1982年版，第6页。
③ （宋）吴自牧：《梦粱录·八日祠山圣诞》卷二，中国商业出版社1982年版，第12页。

明清以后虽然道教声势减弱，但其与民间巡会合流之势更加紧密，各种以道教神灵诞辰为中心的民间祭祀活动充满活力，更加深刻融入民众的日常生活中。

第四节　明清以来吴越地区的迎神赛会

明清以降，民间赛会渐成规制，它以极大的包容性整合了佛道等多方面的影响，成为民众信仰最直接的载体，又兼具娱乐、世俗的生活气息，表演形式也更加丰富。表演分为行进与定场两种形式，前者是在祭祀的礼仪和行走中进行的，后者则在临时搭建或者固定的舞台上进行。

明代江南一带赛会之风大盛。明末王稚登有《吴社编》一书，书中他根据自己的所见所闻对苏州一带的巡会做了详细描写。书中首先解释了"会"的定义：

> 凡神所栖舍，具威仪箫鼓杂戏迎之，曰会。优伶伎乐，粉墨绮缟，角抵鱼龙之属，缤纷陆离，靡不毕陈。香风花霭，迤逦日夕。翱翔去来，云屯雾散。此则会之大略也。[①]

"会"就是以百戏鼓乐表演迎送神灵为主要目的而形成的信众组织，他们前往神庙迎神，"翱翔去来"，路上还有人"接会"，热闹非凡。当时吴地迎神会货表演名目繁多，《吴社编》中记载杂剧类的有

---

① （明）王稚登：《吴社编·会》，《吴中小志丛刊》，广陵书社 2004 年版，第 169 页。

虎牢关、楚霸王、单刀会、游赤壁、采桑娘、三顾茅庐、八仙庆寿、水晶宫等；扮演的人物有伍子胥、孙夫人、姜太公、李太白、宋公明、十八学士、十三太保、十八诸侯，除了历史人物以外，还有十八罗汉、观世音、二郎神、雷公电母、钟馗等神鬼人物，此外也有仙人、行脚僧、小僧道、小医师等市井百态；还有表演傀儡、刀门、戏马、走索、弄伞、狮子等杂耍的；亦有演奏器乐的，曲调有《清平调》《得胜乐》《十样锦》《海东青》《军中乐》等。诸如犀牛角、真珠带、紫檀筝、玳瑁等各种奇珍异宝会于一堂。①

巡会除了为庆祝神诞而举行外，也有为禳灾而举行的，比如署名海外散人的《榕城纪闻》就记载了崇祯十五年（1642）二月，榕城出现了瘟疫，于是乡众按惯例向土地神祈福的事迹。但是无论在何种情况之下，器用、伎艺、表演及精美的服饰都是会货表演必不可少的要素，而且各社会之间相互斗富，极尽奢华，往往要耗费大量钱财。

此外，诸如元宵灯会、文昌会、城隍会、盂兰盆会及各地神灵圣诞会都十分热闹。这些赛会既是各类民间艺术的大展演，也是传统百戏变化的形态，更是民间神灵信仰传播的温床，二者之间存在自然而然的依存关系。

及至清代，迎神赛会仪仗规范更加固定，不少赛会活动都在这一时期达到鼎盛，如《清稗类钞》载：

> 前导金鼓二，即大锣也，而衔牌、伞、扇、旗、红帽、黑帽、香亭及陈设各物之亭续之，中杂以乐队、骑队。神舆将至，则先之以提炉，而僧道及善男信女则随于后，有系铁链于手足

① 参见（明）王稚登《吴社编·舍会》，《吴中小志丛刊》，广陵书社 2004 年版，第 171—172 页。

者，有服赭衣而背插斩条者，有裸上体而悬香炉于臂者，皆先期许愿，至是还愿之人。①

浙江中部永康方岩胡公庙会当时也十分兴盛，影响力遍及义乌、东阳、武义等地。《康熙永康县志》载农历八月十三："佑顺侯胡公则生辰，各分村落为会。挂大帛为旗，长二三丈，导以鼓乐，从以伞盖，或以纸为马，登方岩，赛神而还。盖一郡香火之声，未有若此比者。"②

越俗尚巫，清末民初，绍兴地区民间祭祀活动十分频繁，有迎祀谷神、土地神，求五谷丰登；有祭祀行业神，求生意兴隆；有纪念各种人物、民间俗神，提倡忠孝道德。庙会的日期大多与神灵的诞辰、忌日有关。当时绍兴府属八县市，据《绍兴市志》的不完全统计，一年中仅绍兴府城内庙会就有近二十余个，二月初二西郭花神庙花神会，十九香炉峰观音香市；三月初五禹王庙香市，初六南镇庙南镇会，十九太阳菩萨生日会；四月二十朱天会，廿八药王庙药王会；五月十三关帝庙关帝会，十四杨公旗会，十五天地荷叶会，十六五云黄老相公会，廿七会稽城隍庙城隍会；六月十六包公殿包公会，二十关帝会，廿三火神会，廿四雷神会，廿五元帅会；七月十三至十五盂兰盆会；九月初八府城隍庙城隍会。③

除了在庙里祭拜神灵外，人们还要将神灵抬出去巡视一番，就是巡会了，当地也叫"迎会"，其中会货表演种类丰富，形式多样，并且在

①（清）徐珂：《清稗类钞·迷信类·赛会》第十册，中华书局2010年版，第2452页。
②《康熙永康县志》，《中国地方志民俗资料汇编·华东卷（中）》，书目文献出版社1995年版，第877—878页。
③ 参见绍兴市地方志编纂委员会《绍兴市志·信仰习俗》卷四一，2016年10月6日，中国绍兴网 http://www.sx.gov.cn/col/col1439/index.html。

组织、形制上渐成模式。从地方文献记载及老人回忆来看，当时包括舜王巡会在内的巡会仪仗基本上延续了传统的形制，没有太大改变。

在组织结构上，巡会由公推的社首、会首组织，经费主要来源于庙产或者向商号及民众公开募集。巡会的规模一般都很大，需要附近几个村落互相协助，根据分工，各自准备会货，组织人手，张罗筹办。菩萨巡会之前都有"塘报"，两次塘报之后，巡会队伍就要到来。队列中有八对"清道校尉"，八面锣鼓，执事仪仗，各色旗帜，还有火铳队鸣铳。其后又有各色表演，称为"扮会货"，有跳无常、舞龙舞狮、三十六行、各色折子戏、抬阁，杂耍的有铛叉、罗汉、火流星、高照、高跷。并伴有锣鼓打击、清音细乐等不同的乐曲伴奏。队伍中还有扮囚犯的，"有系铁链于手足者，有服赭衣而背插斩条者"，也有肩荷木枷和颈系索链者，亦有"赤身跣足，以铁钩横贯胸肋间，下缀琉璃灯四十九盏"或"裸上体而悬香炉于臂"者。扮演囚犯的，多为赎罪还愿，亦有报亲恩为长辈代刑者。①

绍兴河网密集，巡会也有水路、陆路两种，两者在仪仗队列形制上差别不大。陆上巡会则以东关五猖会最为盛大。清宣统元年七月十日《绍兴公报》载："会稽东关五猖会，为八县之冠，极尽奢华，异常热闹。"② 水上巡会以船为交通工具，表演也在船上或者水中进行，并于河道交汇处岸边设立"供棚"。《绍兴市志》卷四一《信仰习俗》中记录了当时曹娥娘娘巡会仪仗队列图，可以视为清末民初当地巡会及会货形制的典型代表，现辑录于此，以资参考③。

从图中会货的名称来看，表演品目繁多，包括了武术、杂技、舞

---

① 参见绍兴市地方志编纂委员会《绍兴市志·信仰习俗》卷四一，2016 年 10 月 6 日，中国绍兴网 http://www.sx.gov.cn/col/col1439/index.html。

② 同上。

③ 同上。

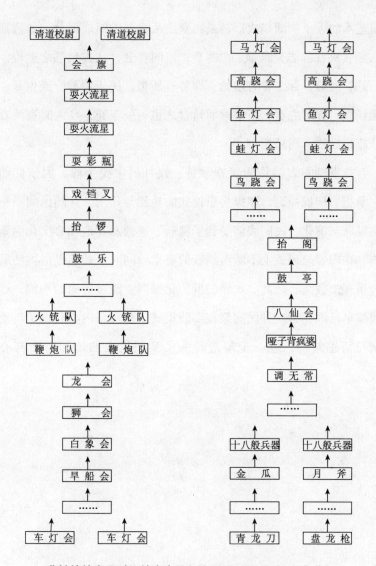

曹娥娘娘出巡时迎神赛会队伍序列图（20 世纪 30 年代）

蹈、装扮、火器、手工艺制作、戏曲表演等，而且参加人数众多，每一类表演往往都有好几个会参与其中，并且随着当年的具体情况有所变化，当时盛况可见一斑。正是在这种浓郁的巡会迎神氛围中，舜王巡会与会货表演达到鼎盛阶段。

　　从古至今，民间赛会犹如海纳百川，吸收了各种宗教信仰与民间表演艺术的因子，渐趋成形，是民众生活重要的组成部分。如清嘉庆十八年《夹江县志》所载："赛会：民间赛会，从古蜡息之遗也。田事而外，商贾、百工各有由始，即各有所报。民于诸神，或生日，或塑像始期，皆谓之赛，所谓索而飨食之也……至期，乡人醵资演戏酬神，旗帜鼓吹，周游街市。"①

百戏歌舞等表演作为民众敬神、娱神的主要手段，因信仰而产生，承担着庆祝神诞、驱鬼去祟仪式的功能与作用。伴随民间祭祀活动的发展与演化，民间表演受到了佛教、道教及其他社会文化因素的影响，在内容与形式上不断吸纳新的要素，同时又兼顾世俗生活的需要，呈现出驳杂、陆离、欢娱的世俗化倾向。经过历史的积淀，这一类表演早已固化为一种民间祭祀实践模式，在民众内心获得了广泛的认同与情感共鸣，进一步塑造着一代又一代人的信仰行为与心理模式。

---

① 丁世良：《中国地方志民俗资料汇编·西南卷上》，书目文献出版社1988年版，第175页。

第二章 会稽山区的虞舜信仰

虞舜被尊为我国古代五帝之一，史书上关于他的记载不少。传说舜曾巡守会稽山，出于对他的德行与造福一方功绩的敬仰，当地民众就把他神化了。人们在绍兴会稽山南部建了一座座庙宇来祭祀舜王，讲述着一个个关于他的传说，其中最大的一座庙宇就在双溪江舜王山上。信奉舜王的山民在这里朝山进香、举办巡会，历时近百年，共同构筑起孕育会货表演艺术的信仰空间，其影响范围遍及绍兴、上虞、诸暨、嵊州等县市。舜王巡会与会货表演便发生在会稽山区这一相对封闭的信仰文化空间内，其中会稽山区独特的自然、地理环境使这一带民众的信仰心理与审美情趣发生了潜移默化的影响。

会稽山地处绍兴城东南，呈西南—东北走向，穿过绍兴县（今为柯桥区）南部、诸暨东部和嵊州西北部，是浦阳江和曹娥江的分水岭。《史记·夏本纪》载："禹会诸侯江南，计功而崩，因葬焉，命曰会稽。会稽者，会计也。"山由此得名，大禹陵就在会稽山北麓。其主峰东白山（1194.6米）位于诸暨、嵊州、东阳三地交界处，西白山（1095.7米）和棕榈尖（1028米）在嵊州西部。山上坡缓谷宽，土层深厚，适宜种茶、建林场。从主峰东白山沿主山脉向东北延伸，山势逐渐降低，最后没入绍虞水网。平水南部、稽东、王坛、谷来等镇处于会稽山脉南部山区。

　　山区林木茂密，旧时交通多依赖小舜江水系。小舜江是曹娥江中下游的主要支流，也叫作小江或东小江，其源头是南、北二溪。南溪自嵊州竹溪赤藤冈起，流经谷来、马溪，进入柯桥区王坛镇。北溪自柯桥区稽东镇起，流经王坛与南溪会合，流入上虞，至上浦小江口汇入曹娥江。柯桥区王坛镇至上虞区上浦段称为小舜江。小舜江全长73千米，流域面积544平方千米，流域内风光秀丽。国家级重点文化保护单位舜王庙就坐落其中。

　　这一带山林茂密、雨水充沛、气候宜人，自然资源十分丰富。山林间有虎、穿山甲、水獭、豺、蛇、鹰、鹿等动物。山区农民以种植水稻、大麦、小麦、荞麦、玉米、番薯、高粱、马铃薯、赤豆、白扁豆等为主。山区交通不便，村落分布比较零落，经贸商业活动不发达，生活比较闭塞。然而神灵信仰却十分普及，几乎每村都有一座村庙，供奉着本村的保护神，接受村民的祭拜，而舜则是这一带民众共同供奉的神灵。

　　会稽山区独特的自然地理环境构成了会货表演最基本的物质空间。生活在这里的民众世代供奉舜王大帝，并在漫长的岁月里留下了深厚的文化积淀。众多有关舜的传说流传于民众口头，以近似于"信史"的姿态讲述着舜的神迹；分散于山区村落的庙宇群不仅为表演提供物理空间，而且庙宇之间相互联系，划定了舜信仰的基本地理边界；朝山进香、迎神巡会等祭祀仪式为民众构筑了从凡俗到神圣的过渡空间，成为表演发生的直接情境。三者相结合，共同构成信仰的象征体系，形成表演的阐释性框架。它们居于舞台的背景地位，如同河床规定水流方向一样，将各种艺术元素、表演形式整合起来，赋予会货表演场所、目的和意义，并影响形式与内容。

第一节 传说：关于神灵的叙事

传说与神话、民间故事并列为三大散文体口头叙事，指的是围绕特定历史人物、历史事件、风俗习惯及地方风物而展开的口头叙事，通常对其依附物进行描述或者解释，情节带有传奇性特征。有关于神灵的传说一直是民间信仰保存和传播的重要载体，它在流传过程中被历代不计其数的讲述者修改，情节经常发生变异，折射出各地不同的人文自然风情与信仰心理特征。民间信仰规约着传说叙事内容的变化，传说则以自身独特的叙事方式完成对民间信仰的历史化表达。如果没有一定数量的传说相伴，神灵的特殊贡献与高尚品德就很有可能在生活中被逐渐淡忘，信仰影响力也会被大大削弱。不同的传说故事相互连接，构成一个完整的叙事框架，以"历史的姿态"为包括神灵、祭祀等在内的信仰现实的存在提供解释与情感依托。

一 作为观念历史的传说

传说总是给人新奇有趣、时空交错、虚构迷幻的文学色彩，但其特有的历史性、解释性、事实性又使它成为特殊的历史记忆符号。从历史事实的角度来看，传说在流传和变异的过程中越来越偏离事实；然而从心理观念上来看，民众添油加醋、不断再创作的过程，却是他们把握过去、解释当下观念的真实反映。传说的流传就是不断重复的过程，在具体的社会生活情境中，民众根据自身的生活经验、个人爱憎对祖辈流传下来的传说进行有意无意地再创作，由此，当下的存在、历史的大背景及各种观念便一同交织起来。

传说或许以某个真实的历史事件、历史人物作为起点，但它毕竟不是历史，并不是对历史的直接叙述。它是"一种将确信为过去实际发生的事情与具体的事物联系起来进行讲述的故事形式，这些故事在传承者中间被确信为是真实的"①。它所表达的是一段观念的历史与情感的真实，是民众对其社会生活的一种记忆和充满意象的反映。已经发生的事实永远无法完全地再现，不同的民族、族群、社会阶层等都会以各自不同的方式保留他们对以往生活经历、历史图景的记忆，传说就是其中一种。它与历史文献一样，被视为民众对历史的记忆，成为社会史研究的素材。②

正是从这种意义出发，传说被视为历史记忆的遗存，对它的研究"不是要解构我们既有的历史知识，而是以一种新的态度来对待史料——将史料作为一种社会记忆遗存。然后由史料分析中，我们重新建构对'史实'的了解。我们由此所获知的史实，不只是那些史料表面所陈述的人物与事件；更重要的是由史料文本的选择、描述与建构中，探索其背后所隐藏的社会与个人情境，特别是当时社会人群的认同与区分体系"③。我们要从传说中获得和把握的正是传说得以流传的社会情境与相应的民众观念。

传说对民间信仰传播的作用除了采用故事性的叙述宣扬神迹外，更重要的是营造了"真实"的心理暗示，不断完善民间自身的历史叙事系统。这些传说的开端或许只是一个传闻，或是关于现实生活的一

---

① ［日］宫家准：《日本的民俗宗教》，赵仲明译，南京大学出版社 2008 年版，第99 页。

② 参见赵世瑜《传说·历史·历史记忆》，《中国社会科学》2003 年第 2 期；王晴佳《如何看待后现代主义对史学的挑战》，《新史学》1999 年第 2 期；卢华为《虚构与真实——民间传说、历史记忆与社会史"知识考古"》，《江苏社会科学》2006 年第6 期。

③ 王明珂：《历史事实、历史记忆与历史心性》，《历史研究》2001 年第 5 期。

段描述。但在传播中，讲述者逐渐将它们纳入自己的日常生活，并且以一种真实的态度在传说与生活之间、内心的信仰与眼前的风物之间建立了持续、不可分割的联系。讲述者会根据自身的判断，修正其间不合理的成分，也会根据听者的反应，添加"强有力"的证据，让它变得更加可信。

二 虞舜传说的基本情节单元

作为治世明君和仁义孝子，舜的事迹春秋时就被纳入典籍，经过后代不断丰富已成体系，具有较为稳定的形态。当然，典籍中的记载并不能确定是上古史的真相，其中不少是古人根据当时的所见所闻后用资料记录和拼凑起来的。关于这一点，顾颉刚先生在《古史辨》中的论证已经为人所共知了。然而，这些记载所形成的庞大故事群几乎囊括了后世关于舜的传说的所有基本情节。

春秋时代就有关于舜的传说，这些传说主要集中在《国语》《左传》和《论语》中。记载的内容多为表现舜选贤除奸、取代尧兴、有为仁君的形象，比如《左传》文公十八载就记载了舜为尧臣时举元恺、诛四凶的事迹。《国语·鲁语上》有"舜勤民事而野死"的记载，为后世所称道。《论语》中也不乏对他的褒奖之辞，《论语·泰伯》更赞美他说："巍巍乎，舜禹之有天下也而不与焉！"

战国时，诸子百家为了伸张各自的理论，也往往言称尧舜。《孟子》一书中对舜的事迹引用颇多，详细记载了他的生平事迹，赞颂其品行高贵。《孟子·离娄下》云："人之所以异于禽于兽者几希，庶民去之，君子存之。舜明于庶物，察于人伦，由仁义行，非行仁义也。"[1]

---

① 杨伯峻译注：《孟子译注》，中华书局 2010 年版，第 177 页。

《孟子·公孙丑上》有一段话赞扬了舜与人为善，察人所善的品德，书中载："子路，人告之以有过，则喜。禹闻善言，则拜。大舜有大焉，善与人同。舍己从人，乐取于人以为善。自耕稼、陶、渔以至为帝，无非取于人者。取诸人以为善，是与人为善者也。故君子莫大乎与人为善。"① 舜所表现出来的仁义品德正是儒家理想人格的典范。此外，《荀子》《庄子》《韩非子》《商君书》《吕氏春秋》等都有记载。这些记载主要围绕舜举于微庶、俭朴勤劳、修德利民、尽孝于亲、勤勉政事等公认的事迹，各取所需，佐证自家观点。

在此过程中，舜的传说故事内容愈加丰富，数量逐渐增多，形成了一个颇具规模的故事群。《淮南子·本经训》记载了舜除灾害的故事。在"振滔洪水""民皆上邱陵，赴树木"的灾难时代，舜"使禹疏三江五湖，辟伊阙，民廛涧，平通沟陆，流注东海。鸿水漏，九州干，万民皆宁其性"。描述了舜如何治理天下。在《淮南子·原道训》中，舜守心志感化百姓的故事有更加夸张的描写：

> 昔舜耕于历山，期年而田者争处硗埆，以封壤肥饶相让；钓于河滨，期年而渔者争处湍濑，以曲隈深潭相予。当此之时，口不设言，手不指麾，执玄德于心，而化驰若神。使舜无其志，虽口辩而户说之，不能化一人。②

《吕氏春秋·行论》中记载了一则关于尧舜禅让的传说，故事性更强：

> 尧以天下让舜，鲧为诸侯，怒于尧曰："得天下之道者为帝，

---

① 杨伯峻译注：《孟子译注》，中华书局2010年版，第75页。
② 何宁：《淮南子集释》，中华书局1998年版，第46页。

得帝之道者为三公。今我得帝之道，而不以我为三公。"以尧为
失论，欲得三公，怒甚猛兽，欲以为乱。比兽之角能以为城，举
其尾能以为旌，召之不来，仿佯于野以患帝。舜于是殛之羽山，
副之以吴刀。禹不敢怨而反事之。官为司空，以通水潦，颜色黎
黑，步不相过，窍气不通，以中帝心。①

总的来说，春秋至西汉前期，关于舜的传说已经成型，并发展为
一个颇具规模的传说群。其仁孝、俭朴、圣君、修德的形象已成为公
认的"事实"。但这些记载颇为零散，且各家学说为了方便自家说理
往往从中截取某一情节，添油加醋，各种矛盾的说法也屡见不鲜。

司马迁的《史记》承前启后，既是汉前舜传说的集大成者，又是
后世传说不断发展的主要依据。司马迁在《五帝本纪》中主要依据
《尚书·尧典》的记载，杂糅《孟子》等诸子百家的说法，广采博
收，记述了尧举舜于微庶、舜的经历和政绩及舜践位后天下大治，最
后舜死禹继的完整故事。

下面以《史记》记载为中心，辅以其他文献，对舜传说的基本故
事情节单元归并如下：

1. 籍贯出生

《史记·五帝本纪》云："舜，冀州之人也。"冀州，古九州之
一，大致包括今天的山西、河北西北与河南北部等地区。《史记正义》
云："蒲州河东县本属冀州，《宋永初山川记》云：'蒲坂城中有舜
庙，城外有舜宅及二妃坛。'"蒲坂城就是现在的山西永济市。舜作为
上古传说中的人物，关于他的出生地说法不一，除山西以外，主要还有
"东夷"说和"上虞"说。上虞说在文献中也有记载，后文将详述。

---

① 许维遹：《吕氏春秋集释》，中华书局 2009 年版，第 569 页。

2. 家庭成员

一般的说法是舜的家庭里有父亲、继母、继弟三人。"舜父瞽叟盲，而舜母死，瞽叟更娶妻而生象，象傲。"① 舜的家庭关系并不和睦，"瞽叟爱后妻子，常欲杀舜，舜避逃；及有小过，则受罪。顺事父及后母与弟，日以笃谨，匪有解"②。舜的父亲、后母、弟弟所做的就是迫害舜，谋取他的财产，而舜周旋其中，侍亲如初，不失孝悌之心。正因为舜"父顽，母嚚，弟傲，能和以孝，烝烝治，不至奸"，才被四岳作为候选者推举给尧。

3. 早期经历

舜早年曾经"耕历山，渔雷泽，陶河滨，作什器于寿丘，就时于负夏"③。舜所从事的多是当时地位比较卑微的职业，但诸子所要彰显的正是他于鄙业中所表现的大德大善与治世之才。《孟子·公孙丑上》云："大舜有大焉，善与人同，舍己从人，乐取于人以为善。自耕稼、陶、渔以至为帝，无非取于人者。"④ 说的是舜能够从各行各业中吸取优点，然后善为己用。《墨子·尚贤下》说："昔者舜耕于历山，陶于河濒，灰于常阳，尧得之服泽之阳，立为天子，使接天下之政，而治天下之民。"《管子·治国》中有"三徙三成"之记载，"舜一徙成邑，二徙成都，参徙成国。舜非严刑罚重禁令，而民归之矣，去者必害，从者必利也"⑤。正是大德化民、人心归附。

4. 屡试诸难

尧闻舜贤名，有意授以帝位，为了考验舜的品行心性是否符合继

---

① （汉）司马迁：《史记·本纪第一·五帝》，中州古籍出版社 1994 年版，第 3 页。
② 同上。
③ 同上书，第 4 页。
④ 杨伯峻译注：《孟子译注》，中华书局 2010 年版，第 75 页。
⑤ （春秋）管仲：《管子》，北方文艺出版社 2014 年版，第 276 页。

承帝位的要求，"乃以二女妻舜以观其内，使九男与处以观其外。舜居妫汭，内行弥谨。尧二女不敢以贵骄事舜亲戚，甚有妇道。尧九男皆益笃""尧乃赐舜絺衣，与琴，为筑仓廪，予牛羊"①。

此期间发生了著名的焚廪、掩井事件，其父、继母、弟弟的迫害之意愈发明显了。《史记·本纪第一·五帝》中这样记载：

> 瞽叟尚复欲杀之，使舜上涂廪，瞽叟从下纵火焚廪。舜乃以两笠自扞而下，去，得不死。后瞽叟又使舜穿井，舜穿井为匿空旁出。舜既入深，瞽叟与象共下土实井，舜从匿空出，去。瞽叟、象喜，以舜为已死。象曰："本谋者象。"象与其父母分，于是曰："舜妻尧二女，与琴，象取之。牛羊仓廪予父母。"象乃止舜宫居，鼓其琴。舜往见之。象鄂不怿，曰："我思舜正郁陶！"舜曰："然，尔其庶矣！"舜复事瞽叟爱弟弥谨。②

这件事情后，"尧使舜慎和五典，五典能从。乃遍入百官，百官时序。宾于四门，四门穆穆，诸侯远方宾客皆敬。尧使舜入山林川泽，暴风雷雨，舜行不迷"③。最后尧作了最后的决定，对舜说："女谋事至而言可绩，三年矣，女登帝位。"

屡试诸难是舜传说中情节性最强、神奇色彩最浓厚的一部分。二女、九男、牛羊、仓廪、百官、焚廪、掩井等单元在后来的记载和口头流传中一直有丰富的故事形态。

5. 摄政践位

舜代替尧践帝位后，制定了祭祀、巡狩等各项政策。他"举八

---

① （汉）司马迁：《史记·本纪第一·五帝》，中州古籍出版社1994年版，第4页。
② 同上。
③ 同上书，第2页。

恺，使主后土，以揆百事，莫不时序。举八元，使布五教于四方，父义、母慈、兄友、弟恭、子孝，内平外成"①。此外，除四罪，分封官吏，"行厚德，远佞人"，使得"四海之内咸戴帝舜之功""天下明德皆自虞帝始"。

至此，舜的生平事迹已经十分清楚而完整，"年二十以孝闻，年三十尧举之，年五十摄行天子事，年五十八尧崩，年六十一代尧践帝位。践帝位三十九年，南巡狩，崩于苍梧之野。葬于江南九疑，是为零陵"②。这样的说法也得到了各个阶层的普遍认同，后来的种种口头流传基本不曾脱离这个基本的叙事线索。通过知识阶层对舜传说内涵的不断改造，舜贤德圣君与大孝之子的文化指向也逐渐固化，为后世传说的变异奠定了基调。

三 舜的生平传说

"传说，有其中心点……传说的核心，必有纪念物。"③ 传说的纪念物可以是亭台楼阁、寺庙庵观，也可以是山川飞瀑、古木清泉等，"尽管很少有人因为有这些遗迹，就把传说当真，但毕竟眼前的实物唤起了人们的记忆，而记忆又联系着古代信仰"④。虞舜传说流传千年，只就典籍记载虞舜传说的地名，在山西、山东、河南、安徽、湖南等地都有所指，范围很广。在浙江省境内，以上虞、余姚为中心，东到绍兴、萧山、嵊州，西至永康一带，有不少以舜命名或者与舜的事迹有关的地名、自然风物，形成了一个舜迹圈，内容十分丰富。宋

---

① （汉）司马迁：《史记·本纪第一·五帝》，中州古籍出版社1994年版，第4页。
② 同上书，第5页。
③ ［日］柳田国男：《传说论》，连湘译，中国民间文艺出版社1985年版，第26页。
④ 同上书，第27页。

王十朋《会稽风俗赋》载：

> 舜生于诸冯，《孟子》以为东夷人，历世逾远，流传失真，太史公以为冀州，然耶，否耶？然越之邑，则有上虞，余姚，水有渔浦，三忻，地有姚邱，百官，里焉有粟，陶焉有灶，汲焉有井，祀焉有庙，皆其遗迹也，意者不生于是，则游于是乎？[①]

民间传说舜曾经巡狩会稽山，在这里留下了众多遗迹，不少地方也因他而得名。"今余姚、上虞两县皆以舜得名，其水之经余姚者曰姚江，亦曰舜江；其水之经上虞者曰百官江。余姚有历山，上虞有握登山，舜母之名也。有虹漾，握登见大虹意感而生。有象田，其土中耕者往往得古陶器。舜之古迹在此两县为最多。"[②]

曾有学者根据《嘉泰会稽志》《光绪上虞县志》《光绪余姚县志》《越中杂识》等统计，见于其中的虞舜遗迹，在绍兴、上虞和余姚境内有十八处之多[③]（见下表）：

虞舜遗迹

名　称	地　址	内　容
虞舜巡狩台	会稽县东南一百里	虞舜巡狩处
舜王庙	会稽县东南五十里	舜曾到此
握登山	山阴县西南四十里	舜母生处
涂山	山阴县西南四十五里	舜母生处

---

① 上虞市政协文史资料委员会编：《虞舜文化》，内部资料，1997年。

② （清）《光绪余姚县志·卷二山川》，上虞市政协文史资料委员会《虞帝文化》，内部资料，1997年。

③ 参见乐祖谋《历史时期宁绍平原城市的起源》（节选），上虞市政协文史资料委员会《虞舜文化》，内部资料，1997年。

名 称	地 址	内 容
历山	余姚县西北八十里	舜所耕处
指石山	上虞县西南四十五里	舜登此石
握登圣母山	上虞县西南四十里	舜母生处
象田山	上虞县西南四十里	舜死象为之耕田处
舜井	上虞县西南四十里	舜避父母害处
舜桥	上虞县龙山麓	舜率百官渡处
百官里	上虞县龙山麓	舜会诸侯百官
渔浦湖	上虞县东南	舜渔处
粟里	上虞县南	舜供储于此
姚邱	上虞县西四十里	舜所葬处
谷林	上虞县西四十里	舜所生处
虹漾	上虞县西南四十五里	舜所生处

那么舜在这些地方做了些什么呢？可惜的是，其中不少地名在地方志中记载得过于简单，只留存了一些碎片式的记录，并没有必要的情节单元和叙事结构，久而久之，这些"传说的残片"① 也就失去了魅力。与此相反，流传于民众口头的传说则要鲜活、丰满得多。

这些传说口耳相授、代代相传，一方面契合长期以来各阶层民众业已形成的对舜的普遍性认识和价值判断，另一方面又汲取了当地历史文化自然环境的因素，表现出传说的在地化变异。它们从文献所记载的某个情节延伸开来，将故事发生的时空置于当地具体生活情境之中，使故

---

① ［日］柳田国男：《传说论》，连湘译，中国民间文艺出版社 1985 年版，第 139 页。

事愈发鲜活生动，饱含这里民众的情感体验。群体性的认同、现实可见的遗迹、方志的记载，三者交织，使传说的讲述更具有"历史感"。

上虞有一个虹漾村，当地流传这里是舜的出生地。传说上虞曹娥江东三百多米处有一个小村庄，古时候名叫姚墟，也叫桃墟。姚墟里住着虞氏部族，其中有个掌管天象的人叫瞽叟，他的妻子名叫握登。有一天，握登突然梦见彩虹绕身，醒来发现有了身孕。握登怀胎十四个月，生下了舜。可是舜的相貌古怪，双目重瞳，龙颜大口，而他的母亲也因难产死去。于是，瞽叟便认为这个孩子是不祥之人，要将他抛弃，幸亏舜的外婆收留，他才得以长大。十二三岁时，舜才回到生父身边生活。因舜出生时彩虹满天，姚墟从此改名虹漾村，村子旁的江叫作舜江，而村子背依的高山则叫握登山。到了东汉，有孝女曹娥投江的故事，此江又改名为曹娥江。① 据当地老人回忆，20世纪50年代以前，握登山上建有舜母庙、祥虹阁，后来被毁了。

这样的说法在方志中记载颇多，这里举两个例子：

《宝庆续会稽志》卷第八《越问》："帝舜生于姚丘兮，地近夷而居东。母握登感天瑞兮，漾祥光于大虹。"②

清康熙《上虞县志》卷十九《典籍志》："姚丘，在县十二都。夏侯曾先《地志》云：即舜母握登感大虹生舜之地。下有虹漾村，东西赤岸。又《章图四书》云：舜生于诸冯。诸冯即上虞也。旧志载其地有握登山、历山、舜江、虞江、舜井、舜庙、百官、象田、粟里。"③

---

① 参见俞日霞《绍兴虞舜文化研究》，浙江人民出版社2006年版，第31页。
② 上虞市政协文史资料委员会：《虞舜文化》，内部资料，1997年。
③ 同上。

此外，明万历《新修上虞县志》《嘉泰会稽志》《康熙会稽志》等方志中也有类似的记载，不再一一举例。①

文献记载舜以贤德闻名而被举荐于尧，尧设置诸般难题调查、考验舜，民间对此亦有说法。萧山桃源乡一带流传着一个《舜湖》的传说，据说舜小的时候母亲就去世了，他的父亲又娶了一个老婆，生了弟弟，名为象。舜对待后娘极尽孝道，但稍不留意后娘就对舜拳打脚踢，只给他吃些冷饭残羹。即便如此，舜还可怜后娘年老力乏。从此，他的贤德之名远近闻名，传到了尧的耳朵里，尧听闻后，想要亲自会会舜。一日，舜正在耕田，尧便站在田埂上问话。舜见是一位长着，便走到田边，洗净双脚，穿好草鞋，规规矩矩向尧行了礼才回话。尧见了十分满意，就请他入朝，后来把帝位禅让给他。后来这块地方就叫作"舜湖"②了。

《墨子》《孟子》《管子》《韩非子》《吕氏春秋》等典籍中有不少关于舜早期耕、渔、陶等事迹的记载，与此相应，民众口头也有流传。

比如余姚一带有《舜禹治水》的传说，说的是历山南坡是舜居住的地方，那里凿有石眠床、石马桶、石脚桶、石尿瓶等。舜在历山教人们耕耘，从此这里年年五谷丰登，百姓的日子过得很好。后来，舜还带领人们治理姚江。所以，姚江又叫作舜江。后来，舜被推选为尧的继承人，称为舜帝。再后来，又将帝位禅让给了治水有功的禹。③

---

① 关于舜的出生地，学者们历来争论不休，提出了不少有根有据的观点，至今也没有一个大家首肯的结论。关于这一点，我们暂且存而不论。因为从传说学的观点出发，我们并不一定要去考证遗迹的真实性。传说离不开历史，但毕竟不是历史，它所讲述的是一段"观念的历史"。

② 王焕根讲述、吴桑梓记录、萧山民间文学集成办公室编：《中国民间文学集成杭州市萧山市卷》，浙江民间文学集成办公室1989年版，第10—11页。

③ 参见《舜禹治水》，卢自悟整理、余姚市民间文学集成办公室编《中国民间文学集成宁波市余姚市故事歌谣谚语卷》，浙江省民间文学集成办公室出版1988年版，第1—2页。

会稽山区南部有舜耕象田、天降稻谷的传说。传说舜被后母所难，耕田既无牛又无稻种，只能求告上苍，上天为其感动，派下白象为之耕田，并降下谷种。象田就位于上虞市上铺镇联江村，降下谷种的地方后来就叫"谷来"村，在嵊州与绍兴县交界处。这显然是舜耕历山、象耘田传说的变异。上虞上浦镇冯浦村原有一座渔浦庙，传说这里就是舜捕鱼的地方。如今庙已不存。

上虞有百官，据闻为舜分百官之处，《百官》说尧年老后，传位于贤德的舜。但尧帝的儿子丹朱不服，兴兵作乱，舜避丹朱于隐岭①。舜在隐岭时，驯服野兽，教他们耕田。不久，丹朱之乱被平定，文武大臣把舜接出山，举行隆重的朝拜仪式。将此处定名为"百官"，建造"明堂"，设"驿亭"，建"教场"，并把流经百官南侧的大江定名为"舜江"（即今曹娥江），百官迎接舜走过的桥定名为"百官桥"②。

如果将《尚书》《史记》《列女传》《孟子》等典籍中早期的记载视作"原生"的传说，那么流传于宁绍平原甚至更广大地区的虞舜传说则可视为"再生"的，其中包含"原生"的成分，但是被植入了许多后来各个时期的生活内容、思想观念及审美意识。逐渐偏离典籍的记载，却更加贴近民众的日常生活，充满了喜怒哀乐的情感，带有明显的地域文脉色彩。

当地有指石山，流传着"舜射天狼"的传说。传说舜的后母处处刁难舜，有一天她让舜去江边放鸭子，并带回鸭子生的金鸭蛋。在龙王的帮助下，舜的鸭子生出了金蛋。可是象心怀不轨，唤来天狼叼鸭子。舜立即弯弓射天狼，却怎么也射不到。这时土地公公施法，让舜

---

① 隐岭：村名，在上虞百官南侧曹娥江边。

② 马国梁讲述、屠爱玉整理、上虞县民间文学集成办公室编：《中国民间文学集成上虞县故事歌谣谚语卷》，浙江省民间文学集成办公室出版 1989 年版，第 120 页。

脚下的山石笔直长高，好像手指直指天空。舜终于射下了天狼。这座山便被称为"指石山"。据说，那些金鸭子就躲在山里，只有在年三十夜里才出来，运气好的人还能捡到金蛋。①

这则传说保留了继母、舜、象三个基本人物，并加入龙王、土地两个神仙，情节与文献记载偏离较大。然而故事并没有改变人物性格特征与他们之间关系发展的基本走向，因此给人以"理所当然"的暗示；加之指石山至今屹立在曹娥江畔，又为传说添了几分真实感。

总的来说，舜的生平传说在充满"历史感"的叙事色彩中完成了对作为地方保护神的舜的形象主体的建构，同时也为当地虞舜信仰奠定了稳定的基础。而这种"历史感"则来源于传说本身与文献收录、地方风物和方志记载三者密切的联系和对应关系的存在。然而也应看到，传说渐渐出现了更加活泼而生活化的形态。

四　舜的家庭传说

舜的家庭传说以父、母、弟的迫害与舜的反迫害为基本情节，以反映舜的孝行、塑造孝子形象为主旨而展开，也可以称为孝子舜的故事。

舜的孝子故事并非民间独创，检索典籍，均有记载，人物情节随着历史的变化不断丰满，并且逐渐偏离舜因至孝而成其帝位的政治伦理考验，而向家庭生活集中，从而为舜的孝行故事独立发展获得了更大的空间，以容纳更多的故事情节。当代搜集的舜的传说故事中，孝行故事无疑是其中最丰富多彩、最富有趣味、最多变的一部分。

《史记》对舜的家庭、家庭关系交代得较为完整，规定了舜孝

①　参见俞日霞《绍兴虞舜文化研究》，浙江人民出版社 2006 年版，第 54—55 页。

子故事的主要框架，也是后来一系列传说故事演化的传统依托。其中与孝子故事发生直接联系的情节单元主要包括：其一，家庭组成；其二，欲杀必逃，顺事笃谨；其三，焚廪、掩井；其四，见父封弟。这些情节随着舜的生平推进，佐证其德行足以担当帝王之位，并没有成为独立的故事。父、继母、继弟作为舜的对立面存在，他们主要的工作就是想方设法迫害舜，正所谓"欲杀，不可得；即求，尝在侧"。其中近乎极端的迫害行为与舜异于常理的孝，几乎成了后来舜的家庭故事的主导，虽然历代有所变化，但并没有本质性的改变。

刘向《列女传》"有虞二妃"条在焚廪、掩井之外又加入了一桩饮酒的情节。"时既不能杀舜，瞽叟又速舜饮酒，醉将杀之。舜告二女，二女乃与舜药浴汪遂往，舜终日饮酒不醉。"①闻一多先生在《楚辞校补·天问》考"汪"为"注"，"遂"为"豕"，并用训诂的方式解释"豕"为"矢"，就是屎粪。由此，认为这里二女让舜用屎粪之类的污物擦在身上，然后能够喝酒不醉。焚廪、掩井两个事件在后来演绎中也加入二女教舜用"鸟工""龙工"的神奇方式化险为夷。

洪兴祖《楚辞补注》中引《列女传》云：

> 瞽叟与象谋杀舜，使涂廪。舜告二女。二女曰："时唯其戕汝，时唯其焚汝，鹊如汝裳衣，鸟工往。"舜既治廪，戕旋阶，瞽叟焚廪。舜往飞。复使浚井，舜告二女。二女曰："时亦唯其戕汝，时其掩汝。汝去裳龙，龙工往。"舜往浚井，格其入出，从掩，舜潜出。②

---

① （西汉）刘向著、绿净译注：《古列女传》，北京联合出版社公司2015年版，第3页。
② 洪兴祖：《楚辞补注》，中华书局1983年版，第104页。

鸟工、龙工大约是神奇的衣服，穿上它们就可以拥有鸟飞、龙潜的本领，从而逃脱迫害。①无论是用狗屎洗澡辟邪，还是鸟工、龙工，舜逃避迫害的情节已然被增添了不少神奇的色彩。

《敦煌变文校注》中有一则《舜子变》反映了五代时期在民间口承文学中舜孝子故事的形态，故事情节一曲九折，十分离奇。故事说舜的生母名叫乐登，身染重病三年而亡，舜服丧三年。后来他的父亲苦嗽（瞽叟）娶了继妻，随后苦嗽远赴辽阳，三年后归来。后母设计让舜上树摘桃，自己用金钗刺伤足部，反赖舜居心不良。苦嗽鞭打舜，幸得帝释保佑，舜未受伤。后母又设计焚廪、舜持两斗笠飞下，得地神保佑不死。后母再设计掩井，以巨石填井，舜得帝释的黄龙引导逃出。舜无处可去，拜到生母墓前，乐登指引舜前往历山。舜往历山，经历种种奇异事件。而掩井之后，舜父目盲，继母变愚钝，弟弟象则痴癫。十年后，舜回到家乡，暗中资助穷困潦倒的父亲家，舜父辨声认出舜。舜舐父目明，继母、弟弟恢复聪慧。舜父十分羞愧，想杀死继母，被舜劝止。尧帝听闻此事，认为舜是大贤，将两个女儿许配给他，最后让位于舜。

可见，当时在民间流传中，舜孝子故事已经从他如何践履帝位的故事框架中剥离出来，而成为独立的、情节丰满的故事类型。最后尧妻二女，禅让帝位也成为民众因果报应观念下表示嘉奖的故事尾声了。

舜孝子故事从《史记》人物传记的历史记录出发，经过《列女传》时期情节聚焦点的转移，神异化情节加入，再到五代俗文学时期

---

① 有关鸟工、龙工的记载颇多。比如《全晋文》卷一二引郭璞《井赋》云："重华窘而龙化兮，子求鉴而忘丑。"《宋书·符瑞志》云："舜父母憎舜，使其涂廪，自下焚之，舜服鸟工衣服飞去。又使浚井，自上填之以石，舜服龙工衣字傍而出。"

家庭生活气息逐渐浓郁。故事主题的生活化使奇幻色彩加重，让这一类故事更具开放性，能够包容更多新的情节内容，从而成为舜传说中数量最大的一个类别。当代采录的一些故事充分说明了这一类型的灵活与生活的趣味。

当地有一则《砍柴禾》的故事，讲的是舜的亲娘很早就死了，他的父亲又娶了妻子。后娘生了个儿子取名象，后娘疼爱象，却常常虐待舜。有一次，后娘让他们去砍柴，她给象一把钩刀（镰刀），却给舜一把剃刀。聪明的舜知道剃刀砍不了柴，就用剃刀去割茅草，割了一大片。象看到了，也去割茅草，哪知茅草太软了，钩刀怎么也割不下来，只好空手回家去了。第二天，后娘把剃刀给了象，把钩刀给了舜。舜便拿着钩刀砍树枝，又砍下一大片。象拿着剃刀还是什么也砍不下来，又空手而归。据老人讲，这个故事当年就画在舜王庙的墙上，当地许多人都会讲。现在这些壁画已被毁坏了。

另一则《吃萝卜》是说舜的后娘虐待他，常常给他吃萝卜，却给自己的亲生儿子吃芋艿。她认为芋艿有营养，可以补身体，而萝卜是消食的。可是结果恰恰相反，由于每天吃萝卜，舜长得结结实实的，身体很强壮。而象却因为芋艿积食，不容易消化，变得面黄肌瘦。

在这些故事中，舜都作为前妻的子女而备受继母虐待。继母虐待前妻的子女是民间故事中常见的一种类型，丁乃通《中国民间故事集成类型索引》510A"灰姑娘"故事就是典型的继母虐待类型的故事，"在获得允许参加舞会或宴会前，她常要完成一些任务。通常是动物们来帮她做完"[1]。继母出难题刁难，则是这类故事的主要情节。钟敬文先生曾归纳中国灰姑娘型故事常见的难题有"短时间内完成绩麻或

---

[1]　丁乃通：《中国民间故事类型索引》，华中师范大学出版社 2008 年版，第 114 页。

剥麻、纺线等活计""分拣相混淆的芝麻、绿豆等",最后"因神或母牛之灵的帮助完成工作"①。

舜家庭故事的开放性还可以从另一则故事中反映出来。《种芝麻》是一则典型的继母出难题故事,它与丁乃通先生所归纳的511B"异母兄弟和炒过的种子"② 型故事情节基本一致。故事说有一天,后娘让舜和象两人去种芝麻,她存心要害舜,给他的芝麻种子都是炒熟了的。谁知升箩边上还粘着一颗芝麻没炒熟。舜把这些芝麻统统种到地里,精心培育起来,结果地里只长出来一棵芝麻,长得有树那么高,收了七升箩八白篮。后来王坛就流传着一句俗语:"一株芝麻八桠杈,石二油麻不用话。"

上述几则传说都是从民间故事转化而来的,柳田国男对传说和故事曾经有一段十分精彩的比喻,他说:"民间故事宛如动物,传说类似植物。民间故事奔走于四方,因而无论到何处,都能窥见其相同的姿态;传说扎根于某一土地,并不断成长壮大。雀、鸥之类均长着同一脸颊,但梅、山茶等的每一株却是枝势迥异,容易识别。可爱的民间故事的小鸟,多数在传说的森林、丛中建巢,同时,把芳香的各类传说的种子和花粉搬运到远方的也正是他们。"③ 传说依附于核心物,故事则可以自由传播,同时,两者又可以相互借助对方的力量扩大自己的空间。民间故事与历史人物、事件、地方风物相粘连,也就变成了传说。

---

① 钟敬文:《中日民间故事比较泛论》,贾蕙萱、沈仁安编《中日民俗的异同和交流》,北京大学出版社1993年版,第19页。
② 丁乃通:《中国民间故事类型索引》华中师范大学出版社2008年版,第116页。这类故事的基本情节是后母让兄弟两人去播种,并让他们等种子发芽后再回家,她给自己的儿子好的种子,给继子炒过的种子。在去农田的路上,两个孩子无意中调换了种子,结果是继子的种子开始生长,而他异母兄弟的种子则无法生长。
③ 转引自万建中《民间文学引论》,北京大学出版社2006年版,第172页。

随着舜家庭故事的主旨被归于继母虐待型，它也越来越容易吸纳相似的其他故事。当地有一则《卧冰捕鱼》的传说便是典型的"张冠李戴"。故事讲寒冬腊月舜的后母要吃鱼，让舜去捕鱼，但是江河都被冰封住了，没有办法撒网捕鱼。为了能让母亲吃到鱼，舜就脱去外衣，用自己的身体融化冰块，龙王被他的孝心打动，给了他几条鱼，让他回家孝顺母亲。后来每年农历九月廿七日正午，王坛舜王庙前的舜王潭里都有鱼儿排队朝拜舜。舜潭奇观也成了当地一怪。1956 年 8 月，台风引起山洪，填埋了舜王潭的一部分。1982 年，因为修建公路，填平了舜王潭。

这个故事的主人公本是"二十四孝"中的王祥，故事有见于《搜神记》《晋书》，其中《晋书》卷三三《列传第三》载：

> 祥性至孝。早丧亲，继母朱氏不慈，数谮之，由是失爱于父。每使扫除牛下，祥愈恭谨。父母有疾，衣不解带，汤药必亲尝。母常欲生鱼，时天寒冰冻，祥解衣将剖冰求之，冰忽自解，双鲤跃出，持之而归。①

还有一则《哭竹》也是相同的情况。故事说的是冬天，舜的后母告诉舜要吃竹笋，可是寒冬腊月哪里去找竹笋呢？舜急得抱住竹子大哭了三天三夜。这件事感动了玉皇大帝，他命令土地公立即让竹笋长出来。从此以后，冬天也有了笋，叫冬笋。九月廿七，舜王祭祀上的供品中少不了几支笋。

孟宗哭竹的故事被记载在《三国志·吴志·孙皓传》中，情节相同，只是主人公变成了司空孟宗。谢灵运《孝感赋》有"孟积雪而抽

---

① （唐）房玄龄等：《晋书》卷三三《列传第三·王祥》，许嘉璐《二十四史全译·晋书》，汉语大词典出版社 2004 年版，第 773 页。

笋，王断冰以鲶鲤"两句，说的就是这两则故事。当这两则故事的情节被附到了舜的身上，而且与实物、仪式风俗发生了联系，可信度就更高了。

在这一类故事中还有一个现象，就是这些困难并不是普通人的力量可以解决的，通常要借助神奇的力量，如：舜卧冰得龙王相助，哭竹感动了玉皇大帝，掩井逃脱是被土地公公所救。类似的情节十分普遍，神迹同样出现在他孝感动天的事迹中。上虞市上浦镇象田村有一座帐子山与舜代父受蚊子叮咬有关。传说舜父每到夏夜就要受蚊虫叮咬，苦不堪言。舜总是赤身坐在父亲窗前任蚊子叮咬。此事被土地知晓便上奏天帝。天帝被舜的孝心所感动，便命令织女织成带网眼的蚊帐，洒向这里，就成了帐子山。①

在传说中，人们总是戴着放大镜看人物，将人物某一方面的特点无限扩大，久而久之，各种相似情节的故事都被堆积到他的身上，他也就成了所谓"箭垛式"的人物。舜就属于这种情形，以"孝子"为中心，不断吸纳继母虐待型、孝子型传说故事情节，进而形成一个庞大的传统群。传说本身也会传播，它与本来的依附物相脱离，在新的情境下，依附到新的人或者物上，成为同类型新的传说。

无论是民间故事母题的粘连，还是其他传说情节的附会，都不是无条件的、随意的，新的故事本体必须与所粘连或者依附的对象有内在的一致性，要符合对象的特征，必须是同一类型的。而这种相似性的判断取决于民众对生活场景内在的类化记忆。比如，舜传说中恶毒的继母形象，民间口头的流传当然会受到典籍记载的影响，但继母作为原来家庭结构的破坏者，通常都与旧子女处于对立面，虐待继子女

---

① 参见俞日霞《会稽山虞舜陵考》，浙江人民出版社 2013 年版，第 115 页。

似乎也成了理所当然的事情。民众对这一类事件的认知正是来自日常生活体验，当其在口头被不断重复后，不仅成了一种故事类型，也成了一种民众自我心理暗示。一旦有相似情节出现，这种定势化的思维因子会立马被激活，在民众心中产生"当然会这样"的心理"真实感"，情节的附会叠加也变得十分合情合理了。舜的传说就这样在口头叙事中不断被重复，日渐丰富，舜孝子形象也得到不断强化，从而为舜的神灵信仰提供更加合理的依据。

五 舜的灵验传说

灵验传说是关于神灵显露神迹、赐福或惩罚的故事，情节充满奇异色彩并具有很强的开放性，是关于神灵叙事中不可缺少的一部分内容，具有很强的心理暗示作用。对神灵神力的肯定是灵验传说传播的心理基础，但神灵自身的神异品格则是这一类传说产生的前提。具体到舜的个案中，也是如此。

自春秋以后，经过知识阶层的不断加工改造，舜已经被塑造成一个至纯至孝、大德大善的治世明君。舜的时代常常被描绘为一个人伦和顺、政治清明的黄金时代，奠定了中华社会的基本制度。平直、朴素的历史叙事几乎掩盖了上古时期恣意妖娆的神话传说意韵。事实上，舜身上神异的火花从未熄灭过。尽管总体上典籍记载趋向历史化，但西汉末年兴起的谶纬之说为舜的传说附加了许多神异品质，使舜趋向于半人半神之间，其中最典型的一个例子就是感生之说。

关于舜的出生方式，《史记》并没有记载，上文选取了流传于绍兴地区民众中的"舜母握虹生子"这一说法。舜母握虹的情节并不是这里民众的首创，在汉代就已经十分盛行。当时盛行的谶纬之说依附儒家今文经典，以五行阴阳、天人感应为基础，排列历代帝王命历顺序，圣人感天而生的说法随处可见。《诗经集证·含神雾》有一段注文云：

> 《星占》曰："虹蜺，土精，填星之变。"《开元占经》九十八引《春秋纬》曰："虹蜺者，斗之乱精也。斗者，天枢也，居中宫土位，其第五星主填星。填星，土之精也。"《尚书帝命验》曰："姚氏纵华感枢。"注云："纵，生也，舜母握登。"《春秋感精符》云："灭翼者斗。"注言："翼，尧之星精，在南方，其色赤。斗，舜之星精，在中央，其色青。"《孝经援神契》云："舜龙颜，重瞳，大口，手握褒。"注言："大口，以象斗星，又为天作喉舌。"舜为斗星之精，故其生感斗枢虹气也。①

这段注释从星命占卜的角度暗示舜代尧位。尧为翼星，在南方，与红色相配，五行为火；舜为斗星，在中央，与黄色相配，五行为土。虹或者枢星并没有太大区别，其本质都指北斗星。火生土克，灭翼者斗，帝位交替在出生的那一刻就注定了。

类似的感生故事在我国很早就有了，原始神话中有简狄吞卵而生契，姜嫄履大人迹而育弃的情节。感应物多为奇异的天象，如闪电、长虹、北斗、流星、月光等，风雨大作、电闪雷鸣常常是圣人出生的典型环境。天象预示人间的变故，舜母握虹就包含舜代替尧登上帝位的预兆。

晋代皇普谧的《帝王世纪》以《史记·本纪第一·五帝》为蓝本，将谶纬说中诸多神异品格编织进去，塑造了一个充满神异色彩的

---

① 转引自陈泳超《尧舜传说研究》，南京师范大学出版社 2000 年版，第 133 页。

舜形象。比如，讲感生，有"桥牛生瞽叟，妻曰握登，见大虹意感而生舜于姚墟，故姓姚"①。舜面相奇异，"龙颜大口，黑色，身长六尺一寸，有圣德"②。圣君治世，出现了祥瑞盛世的局面，有凤凰来仪、百兽率舞，"景星曜于房，群瑞毕臻，德被天下"③。凡此种种，不一一列举。《帝王世纪》常常被作为古史记载而用于后代注疏，其中对于舜的传说神异品格的接纳态度也影响了后世对舜传说情节的取舍倾向。

在绍兴当地，舜的灵验表现主要有两种，一是显示自身的神迹，二是对信众赐福降祸，宣扬神灵神性的灵验传说曾经在传统社会中有很大的市场。

会稽山区流传着一个求子的传说，说诸暨枫桥有对陈姓夫妇多年无子，于是双双跪求舜王菩萨赐子，并许诺若得子必每年来还愿。两夫妇回去后果然如愿以偿，得了个儿子。到了儿子十岁时，夫妻俩便不大想去了。最后在乡人邀约下，陈姓丈夫还是带着儿子赶到舜王庙。哪知，儿子一到舜王庙就口吐白沫，触地而亡。陈某万分伤心地回到家中，却看到儿子安然无恙。陈某的妻子告诉他是一位白胡子老翁把儿子背回来的。这时陈某才恍然大悟，原来这是舜王菩萨对自己拜菩萨不诚心的惩罚，后来每年九月廿七都去进香。这个故事在枫桥一带广为流传，从此诸暨人也就更加相信舜王菩萨了。

这类惩罚性的传说数量不少，情节内容雷同的也很多，就不再一一举例了。传说中，凡人往往因为一些过失，或者违反了仪式和信仰的禁忌而受到惩戒。此时的舜王一改平日里的慈眉善目，而变得睚眦必报，

---

① （晋）皇甫谧编、陆吉点校：《帝王世纪》，齐鲁书社 2010 年版，第 16 页。
② 同上。
③ 同上书，第 17 页

有时还不太通情理，为了一点小事而滥用神力。但是，在叙述者看来惩罚是十分恰当的，甚至是必须的，与舜王菩萨的道德品质无关。民众肯定的是神灵的能力，对不敬者的惩戒正是神灵对自身权威和神圣的维护，若是连这一点也无法做到，就会引起人们对神灵力量的质疑。这些灵验传说对信众的心理有很强的震慑力，在会稽山区，人们认为舜是无所不能的，天旱了求他降雨，无子求他赐子，得病求他赐丹药。

但舜毕竟是道德的楷模，他示威降祸有时也带有惩恶扬善的性质。另一个传说是民国时期，上虞庙下有几个国民党警察来到双溪江舜王庙，他们不顾禁令在舜王潭中炸鱼做下酒菜，后来又到舜王潭里洗澡，结果全部都淹死了。附近民众都说是舜王显灵，拍手称快。这一次不仅惩罚非常严厉，后果也极为严重，而且民众将历史大背景引入传说，并加以道德评判，借传说来表达痛恨之心。如此一来，更进一步夯实了认同的基础。

灵验不仅是神灵直接赐福降祸，还用于解释相关的一些特殊事象。绍兴舜王庙大殿中有两条石龙，缺了部分龙角和龙爪，令人称奇。传说这两条石龙修炼成精，常常跑到诸暨枫桥一带的溪流中玩耍，糟蹋了当地的秧田。枫桥的农民寻踪而来，找到舜王庙里，一看石龙的龙角、龙爪上还挂着秧苗，就凿去了部分龙角、龙爪。哪知，这样一来，两条石龙为恶更凶了。众人没有办法只好到舜王菩萨面前去祈祷，恳求舜王做主。这以后，两条石龙果然不去枫桥作恶了，而且那里从此风调雨顺、五谷丰登。从此，枫桥一带百姓每年都要来舜王庙祭拜。那些缺了的龙角、龙爪就是被诸暨人挖去的。

灵验传说在讲述者中如同一段社会传闻，它通过提供一种经验性的事实，引起信众情感的共鸣，从而达到肯定、强化对神灵的认信。通常传说中的人、时、地都为当地人所熟悉，事件的本身也符合日常生活主题和逻辑，能够被以家常式的话语方式表述，因此传播和变异的速度很快。虽然在采录的传说中，灵验传说在数量上并不占主体，但由于它涉及对神灵的认信问题，在民众心中就显得尤为神秘，也是研究中不容忽视的一部分。

第二节　庙宇群：信仰的物理空间

历史上绍兴县、上虞、余姚地区有三座影响比较大的舜王庙，一座在余姚历山，一座在上虞百官，还有一座在王坛镇双溪江。前两座早已不存了，只有双溪江舜王庙保留至今。以双溪江舜王庙为中心，周边村落还各自建有村一级的庙宇，供奉大舜的分身或者亲属神，成为下位庙宇。这些庙宇通过周期性的仪式活动相互联系，构成了一个舜信仰的庙宇群，共同划定了会稽山区舜信仰的基本地域边界，同时也共同构成了舜王巡会会货表演的神圣空间。

一　双溪江舜王庙

庙宇是供奉神灵的场所，是信仰的物质载体，为发展起来的各类仪式、民间民族艺术形式提供现实的展演空间。影响较大的区域性神灵在其信仰圈内会形成具有一定规模的庙宇群，其中历史悠久的大庙，因其在信众中享有较高的声誉，香火最盛兼地理交通之便而成为中心庙宇，或者称为总庙。会稽山区虞舜信仰以双溪江舜王庙为中心，辐射周边几十个村落。双溪江舜王庙坐落在小舜江北岸的舜王山南麓，坐北朝南，庙前有蓝底金字匾额"舜王庙"，当地民众都喜欢称其为"舜王庙"。

（一）舜王庙的修建史

舜王庙具体的修建年代至今还找不到确切的史料记载，成书于南宋的《嘉泰会稽志》载："虞舜庙在县东南一百里二十一都，太平乡舜山之阳。《述异记》：会稽山有虞舜巡狩台，下有望陵祠。"[①] 记载的舜王庙的位置与王坛舜王庙位置一致，可以推知南宋时此地就有舜王庙了。

当地传说舜王庙原本并不在舜王山上，而是在隔江相望的湖头山上。传说咸丰年间，湖头山舜王庙旁住着于、孙两户人家，庙里住着一个江湖术士，专给人看风水、算命为生。于、孙两家常常接济他，双方关系很好。为了表示答谢，江湖术士就在对岸的乌龟山上为于家找了块风水宝地，哪知于家年轻人不领情，老人去世后，与江湖术士闹僵了。这位江湖术士一怒之下就把湖头山舜王庙里的两尊舜王菩萨像偷偷放到乌龟山上，并到处宣称舜王菩萨托梦给他要在乌龟山上建庙。老百姓发现湖头山庙里的菩萨自己跑到乌龟山上了，就都信以为真。后来当地乡绅孙显廷听到了这个消息，就出面筹资在乌龟山上修了舜王庙。湖头山的舜王庙便逐渐败落下去，如今早已不复存在了。[②] 传说透露的常常是一段"观念的历史"，但隐约透露了这样一个信息，那就是王坛镇的舜王庙曾经搬迁过，而菩萨托梦建庙则是关于庙宇解释性传说中经常出现的一个情节。除了增加神秘性外，奉神旨无疑提高了庙宇的正统性和可信性，从而能够吸引更多的信众，维系信仰圈的凝聚力。

事实上，现在我们看到的舜王庙重修于清同治年间。庙后殿东侧

---

① 上虞市政协文史资料委员会：《虞舜文化》，内部资料，1997 年。
② 参见俞日霞《绍兴虞舜文化研究》，浙江人民出版社 2006 年版，第 123 页。

墙上有一块石碑，记载了这一段史实：

> 有《县志》一篇："舜王庙在县北七十里，东土乡五十六都，舜皇山之盘，前瞰长江，后临旷释，远山四围，烟村掩映，澳山绝胜处也。神最灵异。国朝咸丰年间，监生孙显廷筹捐重建，精工绝伦。同治元年正殿、后殿寇毁，显廷集资建复，并奉宪：舜皇潭永远谕禁不许捕鱼。兹有土名湖头沙涂一所，竹木成林，日后以作舜庙修理增益之费。"

> 翰林院蔡以希敬撰
>
> 同治九年
>
> 耆绅公刊

历史上王坛曾经属于嵊州，今天与王坛毗邻的谷来、马溪村还属于嵊州，"县北"指的就是嵊州北面。这里提到舜王庙于咸丰年间重建，同治年间经过一次重修，两次都由监生孙显廷等发起筹措。

新中国成立后，舜王庙又有过一次修缮。1956 年在当时两溪乡政府的倡导下，民众自愿捐款，开始修缮工作。不幸的是，很快"文化大革命"就开始了，修复工作也不了了之。"文化大革命"期间，舜王庙被改造成两溪中学的学生宿舍和食堂。对于舜王庙来说，这可谓是一桩幸事。正是在当时两溪中学老校长的极力维护下，庙宇中绝大部分木雕、石雕，以及原有的建筑结构才得以完整地保存下来。为了保护庙中珍贵的壁画，老校长在壁画上涂了一层水灰黄泥，并写上毛主席语录，才使这些壁画在红卫兵的眼皮底下安然无恙。

1978 年，日本松山芭蕾舞团团长一行人的到来终于使舜王庙重见天日。为了迎接外宾，在县领导的指示下，当时的两溪公社干部亲自指挥工人将涂在壁画、雕刻上的黄泥、水灰刷洗干净，还原了舜王庙的本来面目。日本友人对舜王庙的建筑艺术赞不绝口，回国后专门撰文介绍舜王庙，从此舜王庙名声大振，引得国内不少专家学者前往考察。1979 年，舜王庙被确定为绍兴县县级文物保护单位。1986 年，绍兴县文物保护部门从两溪中学手中收回舜王庙，并投资三十余万元，着手修缮。整个工程历时三年，于 1988 年年底正式竣工，1989 年年初正式对外开放。1997 年，舜王庙被浙江省政府确定为省级文物保护单位。

伴随舜王庙兴衰际遇的是围绕舜王展开的一系列信仰活动。舜王庙中的祭祀活动在 20 世纪 50 年代末完全停止，直到 2000 年才在政府文化搭台、经济唱戏的号召下开始复苏。尽管期间经历了漫长的等待，信仰却并未因此而中断，而是顽强地延续着。

（二）舜王庙的平面布局

舜王庙占地约五千平方米，山门东面修有一百二十八级上山石阶，俗称"百步金阶"。台阶一侧有石栏，栏柱上刻有花瓶、如意等吉祥图案。金阶中段有一梯形平台，庙会期间这里可以搭彩牌楼，也可用来放铳和放炮。百步金阶的尽头就是舜王庙山门了。

舜王庙承袭了明清建筑的典型风格，采用中轴对称、平面铺开的传统建筑样式，以山门、戏台、大殿和后殿为纵轴线，东西两侧前部有看楼，后半部为配殿，并有外厢房，是一个三进二大殿一戏台的封闭式院落建筑。

1. 山门

山门庄严、肃穆，为五开间，共有六扇门。中间两扇平时不开，遇有达官贵人到访、菩萨出巡才开启，以示隆重。平时香客进出都走两侧的门。山门顶上的屋檐下雕有龙、凤、鹿等图案，顶棚下除"舜王庙"匾额外东西各有"南风解愠""惠我无疆"的匾额。据说，东边的那块原本是"重华古迹","文化大革命"时不知所踪,重修后改为现在的模样。山门上原来有徐茂公、魏征、秦琼、尉迟敬德四位门神像,如今也只剩下秦琼和尉迟敬德两位了。

2. 戏台

进了山门便是戏台,戏台面朝大殿,为三面伸出的开放式高台,一面与山门后檐相连。戏台为三重檐歇山顶,屋顶巨大,呈曲面形,屋顶四角向空中伸展,高高翘起,整个屋檐被拉出一条陡峭的曲线。屋顶有一个宝葫芦,旧时为铜质,如今已经换成陶制的了。这种曲面大屋顶是中国建筑最富有特色的部分。硕大的木结构屋顶经过曲面的处理可以显得轻盈而不那么笨重,并且加强了一种上升的势。檐口高挑可以增加戏台的采光,便于台下观赏,同时还有保护舞台不受雨水侵蚀的作用。晚清时,戏台是村落的重要建筑,修得好不好关乎村落颜面,也是经济实力和富裕程度的标志,因此这一地区的戏台普遍都修得十分精美华丽。

戏台台面呈方形,宽 4.7 米,深 5 米。戏台的台板为木制,其下有十二根方形石柱支撑,背面有楼梯。离地约 1.8 米,表演时,观众站在天井中稍稍抬头便能看得清楚。台上陈设一般为"一桌二椅",绍剧表演时人物不太多,也鲜有宏大场面,这一张桌子、两把椅子便能变幻出世间百态,唱遍人间万种情愫。台上有四根柱子,牛腿上木雕精美。台面三周有花格低栏,俗称"美人靠"。其顶为鸡笼顶藻井,距戏台台面 11 米高左右,美观大气。16 组小斗拱如水涡式层层回旋,至圆心结顶,一种生气勃勃、经天纬地、运动不息的观感扑面而来。这种设计除了美观以外,还有实际的功用。表演时,演员唱出的声音经过藻井回旋,产生共鸣,有和声的效果,能够传到很远。藻顶圆心雕有"二龙戏珠",周围是绿底灰形卷棚。卷棚上还有木雕寿形花纹,其上挂有一面圆镜，当地人称之为"明镜"，即照妖镜。当地俗信，庙会时戏台上做鬼戏会引来真鬼，解决的办法就是挂上镜子，吓退鬼怪。此俗至今仍在绍地流传。

舞台与后台之间有一道木板墙相隔，左右各有一个小门，供演员上下场，出为"出将"，入为"入相"。据舜王庙管理员介绍，旧时木板墙及戏台的板壁、廊柱上都留有戏班子的名称、剧目、演出时间、名角的姓名等，可惜今已不存。戏台内侧正中有一横匾，上书"不图至斯"四个隶书大字，为1938年获捐。廊柱上有对联，多刻劝导教化之词句。

戏台与东西看楼相连，离正殿仅有4米距离，合围起来形成了一个相对独立的观赏表演空间。戏台的台板和楼梯都是活动的，菩萨出巡，要从正门出庙，只要拆去楼梯和台板，就会露出一条通道，便于菩萨的神轿出入。

3. 大殿

三开间宽，石板铺地，正中悬挂"万民永赖"匾额。殿前有4根直径为40厘米左右的石柱，中间两根刻有盘龙，栩栩如生，气势不凡。大殿中央神龛内有舜帝坐像，两旁有八位大臣坐像。据介绍，"文化大革命"前这里是舜四大臣立像，一边两个。现在前殿东侧自内而外分别是掌管农业的弃、负责教化的契、掌管刑罚的皋陶和管理工业的垂；西侧自内而外依次是掌管山林的益、负责礼乐的伯夷、掌管乐典的夔和负责监察的龙。大殿左右山墙各有一块巨型青石浮雕，刻有西湖十景，构图巧妙，工艺精湛。

4. 后殿

出了大殿穿过过道便是后殿。"文化大革命"前，后殿供有舜王行像，为樟木雕刻，手脚都可以活动，衣帽也可以脱下来。据说旧时每到农历九月廿七前，庙祝都要将舜王衣物脱下来洗干净。行像在巡会时使用，体积较小，分量较轻，脚底还装着万向轮便于抬着行走。行像于20世纪50年代被毁，现存为一金身坐像。舜王坐像左右两旁分别是娥皇、女英像，凤冠霞帔，慈眉善目。

5. 配殿

后殿东西两侧各设一配殿，与看楼相接，自成院落。东配殿供财神像，墙上有"女织图"和"琴棋书画"壁画。西配殿供观音像，内有壁画"男耕图"和"田园生活"。

舜王庙的平面布局承袭了传统的对称、稳定和富有秩序感的审美意味。在建筑形态上融合了民宅四合院、院落并连等不同形式，以空间的组织表达尊卑秩序。同时，寺庙内部空间虽然不大，但强调通透，各个部分之间运用天井、廊坊相连，整体气韵流畅，体现出自在平和、充满世俗意味的祭祀氛围。

（三）装饰

寺庙建筑集民众的智慧而成，在长期的发展中，它不但拥有了物态的外壳，更被赋予了美而有意味的内涵。通过对建筑的屋顶、形式单调的门窗及简单的梁、枋、柱和石台基之间的巧妙搭配，使庙宇具有了丰厚的历史文化内涵。舜王庙不仅是对神灵朝敬的殿堂，更是一座民间艺术的博物馆，举目皆包含丰富民俗内涵的图像和形式。庙宇由此超越了建筑本身的物质性，而成为一道富有意味的"文化景观"。

舜王庙的建筑很重视细节装饰，工匠们将雕刻、绘画、工艺、美术有机地整合在建筑物的装饰上，形成了装饰工艺上的木雕、石雕和砖雕"三绝"。

1. 木雕

舜王庙主体采用木结构形式，在主要的柱、梁、斗拱、牛腿等部件上都刻有精美的木雕，这些木雕内容取自历史传说、戏曲内容及民间吉祥图案，寓意明晰而形式生动。特别是牛腿的装饰，几乎没有一处是相同的。山门檐柱处牛腿为文武财神，象征着进门发财，充满喜乐吉祥的气息。戏台则用"和合二仙""刘海钓蟾"和"刘海戏钱""狮子滚绣球""雌狮抚幼狮"；大殿是蝙蝠、梅花鹿、寿桃、喜鹊暗喻"福禄寿禧"；后殿用梅、兰、竹、菊，并辅以人物形象，寓意君子高洁的操守；两侧看楼和配殿一般刻有民间家喻户晓的十二生肖，暗八仙及渔、樵、耕、读的形象。牛腿凸出建筑物的平面，采用透雕的技法，造型上玲珑剔透、活泼有趣。人物的面部表情生动，嬉笑怒骂，率性质朴，犹如孩童一般天真。原本清幽、肃穆的庙堂，也因此显得亲切而富有世俗的生活气息。

龙、凤、虎、龟四灵也是木雕中常见的题材，常常与其他图案配合构图，表达某种吉祥的寓意。比如戏台顶棚刻"二龙戏珠"，四角则对应雕有红底金色凤穿牡丹，寓意龙凤呈祥。戏台三面的楣梁和两厢的门窗上、梁架、柱枋、雀等处雕刻着我国古典文学名著《三国演义》《水浒传》《封神演义》和《二十四孝》中的典故、人物形象，有时画面连贯，还带有一定的故事情节。工艺手法多样，有浅雕、深刻、透雕、贴花等方式。

2. 石雕

石雕多用在墙面、石柱或安放在地上。寺庙山门两侧墙面用整块石雕刻成漏窗。东面取材于《水浒传》"智取生辰纲"的一段故事，周围辅以暗八仙图案。西面则是"蔡状元造洛阳桥"，四位老人笑容可掬，在松下展图细视，用镂空夔龙图案围绕。

大殿左右山墙上有大幅青田石雕"西湖十景",石雕宽68厘米,高123厘米,每边各五景。采用浮雕的压缩式表现手法,同时吸取了中国画传统的构图特征,内容上山水人物相间,层次分明,紧凑而不凌乱,刀法细腻,气韵流畅。西湖十景之下,东墙雕有"松鹤延年",西墙雕有"鹿衔灵芝"。整幅雕刻既有装饰的美感,又含有象征、祈福的意味,以直观的形象来传递美好的意愿。

大殿明间有两根深雕盘龙柱,龙首在柱高三分之一处,两龙相向,龙身盘柱而上,龙尾左朝东、右朝西,其间有云纹上下漂浮,相互呼应。柱下石台基有如意造型。次间有浅雕栖凤柱,姿态翩翩,柱下石台基有牡丹花样。细看两根盘龙柱,人们就会发现这两条龙缺了部分龙角、龙爪。究竟是何人凿去的,无处可查,但是相关传说却有好几种。一种说这两条龙修炼成精,到诸暨枫桥白塔坞一带兴风作浪,毁坏良田,因此被诸暨人凿去了一些龙角、龙爪;另一种说法是龙到诸暨作恶,诸暨人就到舜王那里去告状,于是舜王将它们镇在石柱上,并砍去了他们的龙角和龙爪;第三种说法讲的是舜王大帝托梦给县令,让他派人凿去了龙角龙爪,使龙不能再作恶了。不论是谁动手凿去龙角、龙爪,经历了这件事后,诸暨人越发相信舜王,为了感激舜王,每年九月廿七他们总是结伴到舜王庙中祭拜。

3. 砖雕

舜王庙中的砖雕破坏程度比较严重。据管理员介绍,戏台三重檐上原本有不少砖雕,主要是雷公电母及戏曲人物,在"文化大革命"中被毁。如今尚存的有正殿正脊上的"国泰民安"砖雕,以及垂脊前端的一些人物和走兽。

除了雕刻之外,大面积的壁画也曾经是舜王庙的一大特色。大殿内侧山墙原有舜生平事迹壁画，山墙外侧原有封神演义人物壁画，如今不存。东西配殿尚有《女织图》《男耕图》《田园生活图》和《琴棋书画》，色彩淡雅、笔调简洁。其中不少原画已经脱落，目前尚在修补中。

从中轴对称的屏幕布局到精雕细刻的装饰图案，整座舜王庙无不体现着会稽山区民众的才智和虔诚的信仰之心。舜王庙如同一位历史的老人，屹立在风景秀美的舜王山上，俯瞰千载流淌的小舜江。它也是一个历史文化构建的世界，是民众世代积淀的情感意识最稳定的表达综合体。"反映了建构人们工作与生活于其中并加以创造、经历与表现的社会。但就其留存至今而言，往日景观作为文化记忆与特性的组成部分之一，具有延续的意义。"① 群体记忆是时间的积淀，它根植于共同的生活经历和情感体验，但记忆必定是在空间框架下展开的。在漫漫时间长河中，人们在一个景观空间中不断添加带有意识、情感信息的标记物，以至于这个空间本身成了记忆延续的标志，装满了记忆的象征符号。人们身在其中，但想象早已被规定了，他们知道此时此地该如何行动，又该期待他人如何行动。可视的建筑形态，如同被编了码的符号，能够唤起人们对共同记忆的建构过程，推知其中的意蕴内涵。

二 舜的庙宇群

双溪江舜王庙是会稽山区舜王祭祀的中心，被尊为"主庙"。围绕着它，会稽山区还分布着不少村落级的下位庙宇，一村一庙或几村联合建一庙，供奉舜王和他的亲属神灵。主庙与下位庙之间主要通过

---

① ［英］阿兰·R. H. 贝克：《地理学与历史学——跨越楚河汉界》，阙维民译，商务印书馆 2008 年版，第 150—151 页。

祭祀活动相互联系。舜王庙会活动分成常规性的朝山进香与不定期的巡会两种。常规性的朝山进香主要维持日常的信仰联系，并有寺庙之间相互联络、互通消息的作用；定期性的巡会则要隆重得多，其中有浩大信众的队伍，往往包括各种民族民间艺术的展演，异彩纷呈。通过这样的方式，庙宇群相互联结，从而形成虞舜信仰较为稳定的地域边界，也为民间艺术表演提供较为固定的空间边界。

关于这些村庙的起源来历几乎没有确切的历史记载可考，从相关的传说及所奉神灵来区分，大致可以分为三类，即分身庙、神迹庙和亲属庙。

分身庙，即祭奉主神的分身神灵的庙。据绍兴当地学者调查，目前尚存的以"舜王"或者"大舜"命名、直接供奉舜王的村庙大约有 21 座，分布在周边王坛镇、稽东镇、平水镇、谷来镇、上虞市、福全镇的几十个山村中。其中王坛镇的湖墩、岭北、湖头、塘里，稽东镇的南山、陈后山，平水镇的王化，全福镇的龙尾山，谷来镇的田良、水河湾、白洋湖、举头坑、马溪及上虞百官、庙下等地均建有舜王庙，以舜王神灵为主神。① 其他另有舜王殿，分布在王坛孙岙、韩家岙、蒋相、大王塘及稽东、平水等镇村落中。舜王殿往往建在当地土地庙或者供奉着村落保护神的村庙中，供民众祭拜。

至于神灵如何分身，只能从当地传说中寻到一些蛛丝马迹。这里有一则"抢菩萨"的故事，说的就是分别位于湖墩村、塘里村、诸暨枫桥村的三座舜王庙分身庙的由来。传说舜王巡会，每次必等头社到来，菩萨才可以"起马"。可是有一年，作为头社的孙岙人迟迟不到，眼见时辰到了，司仪决定让菩萨"起马"。等菩萨刚刚抬到山门口，

---

① 参见俞日霞、俞婉君《会稽山虞舜陵考》，浙江人民出版社 2013 年版，第 78—80 页。

孙峁社的人到了，孙峁社认为这是对他们的大不敬，其他各社对孙峁的迟到也十分不满，于是双方发生了争执。孙峁社湖墩村的 18 个青年小伙子就上前抢菩萨，别村的人见状也纷纷上前抢夺。结果湖墩村的人抢到菩萨的头，塘里村的人抢了菩萨的一双手，诸暨枫桥村的人抢了菩萨的内脏，只有菩萨的正身还留在王坛舜王庙里。此后，这三个村子的人就在自己村里建了舜王庙供奉菩萨。

"菩萨分尸"的传说包含极为古老的巫术思想，弗雷泽称其为"接触巫术"。具体来讲就是"物体一经互相接触，在中断实体接触后还会继续远距离的相互作用"①。人们相信，菩萨身上的一部分即便离开了菩萨的身体，也具有与菩萨真身同等的神力，在信众中仍然具有同等观念上的象征意义。在当地人观念中，菩萨的神像本身就代表着神灵所具有的神秘力量，抢到其中的任何一部分就等于获得了神力，能够永久地获得神灵的庇佑。这种思维方式在远古神话中十分常见，比如我们都非常熟悉的"夸父逐日"神话，在结尾处夸父死去，"弃其杖，尸膏肉所浸，生邓林。邓林弥广数千里焉"②。夸父手中的木杖显然具有不同凡响的力量，能够结出广袤的桃林，泽被后人。

这一则传说还有另一层意思，即当地民众对公共信仰资源的再分配。庙宇是当地信仰的依托，建庙宣示着该地区民众对信仰资源的占有和控制，在民众心理上有很大的安全感。抢菩萨建庙实则说明了当地民众对舜王信仰资源的重新分配，以及村落组织在当地信仰网络中地位的重新排序。从中获益的湖墩舜王庙在 21 世纪初成为舜王巡会的最初发起者和组织者，与湖墩人的这种心理优势有着密切关系。

---

① ［英］弗雷泽：《金枝上》，新世界出版社 2006 年版，第 16 页。
② （战国）列御寇：《列子·汤问篇》，王强模译注《列子全译》，贵州人民出版社 1993 年版，第 134 页。

　　神迹庙主要是依据传说中舜在会稽山区活动所留下的遗迹而建起的庙宇。当地流传着数量庞大的舜王传说群，形成了一个从出生、接受考验、成为帝王最后归葬的完整故事框架，舜王所到之处都留有遗迹。这些地方的民众往往感其恩德，修建舜庙，加以供奉。比如上虞冯浦村原有一座"渔浦庙"，当地传说即为舜捕鱼处；嵊州与绍兴县交界处有谷来村，建有舜王庙，相传此处为当年舜耕象田，天降稻谷地。

　　亲属庙，主要供奉主神的亲属神灵。据调查，会稽山区目前尚存十座左右舜的亲属神庙。民间有"一人得道，鸡犬升天"的说法，家族成员的晋升往往能够带动整个家庭，乃至大家族社会地位的提升。因此，在按自身尺度所丈量的神灵世界中也不例外。舜的亲属神灵主要有舜母娘娘、岳父尧、娘舅永兴菩萨、妹夫桑王菩萨等。旧时，舜母殿建在上虞上浦镇虹漾村。当地传说舜就是在这里出生的。他的母亲名叫握登，一天夜里，她梦见自己彩虹缠身，醒来时就有了身孕。怀胎十四个月生下了舜。舜出生的时候，村头彩虹漫天，于是这个村子得名"虹漾村"，并建起了舜母殿。舜亲属神的再造往往又与当地的生产、生活相联系。历史上，会稽山一带蚕桑生产也十分兴盛，蚕农有正月拜舜王求蚕花的习俗。于是，当地传说舜命令其妹妹负责蚕桑生产，并让她嫁给了一位种桑能人。后者则被人们尊为桑王菩萨，得到供奉。

　　在信仰的传播中，民众常常截取传说的片段，不断添油加醋，使情节越来越复杂和离奇。如：传说舜为帝轩辕之后，王坛越联村建有轩辕庙，并流传着"金简玉字书"的传说。说当年大禹在当地治水，从庙前山腰一块巨石中得到了轩辕帝留下的金简玉字书，从而能够熟悉山川河体，最终平息滔天洪水。治水完成后，大禹又将此书放回巨石中，仅留一条缝隙。后来，当地民众就在这里建起了轩辕庙，并将之纳入舜王信仰圈内。

随着时代变迁，各个村落发展变化不一，舜王庙宇群内也发生着新旧庙宇的更替。王坛镇马溪村有一座紫岩寺，20世纪50年代前，这里是舜王巡会路径中的最后一站，然而如今巡会的队伍只从马溪村口经过，不再入庙举行祭祀仪式了。究其原因有两方面，其一是紫岩寺地理位置的改变。紫岩寺原本在山脚，后来为了配合32省道的修建，庙址迁往半山腰，这给巡会的队伍带来交通上的不便。更重要的是，村中青壮年劳力纷纷外出打工，常住人口锐减，留守村中的多为老人和孩子。仅凭他们根本无力承办大型的迎神拜忏活动。因此，在21世纪初，舜王巡会复兴的过程中，紫岩寺逐渐失去了一席之地。这种现象在当代舜王巡会路线上并不是孤例，传统巡会路线南端的王院、丰田岭一带都渐渐淡出了祭祀圈。

当一批老的庙宇渐渐淡出时，新的庙宇如雨后春笋般加入巡会中来，如今活跃于舜王祭祀圈内且具有一定规模的庙宇主要有王坛的肇湖隘将庙、大王塘土地庙、嵊州谷来的吴山舜王庙、莫岙村大仙庙、来山大庙、九里斜村乡主庙。

1. 肇湖隘将庙

肇湖隘将庙位于王坛镇肇湖村，发源于会稽山区的小舜江分南北两溪就在肇湖村附近汇合，向东流入曹娥江。隘将庙建于汇合点不远的102县道北侧。隘将庙建筑的形制与周边一带庙宇并无二致，以大门、戏台、大殿为中轴线，东西两侧有两层看台。三开间大门，其上高悬红底金字的"隘将庙"匾额，两侧有对联"背山靠水的是钟灵毓秀，强国裕民依赖改革开放"。大门后是一座三面戏台，台顶是八角形梁柱，戏台四周的梁柱上有两副对联，内侧是"俨然是一副有声图

画，原来乃满篇无字文章"，外侧是"个忠个孝皆出色，假仁假义半
成空"。戏台与大殿间有四方天井，其中置有高约 3 米的香炉一座。
大殿三开间，供有当地的神灵。

2. 大王塘土地庙

大王塘土地庙位于 212 省道西北方向北侧的山丘上，庙宇主体由
两间东西向的明黄色建筑组成，大门口并无匾额。进入大门是前殿，
前殿无匾额也不供神像，从前殿通过一条约 2 米宽的天井，进入后
殿。后殿有铜制正门，上悬黄底黑字的"大王塘土地庙"匾额，两侧
外墙上都有"佛"字。进入后殿，顶梁柱上有对联一副，"事父未能
入庙倾诚皆末节，恒亲有道见我不拜也无妨"。后殿正中是土地殿，
中间供奉土地公公，左右两侧分别是两位土地婆婆。有对联一副"国
泰民安处处春，广结善缘；人寿年丰家家乐，多种福田"。土地殿左
侧是三官殿，右侧为包拯、舜王、观音三座神像。此外，庙中还有陈
老相公、财神、圣母、地母、文武判官等神像。

3. 吴山舜王庙

吴山舜王庙位于嵊州谷来镇田良村，规模颇大。据庙碑记载，该庙
始建于太平天国时期，原名泗洲堂，内供土地公、土地婆。因此，这里
原本是一座土地庙。后来几经翻修，规模不断扩大，庙内供奉的神灵逐
渐增多，先后有吴老仙师、陈公仙师、蒋老仙师等，香火日盛。1994
年庙宇再次扩建，又增加了玉皇大帝、舜王等神像，并新建了戏台。

如今主殿长宽各约 10 米，有十根红漆梁柱支撑，柱上挂有对联
数副。戏台位于主殿北侧，台下较为空旷，可以放下近百把长条凳，
一直延伸到主殿南侧。主殿南侧四根木柱上有两副对联，外侧是"视
善、言善、行善，一日有三善，久则神必赐之福；视恶、言恶、行
恶，一日有三恶，久则神必降之祸"，内侧为"以孝悌为本，黜奸除

佞，疏远小人，清正廉明。具大舜之德，选贤择能，禅位功臣，治国安民"。大殿正中供奉舜王神像，神像着黄袍，两旁有对联一副"为善必昌，为善不昌，祖宗必有余殃，殃尽则昌；为恶必灭，为恶不灭，祖宗必有余德，德尽则灭"。舜王神像左侧是土地公公和土地婆婆坐像，右侧从左至右依次是吴仙师、蒋仙师、陈仙师。当地人传说，吴仙师、陈仙师都是为当地人治病积累功德的。大殿东西两侧各有文武判官两名，左侧判官红脸凶相，武判官手持铁锤，右侧判官面容慈祥，武判官持皂隶板一块。舜王神像前方有一个木制神龛，内有玉皇大帝小像一座。吴山庙于2012年更名为舜王庙，正式成为王坛舜王庙的下位庙宇，正式加入当地舜王祭祀圈中。

4. 莫岙村大仙庙

大仙庙位于莫岙村，莫岙村以莫姓为主。当地传说旧时有一个姓莫的人上山砍柴，遇到两位仙翁正在下棋，便停下来观看，哪知一看人间便过了几百年。此人便成了莫大仙师。于是人们在此地建起了大仙庙。旧有的庙宇早已被毁，如今的庙宇是两千年前村民筹资兴建的。如今的大仙庙大殿正中供奉太祖菩萨，左右两侧分别是太祖娘娘和王母娘娘。太祖娘娘左侧依次是张仙师、陈仙师、包公。王母右侧依次是观音、释迦牟尼、地藏菩萨。大殿左侧从内到外依次是土地婆婆、土地公公、财神、武判官、武将军、皂吏菩萨；大殿右侧从内到外依次是杨仙师、三仙师、莫大仙师、文判官、文将军、皂吏菩萨。舜王菩萨的塑像则在大仙庙左侧的"三帝殿"内，殿内左侧为舜王大帝、右侧是真武大帝。

5. 来山大庙

来山大庙位于谷来镇来山路上。庙宇建筑宏伟，正门上悬黑底金字"来山大庙"匾额。进入大门便是大殿，东西两侧有看楼。大殿上挂"国泰民安"匾额，大殿正中供奉乡主大王和乡主娘娘。乡主菩萨左侧有朱叶殿，内奉朱太师、叶太师，紧挨着的是包汪殿，供奉包拯、汪太师。乡主菩萨右侧依次有张太师、陈太师的神像。

6. 九里斜村乡主庙

乡主庙位于嵊州市谷来镇，面积较大，铁门无匾。进庙后，大殿上方悬挂着"乡主庙"匾额。大殿名为白鹅殿，供奉白鹅娘娘、白鹅大帝、乡主大王、乡主娘娘。此外还有陈公殿、关帝殿。乡主庙正殿中央有一尊可以移动的乡主大王坐像，两侧有四尊1米高的神像分别是武将军、武判官、童男、童女。乡主庙在20世纪五六十年代被毁，如今的庙舍是2004年12月重建的。

围绕双溪江舜王庙形成的虞舜庙宇群散落在会稽山区的村落中，它们是当地虞舜信仰文化空间的物质承载，并形成了较为固定、稳定的联结，为舜王祭祀活动提供具体的时空。那些通过血缘、地缘关系缔结的信众组织定期举行仪式、表演等活动，维系着信仰空间的基本运行，更重要的是当地民众对这一特殊文化事象与场所具有的归属意识赋予了特殊的情感指向与文化意象特征。

第三章　祭舜仪式与表演的神圣空间

　　仪式是社会生活经验的重要范畴，关于它的定义有广义与狭义之分。广义的仪式泛指生活中的各种礼仪，包括见面、交换礼物、送别、庆祝等各种交往规范和行为。狭义的仪式特指宗教信仰中的祭祀行为，是信仰的实践过程。就本项研究而言，使用的是狭义的仪式概念，指的是虞舜信仰中的祭祀仪式，包括朝山进香的庙会与主神出游的巡会。

　　表演依附于舜王巡会进行，它是为庆祝神诞而献上的祭品，也是仪式的一部分。仪式正如著名人类学家维克多·特纳所说，是"用于特定场合的一套规定好了的正式行为，它们虽然没有放弃技术惯例，但却是对神秘的（或非经验的）存在或力量的信仰，这些存在或力量被看作所有结果的第一位的或终极的原因"①。与充满神圣意味的祭祀仪式有所不同，文化表演作为神灵的祭品，充满了更加浓郁的娱乐、世俗的趣味。表演往往汇集多种艺术形态，包括戏剧、杂技、武术、民间音乐、舞蹈造型等民间艺术形式，借助形象、肢体的动作或者声音直接作用于人们的感官，带来强烈的情感体验。其潜在的艺术表现在手段上的开放性与观赏性，使它具有脱离仪式上升为纯艺术表演的

---

　　①　转引自〔英〕菲奥伊·鲍伊《宗教人类学导论》，金泽等译，中国人民大学出版社2004年版，第176页。

可能。尽管如此，就舜王庙会中的表演而言，在这一阶段表演尚未脱离信仰，始终是在仪式的框架内进行的，它与仪式的结构紧密结合在一起，后者如河床一般规定着它的流向。

一方面，仪式为表演营造了特殊的情境。在世俗的日常生活中，仪式作为神圣的社会实践而存在，遵循着传承的习俗而展开，是人与神灵对话的桥梁。仪式代表着一种转换，将人们从日常生活空间剥离出来，带入介于神灵与世俗之间的另一种关联中，在这里日常生活中的一些东西，比如社会关系、情感慰藉的需要、个人角色乃至生活节律等都被改变了。由此，表演中的各种互动交流都将随着情境的变化而发生改变。

另一方面，仪式为表演提供了组织保障。传统社会中，会稽山区村落分散、交通不便，人员往来不易。作为最大的地域性公共文化活动，舜王庙会能够在三五天的时间内保持人群的较大规模聚集。前来的民众通常以村落、宗族家庭为单位，形成较为稳定的会社组织，从而保证了表演参与者与受众群体的稳定。

如果说信仰是表演幕后的大背景，是表演存在并得以延续的内在情感脉络，那么仪式就是舞台的前景，与表演有具体、直接而深刻的联系。

第一节　祭祀仪式与民众生活空间的转换

传统庙会祭祀崇拜活动一般可以分成朝山进香与巡会两种。前者以庙宇为中心，信众在这一固定空间内聚集；后者是将菩萨抬出庙，在村落、市镇之间迎来送往，接受信众的祭拜。舜王庙会祭祀两者兼有。

每年农历九月廿七是舜王诞辰，在双溪江舜王庙要举行盛大的祭祀活动，朝山进香者络绎不绝，堪称会稽山区规模最大的群体性活动。此外不定期还要举行更为隆重的舜王巡会。朝山进香与巡会相辅相成，共同构成了当地舜王信仰的实践体系。

一　庙宇内的祭祀仪式

我们这里所说的祭祀仪式是以舜王为信仰，在庙宇内展开的群体性神灵崇拜活动。传说农历九月廿七是舜王的生日，祭祀活动一般从廿六开始，持续三天，到九月廿八谢神结束。祭祀活动由当值的社负责操办，若是当值的正好是个大社，那么就从九月廿四祭神开始，直到九月廿八结束，持续五天。

祭祀仪式一般在正殿内举行，传统的仪式本身并不复杂，程式与周边一些庙宇的祭祀活动也没有什么太大的区别，但是在细节上具有浓郁的会稽山区地域色彩，主要包括摆供、祭拜、请寿、宿山、进香、求签等几个环节。

祭祀开始前，在正殿舜王像前设祭桌。祭祀开始，首先要上供品，称为"五牲福礼"，包括猪头、羊头、整鸡、整鸭和鱼。由于旧时山区民众生活贫苦，很难吃到新鲜活鱼，多用白鲞来代替。供品除了五牲福礼外，还要摆三茶、三酒、三饭及各种水果。摆完供品，就要在天井里放爆竹或者铳。接着，在当值社首的带领下，其他各社社首列队在舜王大帝像前行三拜九叩之礼，并说些祈求来年风调雨顺、五谷丰登、生活安康之类的吉祥话。

行礼完毕，有绍剧团唱"三星请寿"。演员扮成福、禄、寿的模样，先在正殿对面的戏台上唱，一出完毕后，下台来到舜王供桌前再唱一遍，这样叫作"落地请寿"。唱毕由当值社首念祭文，主要意思是歌颂舜王贤德事迹，祈求舜王赐福，保佑一地平安。祭文诵念完毕，在殿前香炉内焚烧，再行叩拜之礼。至此，祭祀仪式宣告结束。

整个活动中最热闹的要数两边厢房内进香、念经的香客了。香客来自绍兴南部、嵊州北部、上虞杨浦及诸暨枫桥一带，多为五六十岁的中老年妇女，其中也不乏七十上下的虔诚老者。庙里并不提供食物，但是有"茶汤会"专门负责烧开水，香客通常自带干粮、干果。家里经济条件比较好的也会带一些糖果来，互相间分着吃，俗称"结缘"。以三天活动为例，香客九月廿六就赶到庙里，围坐在圆桌旁念经，昼夜不歇，称为"宿山"。通常以七人、九人、十三人为一桌，念的主要是阿弥陀佛经、心经或者高皇经。念经时，用传递麦秆的方式计数。麦秆长约十二三厘米，一头留有少许穗子，香客一边念一边传递，一圈传完后，摆在一边，再取一根，开始新一轮。到了傍晚，香客会把这一天念过经的麦秆串起来，扎成一捆，中间留有二十几厘米左右高的麦头。当然也有用黄纸折元宝的方式计数的，还有的干脆只用红点记数。宿山的香客十分虔诚，他们认为在菩萨面前念经可以添福添寿，一些讲究的人家还会穿新做的蓝布长袄，以示隆重。

庙会期间前来进香的人也很多，地域范围进一步扩展到杭州、上海等地。进香者祈求的内容并没有固定指向，一般围绕求子、求财、求婚姻、求健康、保平安这些主题。进香者会带来多寡不一的祭品，多为香烛纸钱、糖糕水果等。若是愿望达成，香客则来还愿。还愿的方式因人而异，有捐钱的，有带五牲福礼的，有的则扮犯人。

扮犯人并不仅仅限于还愿，也有来忏悔的。有的人年年扮，叫作"世代犯人"，也有的只扮一次。"犯人"会向庙祝讨一张黄纸，写上自己的姓名、生辰八字、住址等，盖上庙印，用黄布包起来绑在头上。他们腰围短裙，戴上木制或者纸制的镣铐，手持香烛，在舜帝像前虔诚地忏悔、许愿。巡会中也有这一类装扮，称为"犯人会"，后文将详述，此处不复赘言。

舜王庙的签一向十分灵验，平日就有不少人前来求签，每到这时更是络绎不绝。签经通常都是一首七言律诗，舜王庙有一百首签诗，据说是清咸丰年间监生孙显廷召集附近一百多名秀才编写的。一首诗就是一个典故，诗文典雅颇具文采，内容多是劝人为善，宣扬孝道。比如第一签说的就是舜王大帝登基的故事，是为上上签。旧时，在后殿东首，有一排小柜，内有签经纸，香客求得竹签后，可根据签号前来自行提取。若有看不懂的地方，庙祝会义务讲解，分文不收。据统计舜王庙一百张签经中，上上签二十二张，中上签四十五张，中下签二十三张，下下签十张，可见中签占的比重最大。①

除了求签以外，问卜也十分普遍。问卜，又称为"问询"，就是用两片竹片预测未来吉凶。问卜时，询问者手夹两片竹片，在舜王像前祷告一番，心中默念所求愿望，然后将竹片掷向地面。若两片都是正面，称为阳爻，寓意一般；两片都是背面，是阴爻，事情就糟糕了；一正一反，是为大吉；若两片直立，表示菩萨不愿意回答问题，问询无果。问卜与求签是旧时民间庙会等祭祀活动中常见的活动，总的来说，它们所起到的常常是安慰人心、疏导情绪的作用，为祈求者提供精神和心理的寄托。

朝山进香期间文艺表演也十分丰富，组织者会请来绍兴大班在庙里的戏台上演绍剧，同时也有一些杂耍班子、武术班子、小戏班在对

---

① 参见俞日霞《绍兴虞舜文化研究》，浙江人民出版社 2006 年版，第 168 页。

岸的河滩上拉开场子耍起宝来。这样做既是为了表达信仰的虔诚，增添热闹的气氛，同时也是一个展露本领的好机会。

当代复兴中的庙会祭祀仪式大体依照传统又有所变化。以 2012 年祭祀大典为例，11 月 6 日（农历九月廿三）9：30 舜王祭祀大典在舜王庙正殿举行。仪式开始时，由主祭点燃大蜡烛，擂鼓、鸣锣各三通，随后由参祭者向舜王神像献上五牲福礼。随后，参祭者在主祭的带领下行三拜之礼，随后回到原位。接着绍兴虞舜文化研究会行政会长登殿诵读《祝寿词》，全文如下：

> 巍巍舜帝，中华之祖。生于上虞，市于负夏。耕于象田，渔于渔浦。孝感动天，承接大统。巡狩会稽，恩泽千古。王坛青坛，祭天祭地。天降嘉禾，地名谷来。任命夏禹、兴修水利。始于肇湖，终于了溪。退位让国，古之贤君。大哉圣德，非天者何。崩于青桐，葬于虹坟。百姓恩之，立庙祭祀。仰惟圣谟，万世有洁，祭祀大舜，构建和谐。舜帝有灵，保佑万民。国泰民安，风调雨顺。人寿年丰，财源茂盛。伟哉大舜，伏维尚飨。①

《祝寿词》主要的作用是宣扬舜的神迹，赞颂舜的丰功伟绩，特别是德行卓然，并祈求保佑。《祝寿词》读罢，再由绍兴虞舜文化研究会副会长诵读《表章》：

> 伏以绍兴市虞舜文化研究会，于壬辰年九月廿三日举办祭舜大典。兹有下列社会贤达，善男信女，缴纳会费，保证了祭舜活动、舜文化研究的经济来源，祈求舜帝在天之灵，护佑福寿绵长，万事亨通。缴绍兴市虞舜文化研究会会费清单（各单位捐款

---

① 绍兴虞舜文化研究会提供，2012 年 11 月 6 日，于舜王庙宣读。

数目从略）……伏愿舜帝圣光之下，均叨无任之恩，并由财神赐福。壬辰年九月廿三日。①

《表章》是为了向舜王陈述此次祭典的筹办情况，特别表彰乐善好施、在经济上提供帮助的各位会员，亦有呈报功德的含义在其中。

两表念罢随即焚烧。此时，戏台上演出财神赐福。主祭人员依次上台，从财神手中接过象征财源滚滚的元宝，随后立于大殿两侧。此时，有道士、王母、八仙装扮的民众，在舜王像前虚步行礼，唱请寿。唱罢，大殿内祭祀礼成，主祭纷纷离去，戏台上开始演绍剧。

二　巡会仪式

舜王巡会并没有固定的周期安排。一般每年农历八月初一各社首就要在舜王庙集中举行会议来商议该年巡会的相关事宜。比如，今年搞不搞巡会、什么时候搞、巡会的路线等。当然，最终一切都要得到"舜王的首肯"。如何才能了解神灵的意愿呢？社首们采用如同香客"问询"时一样的占卜方法，当地俗称"阴阳罡"。具体来讲就是用两片竹片或者木片抛在舜王神像前，若是两片同为正面或同为反面，就是顺罡，表示舜王同意他们的决定，若是两片不一致，则表示舜王不答应。若是得到神灵首肯，决定要搞巡会，那么在这次会议上大家也要商量各村各会要出的会货种类、数量、参加人数、服装、道具等具体事宜。一旦定下来后，各社各会就要按照商定开始准备了。而农历八月这段时间，绍兴地区的农事也比较空闲，农民正好能够有比较充足的时间来排练。

巡会的日期都比较固定，一般在该年的农历九月十五左右，时间可

长可短，一天、三天都有，如果到上虞、诸暨一带则需要五六天。巡会中有梳妆、升舆起马、驻马、供筵、斋饭、入庙等几个仪式环节。

1. 梳妆

巡会前一天晚上十点左右要举行梳妆仪式，即为舜王行像穿衣打扮。仪式之前稽东镇童家岭一个名为罗汉会的武术班子会提前赶到庙里，梳妆仪式便由罗汉会的罗汉们主持，妇女或者闲杂人等不能靠近。仪式开始时，先点香案，小罗汉在前，大罗汉在后，行三拜九叩之礼。随后，由两位德高望重的大罗汉执拂尘为菩萨打扫干净灰尘，然后换上新龙袍，梳洗算是完成了。最后，再行跪拜之礼，仪式结束。

2. 升舆起马

第二天一早，举行"起马"仪式。仪式由社首主持，供猪、羊、鸡、鸭、鱼五牲供品，行跪拜之礼。之后由两位声望高、子女孝顺的老年妇女将香樟木雕成的舜王行像扶入轿中，称为"升舆"。神像入轿后，主祭高喊"起马"，同时，鸣炮、放铳、锣鼓齐奏。此时，庙门前戏台的台板早已拆除，八位轿夫抬着神轿从正门出发，前有执事会等开路，后面各会跟上，队伍浩浩荡荡，在蜿蜒的山路上行进。一般在巡会队伍最前边有专人到各村放贴，告知对方队伍即将到来，准备祭祀和食物，清理表演场地。

3. 驻马

队伍所到的那些村落都会在村口交通要道设立"供棚"，备有五牲福礼、香烛供桌，并由专人迎候巡会队伍的到来。队伍到达后，循例祭拜一番，各个会货要按照出发时排好的顺序，依次表演一番，无论队伍有多长，必须一一表演。这被称为"驻马"。"驻马"结束，村里还会给参加巡会者发放一些糖果、点心之类的东西。若是队伍越棚而过，则会被该村视为奇耻大辱，往往因此引起纠纷。

4. 供筵

一路上，民众也会自发在路旁搭棚设供筵，巡会的队伍通常总会为此停留片刻，让菩萨在此接受善男信女的祭拜。根据各家的经济实力，供筵有大有小。旧时大户人家备三牲或者五牲礼，还有水果、糕点、茶水等；小户人家只摆些香烛、糕点、果品。按习俗，驻马时菩萨神轿不能落地，于是人们便将神轿搁在八仙桌上，一些老人、妇女、孩子争先恐后地从八仙桌下钻过，俗信以为这样可以添福添寿，保佑吉祥如意。此时，会货无须一一表演，若是碰上比较大的供筵，八仙会也会唱一下庆寿小段子，拳棒会、罗汉会、龙会等也会耍上两耍。供筵的主人一般会为参加巡会的每个人准备一袋子礼品，一般是干粮、毛巾、糖果等山区常见的日用品和食品。司仪和轿夫有时也会领到红包。

5. 斋饭

巡会的队伍路上要在某个村子里吃饭，通常会预先安排好，由专人通知这个村子办斋饭。斋饭有荤素两种，凡是舜王庙会的社所在的村子要办"荤斋"，又叫作"主斋"，其余的办"素斋"，也叫"客斋"。当地有首童谣唱道："喧喧喳，坎上肇湖吃晏斋①，吃了三块毛芋艿。"坎上距离舜王庙1000米左右，肇湖才500米。童谣反映的就是巡会的队伍很长，等走到肇湖、坎上就已经是中午了。

6. 过夜

巡会时，队伍会选择在一些规模较大的庙宇中留宿过夜。当地有童谣唱道："喧喧喳，坎上肇湖吃晏斋，岭下南岸来过夜。"说的是巡

---

① 晏斋：当地方言中就是中饭的意思。

会第一天，舜王菩萨中午能走到肇湖，到了晚上就走到南岸村了。因此，第一夜一般都在南岸村过夜。菩萨过夜非常热闹，所在村的社首要备礼祭拜，寺庙内要拜忏，晚上还要唱戏，远近村子的男女老少都会过来凑热闹。

入庙在巡会途中，有的可以先退出去，有的会则要跟着菩萨的神轿回到庙里。巡会的队伍返回舜王庙，称为"入庙"。入庙后，由两位受人尊敬的老年妇女扶神像进正殿，称为"菩萨升座"。最后再设祭品，会货也一一入场排列好，行叩拜祭祀之礼，巡会仪式到此全部完成。

巡会的路线会根据实际的天数有所不同。如果是一天，一般先到肇湖、坎上，余下以此经过沙地、钱家山、俞家、湖头、罗镇、双溪江、最后回舜王庙。① 两天的巡会大致是从舜王庙出发，到肇湖、坎上，经东山村，傍晚到达新联村，并在那儿过夜。第二天，队伍向南，"经廿三步，到青坛。然后分两路，大队人马经岭下、童番，到谢村；一部分人马直插谢村。在谢村会合，吃中饭。下午继续向东，到妙诸吃晚饭，当夜返回舜王庙"②。2009 年，巡会从湖墩舜王庙出发，进行了三天的巡会，路线为：第一天从湖墩大舜王庙出发，经岭北，到孙岙吃午饭，下午经银沙、文家坞、喻宅、沙坞、沙地，到肇湖过夜；第二天，从肇湖出发，经坎上、王坛，到王城吃午饭，下午在经过马溪、岩潭、下莫岙，晚上在上（里）莫岙过夜；第三天，出发经东村、蔡岙、沙榔树下、榴头，最后回到湖墩。总计有二百多里山路（参见附录三）。在整个巡会过程中，会货基本上保持队列行进的表演方式，走走停停，边走边演，停下来时，打个圆场便可进行表演。这种形式从古至今并无多大变化。

---

① 参见俞日霞《绍兴虞舜文化》，浙江人民出版社 2006 年版，第 180—181 页。
② 顾希佳：《绍兴舜王庙会之调查思考》，《民间文化》2001 年第 1 期。

巡会队伍所到村社，当地稍有规模的庙宇都要筹办接会。北京大学硕士生朱倩曾对 2012 年舜王巡会下位庙宇接会情况做过详细的跟踪研究，整理出两条路线。其一以湖墩舜王庙为主，路线如下：

湖墩舜王庙→孙岙舜王庙→韩家岙舜王庙→王坛舜庙→肇湖隘将庙→大王塘土地庙→王坛镇→湖墩舜王庙

巡会日期为一天，此后廿四至廿七日皆在湖墩舜王庙内拜忏祈福。

另一条是以嵊州吴山舜王庙为主体，自 11 月 7 日（九月廿四）起在谷来地区举办三天的巡会活动，线路如下：

吴山舜王庙→大仙庙→马溪村→下显谭太祖庙→马村乡主庙→城后村土地庙→谷来镇→来山大庙→水涧湾舜王庙→护国岭→九里斜乡主庙→吴山舜王庙①

这一次是谷来地区首次举办舜王巡会，所到之处人气高涨。11 月 10 日是舜王的诞辰日，民众云集吴山舜王庙拜忏念经，共同庆贺。

三　庙市

庙市是伴随着庙会活动而形成的集市贸易习俗。庙会期间士农工商皆来赴会，在庙里烧香后人们当然少不了到庙市逛一逛。庙市所具有的经济职能早已引起许多学者的注意，这方面论著颇丰，历来方志也不乏记载。比如，浙江昌化一带农历七月的东平王诞辰，"乡人俱

---

① 朱倩：《非遗思潮下的民俗精英研究：以绍兴王坛舜王庙会为个案》，硕士学位论文，北京大学，2015 年，第 13 页。

设牲醴莫祭……远商百货俱赁厂地铺易，谓之赶会"①。天目山侧有于潜，这里地处山区，交通闭塞，平日"水道不通，非百货聚集之所"，商贸交易比较贫乏，因此每逢城隍会，"各项百物咸至，沿街作市"②。庙市对庙会有先天的依附性，与一般的逢集贸易相比，规模更大，商品品种更加丰富，能够在数日内保持较密集的人流量，是旧时区域内规模较大的经济活动。

庙市因庙会而起，也与庙宇的位置有关。传统上规模较大的地域联合型庙会中，神灵所在的主庙都有水陆交通之便，舜王庙会也不例外。舜王庙虽然坐落于会稽山区，但因处于小舜江水系，庙市期间，往往会吸引远近商贾汇集于此，形成了颇具规模的临时性集市。小舜江全长 73 千米，为曹娥江下游最大的支流，旧时是山区主要的物资运输线。小舜江由源自嵊州竹溪赤藤冈的南溪和源自绍兴县稽东的北溪汇合而成，往东流入上虞，从两溪乡至上虞上浦段就称为小舜江，江水流至上浦小江口汇入曹娥江。旧时物资便在此上岸中转，先到曹娥村，再由运河运往杭州、上海等地。庙会期间，各地商贩闻讯赶来，抓住机会推销商品。

庙市出售的商品以农具、日常生活用品为多。当地有俗谚："平水岳庙六月十九箩箪会，双溪江舜王庙九月廿九缸甏会。"讲的就是庙市上缸甏、陶器等农家日常生活的必需品数量多、品种丰富。此外东阳的木勺、永康的铁器、余姚的土布等都是当时声名显赫的商品，深得民众喜爱。甚至有人从嵊州一带赶来采购。集市上还有"退衣摊"，专门出售一些半新不旧的衣物，很得家境稍弱人家的喜爱；另外如笔墨纸砚、

---

① 《昌化县志》"岁时"，丁世良、赵放主编《中国地方志民俗资料汇编华东卷上》，书目文献出版社 1995 年版，第 620 页。

② 《于潜县志·风俗》，丁世良、赵放主编《中国地方志民俗资料汇编华东卷上》，书目文献出版社 1995 年版，第 616 页。

胭脂水粉、纱线丝线、发夹头绳等日常用度之物应有尽有。此外，庙市上还有诸暨香榧、黄岩蜜橘等平时难得一见的稀罕物。家境宽裕一点儿的还会买上一两碗馄饨、几个包子等小吃给孩子们解解馋，还有唱着小调卖梨膏糖的、耍把式卖膏药的、捏糖人的、做面人的，他们常常被围得里三层外三层，而一些杂耍表演也为庙市添了几分热闹。

旧时庙市与山区民众的生活息息相关。由于山区比较闭塞，虽然平日里也有一些货郎挑着担子穿梭于村落之间，卖些胭脂水粉、针头线脑等生活用品，但是往往商品质量不及庙会上的好，而价格又要高出好几成。因此，逛庙市对于当地农民来说，也是一年中难得的购物机会，他们往往趁此机会添置些农具及吃穿用度之物，备足来年之需。当然，其中也有一些并不是为了购物，而是纯粹为了看热闹、消遣一下的人。

四 仪式空间对表演内容的改造

朝山进香、巡会仪式与热闹的庙市共同构成了会货表演的具体情境，这是一个充满信仰虔诚的神圣空间，也是民众以活泼的思维来表达他们对理想生活渴求的世俗生活舞台。这个空间是开放的，不断吸纳各类民间艺术表演形式。当新的表演出现时，民众则会根据自身的想象对其中的内容加以改造，赋予它们合理的说法，以此证明它们作为舜王祭品的合理性。其中关于狴犴龙舞传说的变异就是一个十分有趣的例子。

旧时，上虞有会社以舞狴犴龙而闻名，其舞蹈被称为狴犴龙舞，也可以叫作"犴舞"。狴犴，龙生九子之一，形似虎。龙生九子之说久已有之，明代陆容的《菽园杂记》、李东阳的《怀麓堂集》、杨慎的《升庵外集》、李诩的《戒庵老人漫笔》，以及徐应秋的《玉芝堂谈芸》等都详细地描绘了九子不同的样貌、喜好和特征。狴犴在李东阳的《怀麓堂集》中排列第七，在杨慎那里排到第四。虽然龙子们的称谓、排序有所不同，但总体面貌变化不大。狴犴龙生性刚直，仗义执言，维护正义，它的形象被装饰在监狱的狱门上，官府大堂两侧及肃静回避牌的上端，象征公正廉明。旧时宁绍一带的庙会或者传统节庆中，人们常常表演狴犴龙舞来祈祷神明，去祸消灾，盼望风调雨顺、五谷丰登。

关于犴舞的起源，各地流传着不同的传说。余姚一带有犴斗恶龙的传说。大意是洪荒年代，东海边上有一群民众以种植水稻为生。有一条恶龙霸占了东海，一连下了七七四十九天大雨，紧接着又收雨为旱，一连旱了三个月。庄稼连片枯死，民不聊生。此时，犴龙从山中爬了出来，大战恶龙，终于战胜了恶龙。为了帮助大家度过灾荒，犴龙化雨成雾，滋润禾苗。当地民众万分感激，尊犴龙为神，将它的神像贴在门上，并根据它的形象制作竹龙，表演舞蹈。

上虞上浦镇冯浦村以冯姓为主，相传他们的祖先在南宋时随康王南渡定居此地，狴犴龙舞是他们旧有的习俗。当地建有渔浦庙，供奉舜王，因此狴犴龙舞也就在祭舜的活动中表演了。当地人习惯讲述狴犴除五毒的故事，来赞颂狴犴的功绩。当地传说中，狴犴是龙的第四个儿子，曾帮助大禹除去了蜈蚣、蝎子、毒蛇、毒蜘蛛、毒蜂等毒虫，为治水立下大功。后来，人们为了纪念狴犴龙，就把它的样子刻在青石上，放在绍兴禹王庙前，称为"狴犴石"。人们创制了狴犴龙舞模拟狴犴龙除五毒的场景。

舜王巡会中狴犴龙舞表演情境的设置主要取材于上虞上浦，而其中狴犴的传说又发生了变异。传说大禹治水时遇到了以蜈蚣为首的五毒虫大军的抵抗，停滞不前。舜王对此早有准备，命令皋陶训练了一支狴犴大军。狴犴浑身能分泌出腥臭的汁液，又喜好吃毒虫，一到阵前就把蜈蚣等毒虫打败了。为了纪念狴犴的功劳，当地人将其形象刻在一块青石上，置于禹王庙百步金阶顶端，俗称狴犴石。新的传说保留了狴犴除五毒的基本情节，而将中心人物挪到了舜的身上。

依物取形，随类赋彩是传说内部变化的规律之一，舜与禹在神话传说中的关系，献祭于神灵的思维定式则是发生这种变异的根本原因。在民间信仰的祭祀活动中，文艺表演是最具开放性与公共性的。它对表演的内容与形式并没有严格的约束，在数量上也不加限制，只要是民众喜闻乐见的形式都可以被纳入其中。特别是庆祝神诞的仪式中能够营造热闹、欢乐的气氛，带来一定感官刺激的表演最受民众的欢迎，一次巡会活动通常是当地民间文艺展示的最大舞台。表演带来的感官享受、世俗欢乐远远大于宗教的神圣性，因此，民众对表演也拥有最大的自主权与最终的解释权。

为了能够最大限度地表达虔诚，表明自己的正统性，民众也会绞尽脑汁地为表演提供最合理的"说法"，其中最有效的就是与神灵直接发生关系，成为神迹的一部分。狴犴龙舞本就是祛邪消灾，与巡会的初衷一致；大禹治水是在舜的任命下进行的，有了这两重的联系，狴犴受命于舜帮助大禹治水的联想也就十分合理了。狴犴龙形态上的种种特点是它在传统形象内涵上的延伸。因为它生性刚直，会货中的狴犴龙就用竹做骨架，用麻绳帆布绑扎成龙身，龙身硬直表演时不能盘舞，同时它还要负责调解纠纷、维护秩序。

信仰对表演的再诠释不仅发生在起源传说的变异上，还直接体现为对情节内容、人物的改造。比如为了弘扬舜的孝子形象，传统戏曲《芦花记》的主人公由春秋末年鲁国人闵子骞变成了舜，故事情节则是典型的后母虐待型。可见，这种相对稳定的共同信仰，具有一种向心力的内趋力。它在表演的过程中，不断同化、改造表演项目，使其带有更加鲜明的信仰色彩。通过这种方式，信仰的意义也再次得到提炼与凝聚。

综上所述，庙会具有很强的文化整合能力，它所形成的不仅仅是一个拥有边界和社会群组的实体空间，还汇集了庙宇、祭祀仪式、曲艺戏曲、民间手工艺及其他诸多文化符号，具有独特性和意象性特征。在旧时山区民众的生活中，庙会活动有效地调节他们的岁时生活节律。其中一整套仪式，以神圣的气氛、程式化的动作、鲜明的象征符号等，将人们从日常生活的琐碎中剥离出来，进入人神对话的空间。民众聚集在这里，因为血缘、地缘的维系，分享共同的历史文化传统，沿袭着共同的生活模式。他们祭拜神灵，相互交往，表达对日常生活的理解，形成一致的社会舆论，进而对民众的伦理、价值观产生影响，形成一种具有规约性的空间向心力。

第二节 仪式中的"会社"与民众的自我组织

顾颉刚先生曾评价庙会活动是民众"生活中的一个重要部分，绝不是可用迷信二字一笔抹杀的。我们可以看出他们意欲的要求、互助的同情、严密的组织、神奇的想象"①。舜王巡会规模很大，会货表演的种类和数量也很多，这些都不是一个村落的力量可以独立承担的，而需要附近大小几十个自然村联合起来，互相协作，共同组织实施。村落之间的这种互助合作是通过"社"与"会"两级组织单位来实

---

① 顾颉刚：《妙峰山进香专号引言》，《典藏民俗学丛书》中卷，黑龙江人民出版社2004年版，第1016页。

现的。作为民众群体的组织单位，这里的"社"及"会"与传统的
"社会"概念既有联系，又有区别。

下面我们就从"社"与"会"的传统内涵说起。

一 "社"与"会"的历史源流

"社"源于人们祭祀土地神的社祭，《白虎通·社稷》中就有
"封土立社，示有土尊"的说法。后来围绕社祭，逐渐形成的人群组
织也被称为"社"。我们这里讨论的就是"社"作为一种组织形式所
具有的历史内涵。

社，首先要承担祭祀任务。周代整个国家自王侯到乡里平民层层
立社，《礼记正义》卷四六"祭法"载：

> 王为群姓立社曰大社，王自为立社曰王社；诸侯为百姓立社
> 曰国社，诸侯自为立社曰侯社；大夫以下成群立社，曰置社。①

社同时也是社会的基本单位，除了承担祭祀任务以外，也肩负着
一定的社会管理任务，属于中央政权的管理途径之一。

西周春秋时代，社基本上都为官置，是公社。到了两汉情况就有
所不同了。《汉书·郊祀志上》载："（高祖二年）因令县为公社。"②
当时官办社只到县，以下则有民间自行结社，称为"里社"。同书又
载："高祖十年春，有司请令县常以春二月及腊祠社稷以羊豕，民里
社各自裁以祠。制曰：'可。'"③ 可见当时除了官办的公社之外，里

---

① （汉）郑玄：《礼记正义·祭法》卷四六，李学勤主编《十三经注疏（标点本）》
北京大学出版社1999年版，第1304页。

② （汉）班固撰、颜师古注：《汉书·郊祀志上》卷二五上，中华书局1962年版，第
1212页。

③ 同上。

社祭祀时需要自行筹集钱物，置办祭品。除了"里社"之外，汉代还出现了不少民间私自立社的现象，且逐渐有愈演愈烈之势。《汉书·五行志下》记载："建昭五年，兖州刺史浩赏禁民私所自立社。山阳襄茅乡社有大槐树，吏伐断之，其夜树复立其故处。"① 臣瓒在其下注解道："旧制二十五家为一社，而民或十家五家共为田社，是私社。"《礼记正义·祭法》也说："太社、皇社、国社、侯社、置社，皆王侯大夫自立及为百姓立者，此官社者。民私立者，谓之私社。"②

当时私社虽为官府所禁止，但其发展势头依旧不可遏制，这为后代民间结社开了先河。隋唐到宋代初年，民间结社之风亦非常浓厚。敦煌石室遗书出土以来，学者们根据敦煌结社、社规等文书对敦煌地区民间结社活动进行研究，在这方面日本学者收获颇丰③。根据学者们的研究当时结社可分为两种，佛教结社和民间经济互助结社，或者两者兼具。特别是后一种一般都承担了春秋祭祀的职责。后期，两者发生了合流，不再明确区分两者的功能，表明了当时社所承担的祭祀活动内容发生了融合。④ 事实上，宋代的民间结社范围大大超过了上述两类，还出现了文人结社、武人结社、艺人结社等现象。《武林旧事》卷三"社会"条中就有"齐云社、遏云社、同文社、角觝社、清音社、锦标社、锦体社、英略社、雄辩社、翠锦社、净发社、律华社、云机社"⑤ 等。"社"的活动内容有相扑、蹴鞠、演杂剧、唱清

---

① （汉）班固撰、颜师古注：《汉书·五行志下》卷二七下，中华书局 1962 年版，第 1507 页。

② （汉）郑玄：《礼记正义·祭法》卷四六，李学勤主编《十三经注疏（标点本）》北京大学出版社 1999 年版，第 1306 页。

③ 参见［日］田仲一成《中国祭祀戏剧研究》，北京大学出版社 2008 年版，第 12—14 页。

④ 参见陈宝良《中国的社与会》，浙江人民出版社 1996 年版，第 7—10 页。

⑤ （宋）周密：《武林旧事·社会》卷三，中国商业出版社 1982 年版，第 45 页。

音、表演唱赚、影戏等。可见当时"社"的功能和内涵大大扩展了。

"会"的出现与佛教在中国的传播有关。《续高僧传》卷六《释法贞传略》载："（释法贞）与僧建齐名，时人目建为文句无前，目贞为人微独步。贞乃与建为义会之友，道俗斯附，听众千人。"北魏，佛教大盛，当时已经出现了以从事佛教活动为目的的民间团体，称为"义会"，也称"邑会""会""邑义"等。到了宋代，民间春秋二祭与佛教结社祭祀合流的现象开始出现。据《淳佑玉峰志》卷上《风俗》记载，当时苏州昆山，每到四月望日，"山神诞，县迎神，社佛老，教以祀岁事，并社为会，以送神"①。

在此后的典籍中，民间社祭会饮通常"社"与"会"并称。如《梦粱录》《都城纪胜》等专门有"社会"一节，列举了当时的社会名目繁多，十分丰富。明万历《钱塘县志·纪事》"风俗"条这样描述杭城二月社祭的情形："民间轮年酿金祀土谷神。祀毕，为社会饮。"② 这样看来，"社"与"会"的含义基本相同。

二　巡会表演中的"社"与"会"

舜王巡会中的"社"与"会"继承传统，又有所发展。在当地"社"与"会"是两个不同的概念，巡会及会货表演过程中它们有上下级的支配关系。它们因庙而设，既与村落、宗族有着密切关系，又不局限于此，是一种跨血缘的地域合作性组织。"社"是掌管庙会事物的常设机构，巡会期间主要承担仪式方面的组织工作，比如确定巡会日期、路线、物质供给等；会则是各个表演项目的具体承担单位，负责表演的

---

① 明清为"走会"的鼎盛时期，如第二章所引吴稚登《吴社编》中对会的解释，会亦可指民间以歌舞百戏迎送神像往来游之的活动。

② （明）虞淳熙：《钱塘县志·纪事》"风俗"条，《武林掌故丛编》第16集。

人员组织、日常训练、道具置办等诸项事宜。"会"归属于"社",一旦巡会结束,会也就解散了,待到下一次巡会,再次聚集。

（一）社

在当地,社大小不一,有一村一社,也有几个村落联合共建一社。王坛、稽东一带同村一姓或几大姓的情况非常普遍,比如稽东镇的童家岭村都为李姓,杨宅村多为杨姓,王坛的坎上为董姓,肇湖为张姓,上王村为王姓等。这些村落人口比较多,宗族势力比较强,一般可以单独建社,或者成为一社的核心村落。而附近一些小村落往往依附这些大村,与它们共同结社。比如新中国成立前尚存的双溪社包括双溪、罗镇、长岭三村,马溪社包括马溪、显潭、铜坑、大岩、大堡等村落,孙岙社由孙岙、张湾、湖墩和赵岙四村组成,童家岭村联合杨宅村共建一社,坎上、肇湖、沙地、王坛共建一社。

社的领头人被称为"社首"。舜王庙会的社并没有固定的田产,举办庙会时主要依靠社首发起募集资金,因此社首多是由当地有一定社会地位、经济能力和号召力较强的地乡绅、地主担任。社首主要承担庙会、巡会的组织、协调及资金的募集工作。新中国成立前,双溪社的社首于宝墨是当时绍兴县副县长,孙岙社的社首是当时孙岙乡乡长孙季康,后来又由当地的保长孙东明担任,马溪社的社首马忠国是当时绍兴县的参议员,王坛社首张同兴为当时王坛乡乡长。① 尽管这些人都是以个人身份参与巡会会货活动,但由于他们在组织过程中发挥了较大的作用,无形之中也代表了官方对这一民间祭祀行为的默许和支持。

---

① 参见俞日霞《绍兴虞舜文化研究》,浙江人民出版社 2006 年版,第 115—116 页。

这一带的社在清末达到鼎盛，共有 36 社①，分布范围东到绍兴县王化、宋家店，上虞官杨、庙下一带，西至诸暨枫桥，南及嵊州的谷来、马溪一带。民国初年，由于经济萧条，缩减至 13 社，地域范围也相应缩小，东到绍兴县两溪乡的登岸、石坛村一带，西至稽东镇的童家岭一带，南到嵊州谷来、马溪不变，北至绍兴县东山、下陈村一带。②

"社"将民众划分为一个个单元，同时也象征着这一带各个村落或者村落联合之间对舜王庙会、巡会这一信仰象征资源的划分使用。排序和座次直接关系不同社民众对这一信仰资源掌控和使用的优先权问题，排序在前，甚至成为头社的，拥有较大的话语权。为了避免纠纷及达到能够获得普遍认同的公平性，这一带历来采取"神判"的方式，即由各社社首在舜王神像前抽签决定社的座次。头社在巡会中有着举足轻重的作为，若是行事有所差池，也会招来其他社的不满，甚至引起争执。前文所述"抢菩萨"的传说中就是因为头社违反了祭祀的规程，引起其他社的不满而带来的纠纷。

但是，关于清代舜王庙重建后谁为第一社，还是存在不同的说法。一种说法认为孙岙为第一社，理由是清咸丰年间举人孙显廷号召重修舜王庙，恢复庙会，理所当然称为第一社；另一种则说上王应为第一社，持这种说法的人认为上王村人是王羲之的后裔，书圣王羲之曾经留给他们一块匾额，上书"董静永奠"。这块匾额本来是要献给玉皇大帝的，但是舜王庙重修后，上王村人把它献给了舜王大帝，因此，在抽签时，舜王大帝就保佑他们抽到第一社。第二种说法显然试图从舜王显灵中寻求解释的合理性。但无论哪种说法，都说明一点：社的地位与它所履行的责任息息相关，这是一种

---

① 也有说 32 社的。
② 参见俞日霞《绍兴虞舜文化研究》，浙江人民出版社 2006 年版，第 115 页。

平等的交换关系。

至于哪一种说法是真的，由于年代久远，无法具体考证，老人们至今能够回忆的是20世纪三四十年代，即新中国成立前夕社的排序，但也比较零碎。据老人回忆当时王城为第一社，双溪为第四社，孙岙为第五社，马溪为第七社，童家岭为第九社，喻宅为第十一社，王坛为第十二社，蒋村为第十三社。

相较于社，会是巡会组织、会货表演更加直接的参与者，与一般村民的关系也更加密切，有关"会"的口述史资料明显多于社。

（二）会

会，在这里指的是按一定目的组织起来的群体性组织，是舜王巡会组织和表演的基本组织单位，会的首领称为"会首"，表演的项目称为"会货"。会往往以会货表演的内容来命名，比如舞龙的称为"龙会"，放铳的称为"铳会"，跳无常的则叫作"太平会"等，以此类推，不胜枚举。

关于会的由来，由于缺乏史料记载，只能从当地人口头传说中窥见一二。在口头流传中，会都有不同寻常的来历。比如坎上村执事会的来历就和明代进士董元治有关。董元治为王坛坎上村人，家境贫寒，但自幼聪颖好学，最后连中三元，官拜十三道监察御史，其传说流传于王坛镇各村。相传，董元治衣锦还乡，为了感谢舜王大帝的保佑，就将皇帝赐给他的全套执事全部献给了菩萨，并在坎上村建立了执事会，并购置会田三亩。民众借助董元治官员的身份，皇帝御赐的全副执事，宣告了执事会的正统性，于是执事会便从一个小小的乡村组织摇身进入官方主流话语体系。在当地，舜的祭祀从未被纳入国家祭祀体系中，于是在这个小小的传说中，民众想方设法与官方扯上关系，暗示舜作为一个帝王的地位及祭祀早已获得了皇帝的认可。

再比如杨宅拳棒会的创始人就是一名女子，当地人叫她"石太婆"。相传石太婆生活在两百多年前，是从嵊州嫁到杨宅来的，她要得一套好拳棒。有一次，杨宅与嵊州的一个村子发生了纠纷，嵊州人前来兴师问罪，走到村口，正好看到石太婆在耍拳棒，吓得掉头就走。从此，石太婆名声大振，收了一帮年轻男女日夜习武，由此创办了杨宅拳棒会。

执事会的传说暗含地方民众积极寻求官方话语支持的努力，他们希望借此赋予执事会以正统地位，而杨宅拳棒会的传说则利用了民众的好奇心理来凸显自己。创始人的外来女性身份，突破了当地惯有的男性、宗族话语体系，以此例外来突出传奇性特征。但是，这种不符合常规的做法在吸引了听众的眼球之后，仍旧要回到乡土社会的主流话语体系中。于是在这则传说的后半部分，讲述者往往会把听者拉回现实，他们会告诉听者，石太婆死后，拳棒会又变成了清一色的男子，继续从嵊州请来武艺高强的师傅传授武艺。传说的传奇性是有一定尺度的，对现实解释的合理性才是让听者知而信的重要因素。当然这种合理性的尺度受到当地历史、风俗、现实及讲述者自身经验的制约。

还有的传说直接和舜王的神迹联系在一起，神异的色彩更加浓郁。比如，坎上执事会传说中，提到董元治少年读书时家境贫寒，舜帝护佑他不受蚊虫叮咬。肇湖百铳会由来的传说中讲，当年肇湖村一带有大毒蛇危害百姓，舜帝上告天庭，派了雷公电母前来镇压。肇湖有个竹老相公拿着铳前来助阵，最后殒命。后人为了纪念他创办了百铳会。按照信仰的逻辑，受到舜王庇护，自然要到神灵前还愿，理所当然地要敬献会货表演。

平时，社与会并没有隶属关系，只有在舜王巡会期间，两者才有上下级关系，会必须服从社的管理。社与下属会一般按照所在村落发生对应关系。社首的个人威望比较大，会与会之间发生矛盾，一般都由他出面解决。

会与村落并不是严格对应的，会的大小数量和该村的经济力量有着十分密切的关系，可以一村一会，也可以一村几会，甚至几个村子合办一个会。根据调查所得的不完全统计，20 世纪 50 年代初，以王坛、稽东镇为中心，包括上虞、嵊州、诸暨部分地区在内，共有 67 个村落参与了巡会表演组织工作①：

王坛镇有 33 个村落，包括坎上村、钱家山头村、沙坞村、青坛村、蒋村、肇湖村、相家村、喻宅村、磊树岭村、陶赵岙村（现名新联村）、南子口村、湖地里村、骆村、陈村（即越峰村）、安基湾村、太平岭村、竹来山村、孙岙村、湖墩村、油头岭、芝坞山村、桃花湾村、张湾村、赵岙村、上王村、长岭村、础头村、寺前村、妙渚村、舒村、双溪江村、登岸村、塘里村。

稽东镇有 26 个村落，包括小洋坑村、童家岭村、杨宅村、车头村、大岩村、下堡村、高墩村、板溪村、鸡坑村、岭头山村、南岸村、尉家岙村、冢斜村、跃丰村、竹田头村、下里村、石雪村、刀坑村、石桥村、下塘村、新华村、胡宅村、鹰家村、裘家村、上冯村、止路坞村。

嵊州有 4 个村落，分别是丰田岭墩村、马溪村、岩潭村和崇仁村。此外，诸暨、上虞等地还有 3 个村落参与。

这些村落中一村 5 会以上的有 3 个，王坛镇的上王村、稽东镇的上冯村和车头村。一村 2～3 会的有 24 个村落，集中在王坛、稽东两

---

① 此处材料根据俞日霞老师调查搜集的相关内容与作者实地调查所得整理而成，参见俞日霞《绍兴虞舜文化研究》，浙江人民出版社 2006 年版，第 114—164 页。

镇，其余是一村一会居多。上虞石浦、川下、岭下三村联合办了一个旗会，嵊州岩潭、木岙村联合办有一个狮象虎豹会。

统计所得的会货有 28 类，119 个。铳会 22 个，龙会 16 个，旗会 15 个，校会 12 个，罗汉会 7 个，扁锣会 6 个，敲嘭会 6 个，大炮会 4 个，高跷会 4 个，狮会 3 个，白神会、执事会、拳棒会、十番会、提炉会、三十六行会各 2 个，其余有马灯会、大刀会、四沿会、锣叉会、菜瓶会、碗会、茶会、鼓会、回头拜、高照、丝弦、地图会各 1 个。此外还有抬阁、八大臣、黄伞会等几个会。这些会货包括了音乐、舞蹈、杂技、武术、戏剧等多种艺术形式，既传承了传统巡会会货的表演特点，又显示出独特的地域文化特色，形成了一道独特的风景线。

会要负责村民平时的排练，置办道具等事务，需要有一定的经济来源。在当地，会一般都有会产。会产大部分都是会田或者会山，由入会农户按股分配，轮流耕作，轮到的那户就称为"当值"。20 世纪 50 年代左右，车头村铳会、敲嘭会、旗会各有会田一亩，校会有会田一亩一分。坎上村执事会有会田三亩，双溪村校会有会山，南岸村三个会共有会田一百多亩，稽东镇的止路坞村铳会有会山。这些会产有的是祖辈留下的，比如坎上就流传着明代董元治捐赠会田的故事；有的则是入会农户集资共同购买的，比如亭岙村就是一例。若是本村没有组会，农户可以根据个人意愿到别村的会中入股，据俞日霞老师介绍，他家庭所在的俞家村没有组会，他的父亲便在钱家山头村的龙会入了一股，他的二伯父在竹来山的龙会也有一股，俞家村另一村民张功理的父亲在肇湖村的铳会也入了一股。[①] 舜王巡会时，各会都按入

---

① 俞日霞口述，袁瑾访谈，访谈日期 2010 年 9 月 4 日，于绍兴俞日霞家中。

股份额将参会人头摊派到各家各户。若当年家中无人可参会，各家可以寻找合适的替代者，一般多为亲眷。

会社内也会定期举行聚餐类的集体活动，联络感情，商讨事宜。比如正月里，会上当值的农户还要摆酒菜请入会各家聚餐，聚餐时猜拳、行酒令，好不热闹。餐毕，大家便坐下来一同议事，主要讨论一下新的一年里要准备些什么东西，什么时候开始训练，要不要或者从哪里请师傅等问题。

三 会社与当地的舜王祭祀圈

会社组织是当地农户以对舜的信仰为纽带结成的民间组织，在传统乡土社会中它与宗族、村落等组织结构有联系、有重合，但又有所不同。它们的主要功能是承担本地的舜王祭祀，并联合起来维系当地舜信仰圈。所谓的信仰圈是指"某一区域范围内，以某一神名及其分身之信仰为中心的信徒之志愿性的宗教组织"①。信仰圈内以一神为中心，参加人员都是自发自愿，会社分布以王坛舜王庙为中心，逐渐向周边乡镇扩散。

村落中常常有王坛舜王庙的下位庙宇，下位庙宇为当地村庙，有的供奉舜王为主神，有的则原本就有主神。比如，肇湖有个百铳会，当地供奉竹老相公，传说当地有一条大毒蛇作怪，毒害百姓。百姓便到舜王庙中祈求舜王，舜王奏明天帝，派下雷公电母来劈死毒蛇。哪知毒蛇喷出毒雾，使雷公电母无法下手。此时当地有个年轻后生从家里取出铳，向毒蛇开火。雷公电母正好趁此机会劈死毒

---

① 林美容：《彰化妈祖的信仰圈》，载《民间信仰与区域社会》，广西师范大学出版社2010年版，第108页。

蛇，但毒蛇死前把后生吸入肚子了。为了纪念后生，当地人尊他为竹老相公，设庙祭祀，并建立了百铳会。这一段传说又与舜王有关，百铳会每年都到舜王庙祭拜。民间村庙并无确凿史料可依，民间传说表明了一种事实存在，即肇湖及相邻的俞家村原本有村庙祭祀竹老相公。后来因为舜王信仰在当地日渐兴盛，当地民众参与庙会也渐成趋势，民众就将原本的主神与舜王联系起来，会社活动也逐渐融入舜王信仰圈。

会社的数量与分布密度除了与村落的经济实力有关外，还与距离庙宇——信仰中心点的远近有密切关系。距离信仰圈的中心点舜王庙越近，认同感越强，参与的人数就越多，会货的质量就越高。联合办会多出现在上虞、嵊州等地，则说明在信仰圈边缘地区的参与程度远远比不上其中心地区。事实上，巡会中，王坛稽东人常常以主人自居，而将嵊州、上虞、诸暨来的会称为客人，他们的到来多能为主人带来锦上添花的喜悦。

总的来说，在当地，"社"与"会"都是民众自发组成的，家庭、宗族、村落等组织之外的另一种较为松散的民间群体性组织。其中的领头人物在当地往往具有较高的威望，具有一定的号召力和组织能力，能够迅速传递信息、组织活动、平息纠纷。因此，"社"与"会"的组织是旧时当地村落生活中不可忽视的力量。正是在他们的相互配合、精心组织之下，会货表演活动才得以顺利开展并且传承下去，进而在周而复始的表演实践中形成了风格鲜明的表演传统。

作为信仰实践的仪式对表演的形态、内容有潜移默化的导向作用，两者在意义阐释上形成双向互构。信仰通过仪式建立起一种阐释的框架，对表演的基本形态、内容、情感体验起到规定的作用。然而，仪式并不是静止的，而是一个事件，是一系列的实践活动，表演的参与者在其中发挥积极而非消极被动的作用，两者之间存在高度密集的双向互动交流。一方面，表演汲取表现信仰的传说内容与象征符号，并在表现方式上将其纳入仪式的轨道；另一方面，他们通过对仪式意义的理解、阐释将传统的信仰文化模式纳入地方社会文化与群体、个人生活经历中。

舜王祭祀圈内村落与会货统计表①

镇	村	会货名称
王坛镇	坎上村	执事会
	沙坞村	龙会
	青坛村	四龙会
	上王村	龙会、扁锉会、铳会、菜瓶会、碗会
	蒋村	铳会、武校会、局锉会、龙会
	肇湖村	铳会、龙会
	长岭村	铳会、扁锉会、十番会
	寺前村	龙会、敲嘭会、十番会
	妙渚村	龙会
	舒村	龙会
	相家村	执事会、铳会
	喻宅村	龙会、铳会
	磊树岭村	大旗会
	新联村	铳会

---

　① 本表统计资料与数据来源于笔者实地调查与俞日霞老师的调查所得整合而成，参见俞日霞《绍兴虞舜文化研究》，浙江人民出版社 2006 年版，第 114—165 页。

镇	村	会货名称
	南子口村	马灯会
	湖地里村	旗会
	骆村	三十六行会
	陈村	龙会、铳会、大刀会、白神会
	安基湾村	高跷会
	竹来山村	龙会
	孙岙村	文校会、大旗会、铳会
	湖墩村	龙会
	油头岭村	敲嘭会
	芝坞山村	高跷会、大旗会
	桃花湾村	镗叉会
	砩头村(已被杨浦水库①淹没)	龙会、提炉会、罗汉会
	双溪村(已被杨浦水库淹没)	大炮会、大旗会、武校会
	登岸村(已被杨浦水库淹没)	茶会
	塘里村(已被杨浦水库淹没)	铳会、校会、鼓会
	于坎村(已被杨浦水库淹没)	龙会
稽东镇	童家岭村(属于高阳行政村)	罗汉会
	杨宅村	龙会、旗会、游戏会、拳棒会
	车头村	龙会、太平会、敲嘭会、旗会、校会

---

　　①　杨浦水库,又名小舜江水库,于1997年12月开始兴建。水库库区移民包括上虞市汤浦镇庙下村等12个行政村,绍兴县王坛镇登岸村、双溪村等6个行政村和平水镇长征村,共涉及2县3镇19个行政村,移民总数达5406户。

镇	村	会货名称
	大岩村	校会
	下堡村	武校会
	高墩村	高跷会
	板溪村	丝弦会
	小洋坑村	罗汉会、回头三步一拜会
	跃丰村	扁镗会
	鸡坑村	小罗汉会
	竹田头村	铳会
	岭头山村	罗汉会
	南岸村	黄校会、黑校会、铳会
	尉家岙村	扁镗会
	冢斜村	旗会、铳会、敲嘭会
	下里溪村	铳会
	石雪村	三十六行会
	刀坑村	小罗汉会
	石桥村	扁镗会
	下塘村	龙会
	新华村	地图会、校会
	胡宅村	铳会
	鹰家村	武校会
	裘村	铳会
	上冯村	提炉会、铳会、高照会、武校会、大敲嘭会

镇	村	会货名称
	止路坞村	铳会
	下塘村	龙会
	石桥村	扁镗会
	太平岭村	四沿会
嵊州	丰田岭墩村	铳会
嵊州	马溪村	罗汉会
	岩潭村、木岙村	狮象虎豹会
	崇仁村	黄毛狮子会
诸暨枫桥		狮子会
上虞上浦	石浦村	旗会

第四章　表演的文本系统

文本，源自英语词汇 text，它在语言学、文学理论与批评等领域都扮演着十分活跃的角色。20 世纪六十七年代，它是西方文学批评学界重要的学术语言。在文学批评领域，文本指的是文学的语言现象，即文字组成作品的实体。在语言学家眼里，文本是语言可感知的表层结构，它是一串连贯的词、短语、句子排列起来构成的序列，比较普遍的是由句子组成的。文本的外观是通过一定的符号来表现的，符号内部是有结构的，它们相互联结存在一个固定而明确的意义表达。在当代符号学的研究中，文本早已超越了语言现象的范畴，出现了"舞蹈文本""建筑文本""音乐文本"等概念，这些非语言的现象具有与语言文本类似的符号组织结构，并包含一套特定而具体的意义系统。文本是一个文化的描写系统，代表的是传统的程式，它可以是文字的，也可是行为学意义上的。

"表演"是艺术化的民俗活动，即主体调动自己的情感，全身心地投入某些既定的文化元素中所呈现出来的活动。表演的文本系统指的就是当表演中的各种文化元素、象征符号的连接日益稳定，呈现出模式化结构时，所形成的一套表演传统。尽管在历代传承中，表演的文本系统也会因地制宜，发生一些局部的改变，以此维系传统的延续和创新，但基本的方法、步骤仍然具有穿越时空的恒定性。表演传统得以继承，并不仅仅是审美的需要，"它表示的是从历史上留下来的存在于符号中的意义模式，是以符号形式表达的前后相袭的概念系统，借此人们交流、保存和发展对生命的知识和态度"①。

巡会中的会货表演也在不断重复中形成了属于自己的一套表演传统，它的文本系统由动作、造型、音乐、道具、唱词、服饰装扮等组成，这些充满象征意味的符号，"这些意义的媒介，在社会生活中或社会的一个部分里扮演着自己的角色，而且在事实上是它们给社会注入生命。在这儿，意义也是源于使用而起，或更确切地说，是从使用中产生的"②。因此，对它们的研究就要超越艺术样式的层面，而把它们当作民众生活、思想的范型，去探究"他们实现理想生活的一条大路"③。

第一节 会货表演的队列结构

会货依附于巡会仪式展开，巡会的队列是由不同的会货按照一定顺序排列起来的，以会货为队，大队套小队。一个会货或者几个相同的会货排列在一起，称为一队，比如常见的有龙队、铳队、校会队等。各小队的规模各不相同，主要取决于会货的数量和规模，有小到两三人的犯人队，也有大到几百上千人的铳队，排列的顺序与队的规

---

① ［美］克利福德·格尔茨：《文化的解释》，韩莉译，译林出版社 1999 年版，第109 页。

② ［美］克利福德·吉尔兹（Clifford Geertz）：《地方性知识》，王海龙、张家瑄译，中央编译出版社 2000 年版，第 154—156 页。

③ 顾颉刚：《妙峰山进香专号引言》，叶春生主编《典藏民俗学丛书》中卷，黑龙江人民出版社 2003 年版，第 1017 页。

模并无直接关系。

那么这些会货是如何排列起来的呢？以下是 2009 年、2010 年及据老人回忆排列的新中国成立初期巡会的队列结构：

新中国成立初期[1]：

打架老鼠←铳会←校会←舜王神轿←提炉会←龙会←高跷会←大炮会←罗汉会←马灯会←虎豹狮象会←唱班←兵荡会

2009 年：

打架老鼠←提炉会←神轿←黄伞会←执事会←校会←犯人会←十番会←铳会←旗会←马灯会←提灯会←狮会←龙会

2010 年：

打架老鼠←抬锣←对锣←执事会←铳会←旗会←湖墩十番会←八仙班←黄校会←提灯会←神轿←掌扇会←黄伞会←帅旗会←犯人会←敲嘭会←旗会←红校会←马灯会←荣华十番班←东浦太平会←绿校会←卢江十番班←龙会←狮会←花校会←旗会

从上述三种排列我们可以发现，队伍的排列并没有非常严格的模式，但板块之间的联系还是十分清晰的。《吴越民间信仰民俗》一书作者将吴越地区巡会迎神队伍分为仪仗队、舞蹈与杂耍表演队和后拥会三部分。[2] 这里所谓的后拥队是指一些即兴加入的持香祭拜者所组成的队伍。江浙一带的习俗是，巡会时总是会有一些善男信女事先准备好香烛或者其他供品在路边等候巡会队伍的到来，待队伍走过时自动跟在最后，随着大部队一同巡游。这样做既无碍巡会，又能够表达自己的虔诚之心。慢慢地，这些临时加入的民众也成为巡会队列的一部分。

---

① 参见顾希佳《绍兴舜王庙会之调查思考》，《民间文化》2001 年第 1 期。
② 参见姜彬主编《吴越民间信仰民俗》，上海文艺出版社 1992 年版，第 462 页。

就近年所见，舜王巡会中后拥会的现象并不十分典型，舜王神轿是队伍的焦点。神轿为八抬大轿，红顶，有雕栏、绣球、流苏等装饰，轿身用黄色绸缎围拢，上绣龙凤、花草图案。神轿后壁木板可以拆卸，方便菩萨"升舆"。巡会时，配有两班人手，轮流抬轿。以此为中心，仪仗类会货在前，突出巡会的仪式特征，相应的，表演类会货在后。具体来讲，队伍主要由四个板块构成，从前至后依次是开路队、仪仗队、神轿和表演队。每一个板块内队伍的繁简、表演内容的多少，以及内部各会货之间的先后顺序，则因时因地发生变化，主办者会根据当年会货的种类和数量做出调整。一般表演队的灵活度最大，也最具有开放性。

1. 开路队

开路队就是开路先锋，巡会的队伍一般对开路都比较讲究，各地形式虽然不同，但意义却是一样的，负责踩街开道、驱散人群，主要包括打架老鼠、抬锣和铳会。

打架老鼠人数不定，大约有五六人，统统打扮成老鼠模样。手持一头被劈散了的竹篙，挥舞起来"啪啪"作响，当地俗称"响竹篙"。打架老鼠的任务是驱赶人群，为巡会队伍开道。上虞、诸暨、王坛、嵊州一带的巡会队伍中都有这一类角色，只是名称和叫法上有些不同罢了。比如嵊州庙会中一般称其为"地方癞子"，打扮道具也没什么两样。旧时，担任这些角色的多是地方上的一些游手好闲之徒，他们在街道上窜来窜去，具有很强的喜剧色彩。2007年巡会重新恢复后，为了彰显舜帝的"孝"义，则都选择一些当地公认的孝子担任这个角色。

抬锣则是一面大锣，由两人各挑一头，取"鸣锣开道"之义。

铳会的铳是山间常见的火器，巡会中主要用来鸣放开道，以壮声威。它并不复杂，一人多高的木杆上端有一段铁管。鸣放时，在铁管内装上火药，然后用小木楔塞住管口。铁管底部有一小孔，内插导火线。放铳手点燃导火线，火药在管内膨胀，将木楔冲得飞上天，发出巨大的响声，当地俗称"寸木飞天"。菩萨起马、驻马、出庙、入庙时都要放铳。这一带的铳会很多，其中以肇湖的百铳会最为有名。百铳会有会旗一面，斜三角形，旗面绣着一只老虎，还有"舜王庙会第十社铳会"几个大字。

2. 仪仗队

开路队的位置是固定的，仪仗队和表演队有时则可以前后互换。仪仗队簇拥在舜王神轿周围，模仿旧时皇家出巡的排场，以象征舜的帝王地位，主要包括执事会、旗会、校会等。

执事会的需手持"肃静""回避"牌和各式兵器，以示威严，并保护舜王銮驾。旧时王坛镇坎上村的执事会远近闻名，有一百多人参加。有大旗一面，上有"虞朝舜帝"楷书大字，黄伞一把，"肃静""回避"对牌四对，宝剑及锡制十八般兵器七十余件，还有大锣、大鼓各六面。兵器上刻有暗八仙、琴棋书画、福禄寿喜、和合二仙等民间吉祥图案，以及花鸟虫鱼、飞龙舞凤、麒麟灵龟、金蟾古钱等灵异花草动物形象，在阳光下熠熠生辉，精致美观。兵器及其他物件平时分散保存在农民家中，可惜"文化大革命"中被毁，今已不存。

校会是舜王神轿的卫队，一般由十六岁以下的童男组成，两人一对，视村落大小，从十五六对到二十余对不等。着校尉、旗牌官戏服，按衣着颜色的不同，可分为红、绿、黑、黄四色。其中"红校会"也称为"武校会"，参加者身强力壮，会些武艺，主要为了防止路上有人抢夺神轿。"绿校会"又称为"文校会"，手拿号角，遇到路祭、菩萨驻马时，要吹一通号角。

巡会队伍中旗会的数量不少，一次巡会往往有好几百面大小不等、色彩各异的旗帜迎风招展，很有气势。旗分成五类，有老虎旗、蜈蚣旗、大旗、小方旗和三角旗。大旗约有四丈高，专门有四人轮流掌旗。小方旗一米见方，红底黄边。三角旗一米多长，旧时冢斜村的旗会有三角龙旗，红底或者绿底，上绣金色小龙。

3. 表演队

开路队、仪仗队讲究壮声势、摆威风，一般最吸引人的还是表演队。表演队的规模最大，内容最丰富，形式也最灵活，表演形式可分为扮演、杂技、武术、鼓乐和歌舞五种形式。

先来说说扮演类，这一类会货只扮不演，比较典型的有犯人会和地图会。

犯人会一般由善男信女扮成犯人跟在神轿后边。他们肩荷木枷锁，颈系铁锁链，由校会押解，跟在队伍中。当地习俗，凡是家中有人得病或者发生其他不幸的事情，都要到舜王庙中祈求菩萨保佑逃过此劫，称为"发愿"。若是平安度过，则要在巡会或者庙会时装扮成犯人，向菩萨"还愿"。也有的为了赎前世的罪，为今生和来世积福，还有的是替长辈代受刑罚。

地图会则是用锡纸制成神像、花草、人物等，巡会时安在头套上，戴在头上游行。

接着来看看杂技类会货，主要包括狮象虎豹会、高跷会、高照会、抬阁、菜瓶会、碗会等。

狮象虎豹会实际上是一种制作精致的机关类布景。在一个笼子里，用纸糊成狮、象、虎、豹等猛兽形象，拉动机关，猛兽就会跳跃扑腾，表演狮子滚绣球、猛虎戏蝴蝶等场景。

高跷会表演时，村民穿着戏服扮成三国等戏曲中的人物，踩着两米多高的高跷行走。途中不能轻易下高跷，累了也只能倚着树木、房屋休息，山区道路崎岖不平，对表演者来说无疑是一种考验。据说新中国成立前芝坞山村高跷会的水平很高，踩着高跷，背着一百多斤的物件，还能在山路上健步如飞、如履平地。

高照会的"高照"就是一面绸制的大旗，旗上绣着"国泰民安""风调雨顺"等吉祥话。旗杆是一根粗毛竹，约有三四丈高，有四条护索，前行时，除一人擎旗外，四人各持一边护索，保持平衡。参加高照会的都是些壮汉子，表演时，将旗置于头顶、额头、口鼻、后颈、肩膀、脊背、大腿、手背、手心等处耍旗，而且要做得四平八稳，技艺十分高超。新中国成立前有上冯村"高照会"。

抬阁一般都是集镇所在地的大姓村发起的。底座为木制台架，上立有儿童或者艺人，串扮戏剧角色，再配一些背景装饰，由数人抬杠，表演时有清音伴奏。

菜瓶会和碗会就是常见的踩瓶、踩碗类杂技表演。庙会期间或者巡会队伍休息时在空地上随处表演，精彩之处，常常引得众人叫好。

武术类会货主要包括大炮会、扁镗会、镗叉会、大刀会、罗汉会和拳棒会等。

大炮会有抬炮和挑炮两种。抬炮体积比较大，一般需要两人一起抬，挑炮比较小，挂在扁担两头，由一个人挑着走。

扁镗会是扁镗木柄，锋刃铁制，上端有三个扁形锋刃，中间为双刃正锋，下出两股，向上弯翘，呈弯月形。表演时，有单人、两人、四人组合，有时对打，有时对抛，同时有锣鼓敲打配合。

镗叉会镗叉的形制与扁镗相似，只是中间正锋呈圆锥体。镗叉会的表演比较简单，有对打、互抛等招式。其中有一种小镗叉，上面装着两个铜钹。表演时，四人一组站定，互相抛掷小镗叉，镗叉上的铜钹相互撞击发出悦耳的声音。花样很多，有对抛、后抛、翻筋斗抛，尤其能吸引孩子和妇女前来观看。

大刀会使用真刀，巡会时，翻山越岭，道路崎岖，遇上路阻难行，大刀会手持大刀，劈开草木荆棘，为队伍开道。

拳棒会是当地民众自发组成的武术性组织。拳棒会使用的兵器包括刀、剑、枪、镗、耙、棒、矛、流星锤、拐、鞭等，拳法主要有大洪拳、小洪拳、金雀拳等套路。新中国成立前杨宅村拳棒会十分有名。

在所有武术类会货中，罗汉会的名气最大，声望最高，其中以童家岭罗汉会最有名。据在世的大罗汉说，童家岭罗汉会从康熙年间建立，到新中国成立初已有六代罗汉。罗汉会的名称源于佛教中的十八罗汉，十八罗汉使用十八件兵器，罗汉们也需精通十八般武艺。罗汉会有大小罗汉各十二名，另有六人扛大旗。小罗汉最小七八岁，最大不超过十四岁，大罗汉多为二十至四十的成年男子，根据身高、体型特征，由师傅指定学习的武器。罗汉会的会头一般由村里管事的担任，负责安排训练、参加巡会等具体事务。罗汉会有自己的乐队。

大罗汉学习各种兵器，使用的兵器有双剑、双锏、双戟、大刀、双刀、揉耙、尖叉、铜柱、短棍、孙膑拐、月华拐、古拐、火流星、长枪、汤鞭、藤牌等。小罗汉入会后要学习翻筋斗，包括滚地筋斗、空心筋斗、倒筋斗、大筋斗、软腰筋斗、硬钟、倒挂、翻地钟、丢钟等。罗汉会的会旗是一面蜈蚣旗，上书"童家岭罗汉会"六个黑色楷体大字。旗面红底，绣有八仙和花卉等图案，黄色镶边。旗杆长六丈，重一百多斤，由两人扛旗杆，四人牵引。

鼓乐和歌舞类会货是巡会中不可缺少的部分，其中鼓乐吹打以十番会为代表，还有丝弦会、敲嘭会和鼓会等。

十番会就是道士班子，大约由二十几人组成，备有道具、服装及乐器，乐器主要使用京胡、板胡、二胡、三弦、梅花（唢呐）、月琴、大锣、大鼓、滴鼓等。主要演奏类型有大敲、小敲和清音三种，一般以小敲为主，既可以随队边行边奏，又能坐下表演"坐唱"。

丝弦会、敲嘭会、鼓会的情况大体相同，将在"行进中的表演传统"一节中专门介绍。

歌舞类主要有龙会、狮会、马灯会、提炉会、三十六行会、回头拜会、太平会和八仙会等。

龙会的龙是民族传统的吉祥物，山区民众平常生产生活靠天吃饭，希望能够风调雨顺，因此对龙也就格外敬重。粗略统计，新中国成立前这里有二十几个龙会，有布龙三十余条。不同会的龙是不能同时上场表演的。俗信以为两条陌生的龙碰到一起会发生争斗，若是扯落龙鳞就会带来冰雹，若是两条龙发生争斗就会有一条硬脚龙来调解了。

硬脚龙就是上文提及的"狴犴龙"，传说中龙的第四个儿子。狴犴的形象经过历代民间艺人的艺术想象加工而成。竹编竹笼作为龙身骨架，缚上麻绳连接起来，好似龙筋，外边包上黄或白色厚帆布作为龙皮，全身无鳞。狴犴的头形似狗头，上下颌能够开合，吐舌，头部呈红色。每个竹笼上装一米长的木棍，为舞龙手所持，共有九档。由于身体硬直，舞动时只能做爬杆、绕柱等动作，所以被称为"硬脚龙"。狴犴龙生性勇猛，在庙会及巡会期间起着维护秩序的作用，若遇上两支龙队起了冲突，硬脚龙就从中间穿插过去，因为其他的龙都是软布包成，极易被硬脚龙擦破，因此一般都纷纷避让，争斗自然平息。新中国成立初期，上虞冯浦村狴犴龙舞远近闻名。

狮会舞狮是当地历史悠久的传统表演项目，巡会中的狮会主要来自诸暨、嵊州地区，包括枫桥、岩潭村和崇仁等地。主要有黄毛、绿毛两种狮子，根据舞动人数的不同又可分为大狮子和小狮子。狮头用竹编成，并借鉴了戏曲脸谱的画法，色彩浓郁，制法考究，眼帘、嘴都可以动。从狮头至狮身用布一起包裹起来，显得十分威武。

在新中国成立前以王坛镇南子口村的马灯会规模最大，约有上百人。马灯用竹编成内壳，外边蒙上布，绘上图案。表演者身着彩服，将马头和马尾扎在身体前后，好似立于马灯中间。马灯会有一面大旗，黄色丝线绣一匹大马。表演时跳马灯舞，表演者跟着鼓点策马扬鞭，做出马儿奔腾的模样，不时变换阵型，有三角阵、四角阵、长蛇阵、圆阵铁索环等。

提炉会一般由七八对十六岁以下的少男少女组成，每人手提一只锡制香炉，炉内燃檀香，香烟袅袅，沁人心脾。表演者身穿白色对襟上衣，外套马褂，下穿灯笼裤，随着音乐的节奏边走边舞，不断变化队形。音乐节奏比较简单，以欢快、热闹为主。

三十六行会扮演者化装成日常生活中常见的各行各业人物，与舞龙、马灯等会合作表演。三十六行会有大旗作为先导，四至六人持马刀护卫。表演时先在队首的带领下走队形，一般有龙阵、梅花阵，接着按所扮人物的行业依次上场表演，有"双看相""磨豆腐""莲子舞"等节目。表演时用清音伴奏。

回头拜会的表演者都是男子，手捧香炉蜡烛凳。蜡烛凳为木制，凳面有八角亭，一端可插香和蜡烛。在清音伴奏下走盘阵、一字拜等队形并做动作表演，以示对舜王的虔诚。新中国成立前小洋坑村的"回头拜"会由十八名男子组成，表演时作三步一拜。

太平会又称"白神会"，表演的舞蹈叫作"跳无常"，也可称为"调无常"，因为在当地方言中"调"和"跳"同音。"跳无常"就是从浙东哑目连戏中抽取一些角色，将他们编排起来的一种群舞。角色多来自《跳无常》《送夜头》《夜魃过河》等场景，主要有活无常、阿领、无常嫂嫂、大少爷、刘氏、夜魃头、家人阿招、死无常等。表演中还有不少其他小鬼，比如赌鬼、躲债鬼、讨债鬼、酒鬼、落水鬼、五小鬼等。巡会中的表演情节比较简单，强调动作展现人物的基本性格特征，构建滑稽场景，并不铺叙故事情节，同时伴有戏镋叉等杂技性表演。太平会也有自己的乐队，使用的乐器主要有锣、钹、目连号头等。特别是目连号头，当地俗称"蛤须"，音色高昂、凄厉，无常出场时使用，渲染阴森恐怖的气氛。

八仙会共有九人，着戏服，扮成铁拐李、吕洞宾、汉钟离、张果老、曹国舅、蓝采和、韩湘子、何仙姑及王母娘娘。于菩萨驻马等时唱"八仙庆寿"戏。"八仙庆寿"以八仙祈福瑶池为王母娘娘祝寿为蓝本，巡会中的表演形式比较简单，八仙由王母率领，手持法器，于供案前齐唱"八仙大庆寿"。

至此，根据调查所得排列巡会会货队伍基本结束，还有一些如抬阁、魁星等会货表演，由于受访者语焉不详，无法列入其中，有待进一步调查。事实上，并不是每次巡会都包括以上所有的会货表演项目，某一个会货今年参会与否，主要还是取决于会货所在村落的意见。因此会头、社首的组织能力及个人影响力作用非常大。由于舜王巡会是当地一件盛事，参会不仅仅是表演，对当地民众来说还有实实在在的祈福功能，同时也意味着一份荣耀，因此，各个村落参会的积极性通常都很高，有时即便本村无力办会货，也会联合其他村落共同举办。

从以上描述和分析中我们可以看到，一个完整的巡会会货队伍集造型、杂技、舞蹈、音乐、武术等于一体，可谓诸体杂陈，斑驳陆离。巡会会货的队列并不是一支单纯的表演队，它同时具有祈福被除的仪式功能。因此，组织者十分重视队列仪仗的完整性，要符合帝王的礼制，以此保证功能上的完整。至于仪仗的形制则完全来自生活的灵感，民众将生活中见到官员出巡的一套东西十分殷勤地献给菩萨，来表示自己足够的诚意。巡会不仅要让神灵巡视一下自己管辖的地域，还有沿途驱散鬼怪邪佞的实际作用。比如，开路队中的打架老鼠除了开路外，还兼具驱邪的能力。当地俗信，若是让打架老鼠敲到了，必会带来好运。因此，会货排列中，开路队和仪仗队的形制都比较完整，程式性较强，而表演队的世俗色彩就比较重，经常处于变化之中。

第二节　行进中的表演传统

舞队依附于行进的仪式展开表演，走走停停、边走边演。行进与停留是其表演形态的基本特征。行走是仪式的要求，在不断的行走中巡游乡里、祛除鬼魅，同时也在线性的流动中展现舞队开放并置的线性结构美感。"走"与"停"是相结合的。路边的摆祭、村庙内的祭祀，甚至在热情的围观民众强烈要求下，队伍都会停留一下，进行或长或短的表演。停，是舞队为了更好地展现一个有相对长度的故事或者为一个场面而做的短暂休憩。在走与停之间，各种会货表演形成独特的技巧，并经过年代的沉淀，成为稳定的套路。

一　行走与展示

巡会的庞大队伍总是按一定路线游走于田间村舍，行走是舞队的常态。凡队伍所过之处，虔诚信众就在路边摆祭，周边几个村落的下位庙宇也会举行比较隆重的祭祀仪式，称为"接会"。2012 年的巡会，队伍由湖墩舜王庙出发，沿途经过孙岙舜王庙、韩家岙舜王庙、王坛舜王庙、肇湖隘将庙、大王塘土地庙，最后由王坛镇回到湖墩舜王庙。

　　就舞队表演的项目而言，所有的项目都具有展示的作用，通常在很长一段路途跋涉中，表演者只能举着或者扛着道具做展示，而不能"动起来"进行表演。乐器、宝物、仪仗、火器、祭器等属于持物游行，属于此类的还有旗会、地图会、铳会、校会、提炉会、执事会、大炮会、十番会、敲嘭会、锣鼓等。不同的是乐器类的会社在行走时还要吹拉弹唱、演奏乐曲等。抬阁、游戏会、三十六行会、白神会等属于扮演类的。扮演的人物背后都有一段故事，即使只有一个人物出现，也能让人一望而知。也有多个人为一队的，比如三十六行、抬阁等，扮演时只扮人物、鬼神本身，不明示情节；也有将某一故事情节中各种主次人物都装扮起来的，比如白神会、游戏会等；还有杂技类的，比如菜瓶会、碗会、高跷会一般在行走间也可以进行表演。而罗汉会、拳棒会、扁镗会、镗叉会等武术类表演，以及龙舞、狮舞等舞蹈类表演具有相当大的灵活性，能演则演，演出不方便的则抬着道具、顶着装扮走过去。

二　移动的表演平台

　　行走中民众用绳、木、竹等扎成楼、台、亭、轿等，供行动中的表演之用，从而成为移动的平台。巡会会货的队伍总是在不停地行走，除了边走边演或者圆场演出外，表演者还在队列中为自己搭建了移动的平台，比如抬阁和高跷。

　　在行进中借助平台的技巧并不是这一带民众的独创，而是由来已久。汉代百戏表演中很早就出现了"戏车""仙人车""建鼓车"等。

明代胡松《滁阳风俗记》载："其迎春，诸里中少年僮伴，耦被妖丽，戏车走马，驰骋道上。"① 明代方弘静在《素园存稿》卷一六《与萧兵宪书》中也提到当时江南迎春祭祀活动中也有站在"平台"上的装扮表演。"平台"的具体形制如何还不得而知，但可以推知它就是在队列行进中为表演者提供站立的场所，以便展开表演。可见，"戏车""走马""平台"应当都是为了承载表演者而被设计出来的一种移动的舞台，主要是为了配合行进间的表演。

舜王巡会中的抬阁是最受欢迎的表演项目之一。在这里，抬阁又称为"扮故事"，是"在一木制台架上将儿童或优伶分数层固定在竖杆上，化妆打扮，扮演仙佛鬼神以及戏曲、传说、神话等故事，再配以图案背景装饰，由数人抬扛，在街道、广场巡游表演"②。它为行进中的表演提供了移动的舞台，抬阁上的表演并不着力于情节的展开，主要还是人物形象的展示，并配合一些简单的动作表演。

据《绍兴市志》卷四一载，会稽山区抬阁自明代大盛，一直延续至今。明代张岱曾生动地记述了诸暨枫桥一带杨神庙迎抬阁的盛况：

> 枫桥杨神庙，九月迎台阁。十年前迎台阁，台阁而已；自骆氏兄弟主之，一以思致文理为之。扮马上故事二三十骑，扮传奇一本，年年换，三日亦三换之。其人与传奇中人必酷肖方用，全在未扮时一指点为某似某，非人人绝倒者不用之。③

---

① （明）胡松：《胡庄肃公集·滁阳风俗记》卷六，齐鲁出版社 1997 年版。
② 车文明：《台阁——一种古老而广泛的广场表演艺术》，《文化遗产》2008 年第 2 期。
③ （明）张岱：《陶庵梦忆·杨神庙抬阁》卷四，《陶庵梦忆·西湖寻梦》，华夏出版社 2006 年版，第 55 页。

　　杨神庙在诸暨枫桥镇，供奉敕封紫微侯杨神，俗称枫桥大庙。杨神庙会以抬阁表演压轴，因此又被称为"抬阁市"。2002年庙宇重修，庙会活动得以逐步恢复，抬阁表演也日趋活跃。明清以后，还出现了船载抬阁的水上表演，也相当红火热闹。

　　舜王巡会中的迎抬阁沿袭了绍地一带的传统样式，以粗木架为底，上扎四角木亭，四周围饰以锦缎，顶上四角各挂一盏宫灯。抬阁内有孩童扮成"金童玉女"，也有成人扮"八仙过海""昭君出塞""貂蝉拜月""唐僧取经""哪吒闹海""桃园三结义""龙凤呈祥"等戏曲中的人物。表演时有清音班伴奏。每次巡会抬阁数目不一，少则五六阁，多则十几数十阁。抬阁大小也不同，小的四人扛抬，大的要十几人扛抬。当地习俗，凡是抬阁经过的地方，如果有屋檐等障碍物，都必须拆除。

　　表演队里还有一支高跷队，表演者穿着戏服，扮成戏曲人物，踩着两米多的高跷，在山路上如履平地，而且不到歇夜表演者不能下高跷，可见这项表演的技巧要求非常高。至于高跷的来历，当地人自有一番解释。江南一带多雨，下雨后，山区道路泥泞，很难行走。于是山民便制作了五六十厘米高的高跷当作雨鞋，供下雨或者雨后行路之用，十分方便实用。后来就把它用到了庙会的表演中，高度逐渐增加，表演也更加精彩了。高跷的由来当然不是这一两句话就可以解释清楚的，但它在山区民众生活中所具有的这种实用价值则反映了表演项目与民众生活情境的密合程度。

　　还有一种民间自制的"斗轿"，轿子比较简单，两根毛竹，中间横一块木板，下面再用绳索挂一块搁脚板。轿子没有轿顶，遇上大雨需自备伞具。罗汉会参会巡游时，常常让小罗汉们坐在上面。小罗汉们上身穿红色衣服，下着白色裤子，裤腿边上有绣花，头上裹红头巾，戴一朵花，脸上涂上白粉，稍稍化妆，显得十分精神、醒目。围观人群远远便能望见，十分受人喜爱。

三　鼓乐吹打

队伍行进中，鼓乐吹打不可缺少。《上虞县志校续》记载说："乾嘉以来，礼拜毕三月中，里人又聚各社各旗，迎东岳帝于城中，乃东西两乡，谓之花迎，羽葆鼓吹，绣织锦旗，高跷、文马、鱼龙百戏，约排列三四五里许。"① 这里说的虽然是东岳庙会，但也代表了绍兴县、上虞、嵊州一带的普遍情况，鼓乐吹打很受民众的喜爱，当地有俗谚云："花迎迎过年，可惜要种田。"

舜王巡会中所使用的音乐基本属于浙东吹打乐，十番会、敲嘭会、丝弦会等也都是当地的吹打班子。浙东的吹打在明代中叶达到鼎盛。明代余怀《板桥杂记》和张岱《陶庵梦忆》中都有记载。吹打班子的组织比较松散，多是当地农民自发组成，利用农闲进行排练，在婚丧喜庆、神灵巡会及重大节庆中均结班无偿表演，很有影响力。经历了"文化大革命"后，20世纪80年代伴随民间文化活动的复兴逐步恢复、发展。

表演分为打击吹奏和丝弦清奏两大类。打击吹奏有大敲和小敲两类，大小敲使用的乐器基本相同，主要有大锣、抬锣、京锣、叫锣、小锣、战鼓、大鼓、滴鼓、大钹、金钹、梅花、先锋（目连号头）等。演奏时音域宽广，激越雄壮，多用于节庆游行场面。曲谱有《十番》《三十六行》《文武辕门》《大敲》等，其间用《骑马调》过场。

---

① 参见《上虞县志校续·岁时》，丁世良、赵放主编《中国地方志民俗资料汇编·华东卷上》，书目文献出版社1995年版，第837页。

小敲又叫"背敲"，表演时，把锣架和鼓架绑在乐手的肩背部位，与大敲相比，乐器的编配要简单些，更加适合在行进中表演。其表演曲目除了大敲曲目以外，还有《行路调》《马上吹》等。另一种丝弦清奏俗称"细吹细敲"，又叫"行宫"或者"打番"，在传统的打击乐器之外又加入丝竹乐器，有笙、箫、笛、三弦、碗胡、板胡、二胡、月琴、腿琴等，婚丧节庆及巡会表演时都可表演。乐曲有《大辕门》《将军令》《一枝梅》等。

总的来说，舜王巡会会货表演以大小敲为主，乐曲风格粗犷宏大，演奏时主要通过鼓点的强弱、快慢等节奏变化引领整个乐队。司鼓手在鼓心与鼓边之间来回变换击打，鼓声时强时弱，时快时慢，其他乐器在主旋律下，互相配合，具有很强的感染力。司鼓手还会根据当时的场景配合乐曲运用不同的技巧即兴发挥，为整个演奏增添丰富的色彩和活跃的气氛。

但是具体到每个会货情况又有所不同。旧时几乎每个会货都有自己的小乐队，吹奏的乐曲依表演内容而定，彼此之间并不相同。三十六行会以丝弦清音为主，乐器有鼓、板胡、二胡、三弦、月琴、腿琴、笛子等。校会行走有号角；舞龙舞狮，用锣鼓等打击乐器；游戏会、丝弦会与其他折子戏表演，就用清音细乐相伴。太平会表演时乐队在前，以锣鼓吹打为主，乐器以及曲牌与十番会等吹打班子差不多，主要以"小敲"为主。跳无常时，要吹目连号子，并配《骑马调》，声音凄厉。伴奏时，人员排列成一定的队形，便于行走，其小敲队形如下图所示①。

---

① 见浙江省绍兴民族民间舞蹈集成编委会编《中国民族民间舞蹈集成·浙江省绍兴卷》，1993年，第467页；乐器名称采用了王坛一带的俗名；"先锋"又叫"招军"，即为"目连号头"；"梅花"即为唢呐；"尺子"即为较薄的钹。

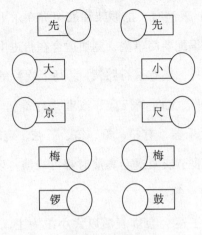

太平会小敲队形

此外舜王巡会中还有专业的吹打乐班，主要有敲嘭会、鼓会、十番会等，名称不尽相同，但表演的内容风格形式大致相同，都属于浙东民间吹打乐班。

乐班行进演奏时，两人一行，如果晚间行奏，还要一个孩童在前提灯照路。旧时，十番会十分讲究行奏时的姿态，步伐要整齐，双脚向左右迈开八字步，动作幅度大步点小，并且每步都要踩上鼓点。其中有抬敲形式别具一格，行进间有人抬着一顶轿子，边走边演。新中国成立前，塘里村有四人大轿一顶，朱竿绣轴精致漂亮，有雕栏、绣球、流苏等装饰，可是有轿顶没有轿底。表演者敲锣打鼓走在轿子里边，并伴以唢呐，从外面看好似坐在轿内一般。诸暨枫桥一带十番会表演时还有一个长二十余米、宽三米多的彩篷，称为"鼓亭"。彩篷主要用红绿丝绸制作，篷面上绣着许多吉祥图案，篷顶有彩边和黄色流苏环绕。前方有两根花柱，柱上挂有宫灯，到了夜晚点亮宫灯煞是好看。彩篷不仅是一件精美的手工艺品，还具有为乐班遮阳避尘的实用价值。

这些乐班既可以行进演奏，也可坐台表演。坐唱不讲队形，就是十几个人围着两张八仙桌吹拉弹唱，每个人都有自己担任的角色，也有一人兼数角的，但不化妆，没有大幅度的动作表演。早期坐唱艺人常常趁节庆、庙会之际沿门表演，讨些施舍，多唱些吉祥如意的段子，所唱以绍剧为主，兼有京腔、越剧、婺剧等南腔北调。后来逐步发展成为乐班的表演方式之一。舜王巡会中，乐班表演的坐唱曲目有《龙虎斗》《长坂坡》《狸猫换太子》等传统绍剧剧目。

祭祀神灵的巡会并没有自己专门的音乐，这些吹打班子既服务于庙会，也奔走于寻常人家，在婚丧嫁娶、红白喜事中，都有他们热热闹闹的表演，民众对其中的乐曲自然也十分熟悉。

鼓乐吹打也会根据具体表演内容做适当调整，以烘托热闹、欢快的节日气氛。如罗汉会、拳棒会、太平会等表演前还要敲头场、二场锣鼓，以起到吸引观众及暖场的作用。乐班表演的曲目或铿锵有力、高亢雄壮，或轻柔舒缓、宁静柔和，并根据表演的内容灵活转换。比如无常出场，目连号头凄厉，而到了与阿招抢夜羹饭时，则一反恐怖的音调，吹出八分音符和切分的小快板，节奏欢快、跳跃，烘托出场景的戏谑与滑稽。

第三节　定场表演的技巧

巡会中，会货的表演是"行"与"停"的结合。队伍走走停停，停顿的时间或长或短，期间要进行小型的祭祀仪式，队伍也可以借机整顿休息，武术、舞蹈、小戏等一类表演性强的会货项目趁此时拉开队伍、圆场表演。由于定场表演环境的特殊性，表演中形成了一系列特殊而实用的表演技巧。

表演技巧形成于不断重复，如道具的运用、舞蹈动作、阵形的排列等，这些技巧经表演者代代相传，逐渐成型，形成了会货表演特殊的审美感官。一种技巧的产生有时并不仅仅是审美，而是对表演情境做出的调适。要探究一种表演形式存在的意义，首先要把它还原到表演的当时情境中。

一 表演的情境

庙会是旧时会稽山区民众生活中重要的公共性文化活动，它面对所有人群开放，并给予他们自身情绪宣泄的合理性，常常带有浓厚的世俗生活气息。作为他们生活的一部分，表演与生活融为一体，表演者与观众也不分彼此。对定场表演而言，只是行进中停留的片刻，舞台是临时的也是流动的，不同于严格意义上的舞台表演。

从物理空间上来看，定场表演并没有前台、后台、观众席之类的物理分隔。这里没有高高在上的舞台、炫目的灯光、整齐的观众席，表演者的舞台就在人群中，这使表演者与观看者之间触手可及。表演者与观看者打成一片，始终处于高强度的交流互动之中。定场表演贯穿于整个巡会队伍的行进间，具有一定的随机性。几声号角、几通擂鼓之后，表演就地开始。

表演过程中，表演者与观看者的身份也不是固定的。旧时各村出会货赶会，常常是全村老少一起出动。比如，童家岭罗汉会出会当天参加表演的有大罗汉十二人，小罗汉十二人，六人扛旗，而平时参与训练的民众则远远大于这个数字，几乎遍及整个村落。出会时，男女老少簇拥着表演队，扛旗助阵十分热闹。又如，上王村是个大村，一村有五个会，包括龙会、扁镗会、铳会、菜瓶会、碗会，且进火铳就有上百支，赶会时人人参与，各司其职。即便正在表演的会社成员在表演的间隙也会挤进别的表演圈子凑热闹，并对别家的表演评头论足、喝彩吹哨。

巡会的表演者覆盖面很广，表演时场地流转，人员流动，都会带来演出身份的变更，而这种变更在当时是再自然不过的事情了。对舞队的成员而言，表演者也是观看者，观看者接下来也会成为表演者，对路边、村庙祭拜的民众来说，他们也随时可以加入巡会的队伍中，上文所提及的持香后拥会就是一例。此外，扮犯人的信众也会在沿途等候时加入其中。

物理空间的开放性进一步增强了表演中"观""演"双方交流的密度与强度。观看者可以较为自由地对表演者的艺术水平进行品评，表演者也会根据现场的反应增加或者删减一些表演内容。"观""演"双方享有共同的文化背景，表演框架中诸多要素与符号的联结，能够无所阻碍地获得双方对意义的认同。

就观看者而言，他们在此过程中同时进行关于自身意义的建构，即他们将情感投射在感觉形象和表演行为当中所获得的对现实生活的"终极"理解用来印证和解释彼时自身当下生活中一些事件。比如对求子心切的信众来说，童家罗汉班的小罗汉们就极具象征意味。虔诚的信众希望借助各种有益的征兆给心灵带来暗示性的宽慰。这些小罗汉们个个身手敏捷，长得可爱机灵，于是就有信众不停地往他们口袋里塞糖果和花生，并摸摸脑袋。没有生育的夫妇还会邀请个小罗汉回家，让他在自家床上翻几个跟头，以为借小罗汉的灵气能够求子得子，如愿以偿。甚至还发生过信众把年龄较小的小罗汉偷偷抱回家的事件。这使得罗汉会一度改变了表演的节目，减少小罗汉出场，并在表演时提高警惕。

由此可见，巡游与祭祀的仪式赋予了表演基本的阐释框架，高度的世俗性则是定场表演开展的具体情境特征，表演、生活、观看三者高度融合。但总的来说，意义传递的主动权大部分还是掌握在表演者手中。道具的使用、动作的设定、队形的编排都表现出模式化的特点，经过时间与实践的积累，模式性逐渐转化为权威性。表演者继承了这一套程式化的表演套路，并贴上了正统的标签，从而掌握了意义传导的控制权。会货表演具体内容各有特色，基本的模式可以概括为开场、走阵、动作模拟三方面。

二 开场习俗

会货表演并没有专门的舞台或者场地，表演者和观众混同一处，每个会货表演都有自己独特的开场习俗，既能驱散人群腾出空地，又能达到先声夺人的效果，吸引眼球。

开场腾空地各个会货表演各不相同，基本上有散、占、隔三个套路。先在稠密的队伍中驱散人群，接着借用标志性物件或象征性动作宣示对空地的所有权，有的还会设置隔离标志，隔开表演者与人群。比如，三十六行会表演前有打架老鼠挥舞竹竿，使竹竿噼啪作响，以此来隔开人群，然后把会匾放在空地上，表示占有了地盘，这就是"占"；罗汉会则派大罗汉扫棍，敲锣鼓引起人们的注意；拳棒会的开场比较特别，先是耍开流星锤，辟开一块空地，再由功夫最好的一个持镗立于场地中央，接受挑战，若是无人挑战，或是战胜了挑战者，那么这块空地就归拳棒会了；太平会中有一个担酒者，他并不参加表演，表演时他把酒担往地上一放，拦住队伍后边的人群，就是"隔"；太平会舞队前部有乐队，此时也起到隔离作用，这样一前一后就为"跳无常"辟出了场地。

各个会货打头炮的招式也要经过精心挑选，意在先声夺人。比如，拳棒会首先从"破四门"开始，所谓"破四门"就是由四个表演者舞动大刀，在东南西北四个方向做出破门的动作，表示表演正式开始了。再如，罗汉会要先拜神，小罗汉在前，大罗汉在后，朝舜王菩萨方向行三跪九叩之礼，然后先由小罗汉表演翻筋斗，有滚地筋斗、空心筋斗、软腰筋斗、大筋斗、倒挂、硬钟等，每一种筋斗都要在场地四角各翻一遍，再回到场地中央。一番令人眼花缭乱的跟头之后才是大罗汉真刀真枪的比拼。小罗汉们的跟头总是能引来许多叫好声，一些妇女还会往小罗汉口袋里塞花生、糖果。太平会的出场总是伴随着凄厉的目连号头，随即就看到白无常高高的帽子，形象十分鲜明。三十六行会、龙会、狮会表演前也都会放上几声火铳，以振声势。

会货表演场面比较热闹，可以说是万头攒动、人声鼎沸，求神拜佛、喧嚣戏谑、吆喝买卖，此起彼伏。表演能不能先声夺人，能不能镇住场子，关乎表演的成败及各个村落自己的脸面，所以十分要紧，而开场的技巧也正是表演者为此所采取的一种策略。

三 走阵

会货表演是群体性的表演，再加上观看时特有的情绪氛围，人们对表演者个人技艺是否精湛、表情是否生动要求并不高，而对于现场气氛的直观感受往往成为评判的主要标准之一。因此不少会货都非常讲究阵法，以队形的变换和队列的穿插走阵来丰富表演形式，烘托热闹的场面，调动气氛。其中尤以舞蹈、武术类最为突出。

以罗汉会表演为例。表演时，小罗汉串阵走队，常见的阵法有编笆阵、梅花阵、剪刀阵、穿花阵、盘龙阵等。编笆阵因为阵形交叉形似编篱笆而得名。排阵时十二个小罗汉分两队，列于台后两侧，接着一对一对翻空心筋斗到舞台中央交叉，继续至台前立定。剪刀阵形似剪刀，排阵时后台两队共十二个小罗汉，也是一对一对翻空心筋斗至台前，按剪刀形排列立定。梅花阵比较复杂，先由五个小罗汉翻空心筋斗到舞台中央，立成梅花形。然后，再由另外七个小罗汉翻空心筋斗出，将五个小罗汉围在中央，按顺时针方向走。期间，依次与中间的五个小罗汉交换位置，保持梅花状队形。

再比如拳棒会有一字长蛇阵、梅花阵、八卦阵、元宝阵、团团阵等。走阵时，一人手舞令旗，众人手持兵器，穿梭走动之间，有条不紊，令人目不暇接。三十六行会有里龙阵、外龙阵、梅花阵，马灯会有三角阵、四角阵、六角阵等，回头拜会有盘阵、出阵、一字拜等队形。即便是"跳无常"，表演期间也会穿插进一些队阵和人物的穿插跳跃，阵形一般有八卦阵、双元宝阵和推骨牌。可以双人跳双花穿行于阵中，可以单人跳单花在阵中穿行，并可以根据需要，随意添加一些人物和鬼魂的造型，形式非常灵活。

队形、阵法的变换是群体性表演中常见的艺术表现方式。会货的表演者多是当地的农民，人数也比较多，这些并不太复杂的走阵既避免了表演时可能出现的混乱及单个动作的单调，也有利于场面铺呈，更显出形式的多样化。各个会货此起彼伏，相互呼应，可以达到烘托热闹气氛的效果。另外，穿插走阵对人数的限制并不是那么严格，也使表演具有很大的开放性和互动性，为围观者临时性的加入提供可能。这样一来，会货表演既可观、可赏，也可玩，还有广泛的参与性。

除了烘托气氛外，一些阵形的排列还蕴含独特的文化意味，具有结构形态上的象征意义。以猚犴龙舞为例，它的阵式排列既表达了山区民众期望风调雨顺的愿望，又暗含了狴犴龙除五毒的传说。当地传说狴犴曾经帮助大禹除去蜈蚣、蝎子、毒蛇、毒蜘蛛、毒蜂五种毒虫，为他治水成功立下大功。

巡会中的狴犴龙分为九节，九人同舞，一人手持犴珠，五人擎旗。旗有三角旗四面，分别有"风""调""雨""顺"四字，另有一面高约 1 米、宽 3 米的幡旗，有"犴龙"两字。表演时，先要"拉场"，举旗沿表演场地拉出一个圆形的空间，这时观看者都退到拉场的圆形路线以外，为表演留下空间。随后，狴犴龙以"吃珠"的动作开始表演。接着在场地内以斜角对称的方式环绕圆圈，龙头回到中央。舞龙者以三跳的步伐，挥舞龙身在空中竖立的平面盘三个圈。接着就是梅花桩的阵法。五人擎旗列开梅花阵，幡旗居中，"风""调""雨""顺"各据东南西北四角。犴珠领先，引龙入场舞动。犴龙在梅花阵中盘旋缠绕，动作有吃珠、转身、三跳、甩尾、穿桩等，龙身和着鼓点上下起伏，十分好看。犴龙表演的形式并不固定，但开始时必须由幡旗为起点，顺次绕过四面三角旗，完成幡旗→"风"→幡旗→"调"→幡旗→"雨"→幡旗→"顺"→幡旗的路线。龙掌风雨，山区民众靠天吃饭，借此表达幸福安康的希望。狴犴龙舞自 1945 年最后一次表演，至今已相隔六十余年。2008 年，上虞上浦镇重新恢复表演，除了保留传统演出方式外，还加了蜈蚣、蝎子、毒蜂、毒蛇、毒蜘蛛五种毒物，与五旗流动呼应，传说的意味就更加明显了。

各种美好的生活祝愿也被蕴藏在走阵的步伐中。比如，提炉会走队形时，先走"小台步、走圆场"，取意"人兴财旺，团团圆圆"，然后原地踏"四方步"，寓意"方方正正，去邪归正"，再走"剪刀绞"，表示要把福气绞在一起，使其不能散开，最后摆"葡萄链"队形，当地人对此的解释是将民心连牢。

四 模拟

与专业的舞蹈动作相比，会货中的舞蹈动作模拟性特征十分显著。会货中的模拟是表演者运用肢体、身势和道具，对生活场景、生活经验的直觉性摄取。

不少舞蹈是对生活经历的艺术化再现，比如"莲子舞"模拟的就是祖先的一段乞讨生活。"莲子舞"也叫"讨饭莲花"，主要流传于诸暨一带，巡会时一般随着三十六行会表演，一般有九至十一人，表演者都作乞丐装扮。关于它的来历，据说是北宋时期，有一队商人从开封来到此地，因经商失败无钱回归故里，故而编了莲花调，沿路边唱边讨饭，以期能够返回家乡。如今，商队早已没了踪影，却留下了"莲子舞"。"莲子舞"本是乞丐乞讨时哼唱表演的，动作曲调都很简单，但在舞蹈道具、动作上保留了许多乞讨生活的痕迹。表演时，一人领舞，领舞者左手拎茶壶，右手拿扇子，后边跟着四五对表演者，各持不同的道具，都是行乞生活中常见的物品，有大竹板、碟子、筷子、枷锁、铜钱结、火把、灯笼等，他们排成两列，各自敲打手中道具，哼唱"莲花调"。

会货中的民间舞蹈不仅保留了先辈的生活场景，还将大家十分熟悉的生活习俗纳入其中。比如，"跳无常"中有个小鬼夜魃头形象，他的舞蹈动作表现了当地特有的"抽渡船"习俗。旧时绍兴一带的渡船都没有摆渡人，河面上装着两条略宽于河面的缆绳，分别固定于河的两岸。过河者上船后自己拉动缆绳使船向前行驶，就叫作"抽渡船"。夜魃过河，表演的就是简单的拉渡船的过程，表演者熟练地运用扫堂腿、后滚翻、矮子步等舞蹈动作，以伞代桨费九牛二虎之力终于将船拉过河岸。表演生动有趣，充分展示了水乡民众的生活风貌。

熟悉的生活场景包含最深层的乡土之情，表演者出于其中，入得其内，演的就是他自己，本色化的表演演起来自然就得心应手、生动有趣。观看者也心领神会，一时亲切、熟悉之感油然而生。

此外，舞蹈中一些动作的生成还受到当地俗信的制约。比如，当地俗信鬼都是一条腿走路的，这可能与浙江古代的山魈信仰有关，一般认为山魈都是"独足鬼"。因此这里的无常单腿动作就很多，其中"吸腿跳步"和"吸腿遮脸"是无常的两个典型动作。所谓"吸腿"就是收起一条腿，单腿表演。"吸腿跳步"主要表现无常争夺食物的场景，随着另一位表演者阿招把道具笤筛甩向上方，无常眼看笤筛，收起左腿，同时以右腿为轴心，持扇左转身一周。"吸腿遮脸"是无常的亮相动作，无常出场收起一条腿，单腿站立，以破芭蕉扇半遮脸，耸肩微笑，表情十分诡异又滑稽。

还有一些舞蹈动作专门模拟动物形象和习性。比如狮舞，有大小狮子，并根据不同的毛色区别不同的舞狮班。大狮子两人舞一头，一人持狮头，一人托狮尾。表演讲究神似，表演者主要通过马步的变换，配合狮头，表现狮子的各种形态，如搔痒、打滚、抖毛、跳跃、扑腾、踩球等动作。舞狮时，有大锣、大鼓、大钹敲打助阵，狮的舞动要配合音乐的节奏。小狮子一人舞一头，动作比较简单，跟着鼓点节拍抖动身体配合大狮子的表演。有时，还有一人持彩球逗引，让狮子做出相应的动作。又如跳竹马中的马鞭是表演者抒发情绪、烘托气氛的主要道具，其中有不少动作是模仿戏曲表演中"趟马"的表演方式，如扬鞭、摧鞭、挥鞭、举鞭等。

表演者还会根据动作模拟动植物造型，给动作起个响亮的名号。比如，童家岭罗汉会就有一套绝活，名称十分吉祥喜气而形象生动。其中有"叠罗汉"，又称"竖行牌"，九到十人打"头桩"，第二层称为"二桩",有六人,三桩四人。打桩者头、肩部都可以站人,最上层人成为结顶。最高可叠到九层,俗称"攒九大人"。叠桩时,罗汉们还要表演各种姿势,如鲤鱼打挺、金鸡独立、凤凰展翅等。"麒麟送子"具体来讲是两个大罗汉扮成麒麟,将七个小罗汉依次抛出,由另一大罗汉接住。"开荷花"时,四个大罗汉在舞台中央,四双手搭成十字形,一个小罗汉坐在十字架中央,四个大罗汉肩上各坐一个小罗汉,四个大罗汉逆时针方向绕圈,四个小罗汉向后仰,露出中间一名小罗汉,形似荷花开。"黄鱼出洞"就是先由一名大罗汉翻空心筋斗跃上舞台,仰面斜躺在前台中央,双脚向上叉开,一名小罗汉翻空心筋斗跃上大罗汉脚上,双脚开叉站立,呈圆洞,其余小罗汉一一翻空心筋斗到大罗汉身边。大罗汉顺势助力,小罗汉从圆洞中跃出,翻空心筋斗下。还有"攎火氅",一名大罗汉在舞台中央,倒立,头与双手着地,作陀螺状旋转。要表演"套圈播米"时,在场地中央置一张八仙桌,摆放有一个竹圈、一堆米、一个畚斗。一名小罗汉翻筋斗,跃上桌子,将米和竹圈抛向空中,执起畚斗接米,同时身体穿过竹圈,最后仍落到八仙桌上。还有一套"配马"的动作情境性十分强,其中关于扮马的人数说法不一。有五人说,两人作马身,一人扮马头,一人扮马尾,马夫一人;有两人说,一人扮马,一人扮马夫。表演时,马夫上场将马牵出,空手模拟作喂食、梳毛、洗脸、抚马等动作。然后,一名小罗汉上场,立于马背上作骑马状,绕场三圈,最后翻空心筋斗下。

这些动作经过历代传承,具有较为稳定的程式与审美风格,能够非常鲜明地表现出会社表演的"特色",是表演的标志性符号。

每一种技巧的形成都不是凭空想象出来的,而是在表演形式、具体表演情境,以及当地生活情境等因素的共同影响下逐渐形成的。其中有表演者对情境的适应性调整，也有对周遭生活场景、观念及历史记忆的直接吸纳。无论是哪一种方式都反映了民众直观形象思维的特征，这是不同于艺术创作中的理性抽象思维方式的另一种认知方式。艺术家在生活中很注重素材的积累，并对这些来自生活的直观形象和故事进行整理、加工，挖掘其中所包蕴的生活哲理、形象特征和情感因素，放入自己的素材库里。待到创作时，根据主题的要求随时调用，并进行艺术的再加工，最终呈现在读者面前的是源于生活高于生活的艺术形象和场景。对巡会会货中这些临时的表演者来说，传统的承袭和身边的生活就是艺术表演的素材库和灵感之源。他们对艺术形象的选取来自直觉经验中的形象、场景、情绪甚至观念，动作、造型上的不走样，同时意味着情感的真实，因此在会货表演中，我们看到的是各种形象的叠加和情绪观念的并置，而非舞台艺术的整合加工。

第四节　表演中的装扮

装扮，就是装饰打扮，即通过服饰、化妆等手段改变人物原有的形象，由一种角色转变为另一种角色。装扮是会货表演中常用的表现手法之一，或者我们可以说，整个会货队伍就是一支化妆舞队，百态人物、神仙鬼怪、文官武将、囚犯差官都有自己特征鲜明的装扮造型，五彩缤纷、令人目不暇接。总的来说，巡会中表演队的装扮虽不及舞台艺术来得精致、华丽，但始终洋溢着原始、质朴的生活气息。表演者用醒目的道具、简洁明了的线条与图案加上热烈的色彩勾勒角色形象，突出角色性格特征和民俗内涵。

一 会货的装扮

造型类、武术类、杂耍类会货没有确定的角色限制，通常也不需要特别的装扮，但是淳朴的山民还是竭尽所能为参加表演的大人和孩子置办一身行头，让他们看起来精神干练，不能被别村比下去。比如，童家岭罗汉会赴会时都要给小罗汉置办新衣，这些孩子上身穿红色衣服，下着白色裤子，裤腿边上有绣花，头上裹红头巾，戴一朵花，脸上涂上白粉，稍稍化妆，非常惹人喜爱。还有回头拜会，参加表演的男子头系白巾，穿着一身白，对襟白布衫、白色大裆裤，腰扎红绸带，脚蹬草鞋，以浑身净素来表达对舜王菩萨的虔诚。另外一些对角色特征没有特别要求的会货表演队常常身着戏曲服饰中的龙套衣，小立领对襟大袖，宽腰，长度过臀。

这些表演对服饰并没有特殊的要求，整齐统一即可，色彩极为鲜艳，多用红、黄、绿、黑、白、蓝等色，烘托出热烈的气氛。行进于山间道路，这样一支明艳的队伍连同高高低低的旗帜老远就能看到。

有一类造型是对生活场景的直接模仿和搬演。比如，三十六行会扮演生活中常见的各种职业劳动者。当地俗语说"三百六十行，种田第一行"，因此第一个就是犁地农民，其他还有卖豆腐的、打花鼓的、卖草绳的、打铁的、看相的、行路的、卖五香冻的、打水的、扒垃圾车的、倒夜壶的等。表演者一般素面，服装就是当地农民平日里穿的衣裳，道具也是真正的生活用品和劳动工具，模仿生活中该行业者的装扮，一看就知道是当地土生土长的农民。他们的装扮未必经得起艺术的赏鉴，但符号性很强，令人一望即可辨识。比如看相的戴着墨镜，举着"阴阳八卦"的旗子摇摇摆摆着走过；犁地的农民穿着短衫，背着犁；理发的挑着理发担子，晃晃悠悠一路吆喝；绣花的女子穿着蓝青色短袄、举着绣绷害羞地遮住半张脸；卖豆腐的挑着担子，连着两块豆腐板；捉鱼的背着鱼篓；摇乌篷船的戴着传统毡帽，扛着船桨；卖酒的挑着一担子酒桶。行至场地中央，象征性吆喝两声，往往能博得满堂彩。三十六行的装扮取材于日常生活，以戏谑、幽默的方式表现出来，十分有喜感。

装扮造型有的直接来源于具体的生活场景，有的则是对戏剧、民间吉祥图案的借鉴，并加入民众的创新。不同的装扮形式根据表演内容、角色要求的不同被灵活地运用于各类会货中，充分表现了民众的生活智慧和审美情趣。比如，高跷、抬阁、舞蹈、小戏等项目中出现的历史人物、神灵鬼形象的造型多取自戏曲故事和吉祥图案，高跷和抬阁表演中有三国里的刘关张、曹操、诸葛亮，还有貂蝉、王昭君等四大美女，也有神话传说中的唐僧师徒，哪吒、姜太公，以及一些传说中的神灵，如福禄寿、八仙、财神、刘海、和合二仙、观世音、金童玉女等。

相较于专业的戏曲人物扮相，巡会舞队中的装扮比较简单。人物多是素面戏服，对于戏服与人物的对应就不太讲究了，大体上分出男女即可。装扮中总会着力突出人物最具代表性和可辨识度的某项特征，或者是外貌特征，又或者是某件兵器、仙器等。小戏"八仙请寿"中，八仙与王母的装扮着重突出信物——王母的拂尘、铁拐李的葫芦、吕洞宾的宝剑、汉钟离的芭蕉扇、蓝采和的花篮、韩湘子的箫、何仙姑的荷花、张果老的渔鼓和曹国舅的玉板，魁星的造型就取"魁星点斗、独占鳌头"之意。大魁星脸上罩着五岳朝天面具，头戴乌纱帽，左手捧着一个魁星斗，右手握着长约三十几厘米的朱笔，身穿绿色长袍，系着五色腰带。魁星主科举当官，因此要头戴乌纱，手拿朱笔沿门点斗，被人们视为吉祥如意的象征。其他三国、封神、水浒等人物造型莫不与戏曲表演如出一辙，关公的红脸长髯、观世音手持净瓶、猪八戒大腹便便、王昭君怀抱琵琶等，造型都十分鲜明。

这一类人物形象经过传说、戏曲、民间说唱、吉祥图案等多种渠道的长期传播，人们早已耳熟能详，不仅对他们的性格特征、传奇故事了如指掌，并在他们身上暗藏褒贬、寄予了自己淳朴的道德期望和生活理想。民众对他们的认知已然固化为一种群体的"传统知识"，而他们的形象也在长期的传播中被固定下来，成为无法轻易改变的范型，舜王巡会自然也不例外。

会货表演中对戏曲人物造型借鉴的还有校会队，他们分红、绿、黑、黄四色，人数众多，行走起来场面很壮观。他们的服装色彩不同，形制相同，头戴四色不同的绣球帽，身穿戏剧中的旗牌官服饰，腰悬宝剑，手拿竹片。另外打街老鼠完全是丑角的打扮，头戴小尾巴帽，脸部中央鼻子部分涂白，嘴巴旁边还有几条老鼠胡须，非常滑稽。

借鉴的同时，民众还不失幽默地加以小小的改造，他们根据自己的理解在脸谱上加入一些小图案，形象直观地彰显人物性格与典故传说。比如，包公额头总少不了一轮月牙；民间有刘海钓蟾的传说，因此就在刘海额头上添一只金蟾；封神榜传说中闻太师有三只眼，能明辨是非，判别忠良，揪除妖孽，那么闻太师就得在额头上再开一只眼；刘关张桃园三结义，张飞头上就要顶个桃子；传说周仓脸似水獭，人们就在周仓的额头画一只水獭。这些图案丰富多彩，风格粗犷，望图生义，雅俗共赏。

又如，"跳无常"中一系列鬼怪的形象也是民众约定俗成的，演员涂面装扮，造型基本上仿照当地城隍庙或者东岳庙里的样式。白无常脸上涂白粉，头戴白纸糊成的高帽子，有"一见有喜"四个字，帽边两缕长发垂下，身穿白色长布衫，颈间挂着一串锡箔纸钱，右手执一把芭蕉扇；与之相对的黑无常满脸涂黑，穿黑色长衫，戴黑色高帽，上书"一见生财"，左手倒拿雨伞，伞尖朝上，右手拿着铁索链，用来牵"犯人"。鬼王的脸上涂着红、蓝、白、绿等颜色的线条，手拿刻有"圣旨"的令牌，显得十分凶猛威严。在另一些小人物或者小鬼的形象设计上，民众充分显示了自己的想象力和幽默感。如家人阿招的扮相非常滑稽，头上右边扎一个小辫子，类似舞台上的丑角装扮，鼻子涂白，贴膏药，穿蓝色粗布衣，扎白布短围裙，手里还端着畚箕。绍地素来信仰鬼神，鬼戏十分发达，鬼神的装扮既保留了狰狞丑陋、阴森恐怖的特点，又充满了世俗的生活趣味，显出幽默诙谐的审美情趣。

表演中人物的增减与装扮还受到当地社会风气的影响，并与时俱进，比如"跳无常"中的大少爷形象，他身着长衫，头戴金丝草帽，鼻架金丝边眼镜，手持一把大折扇。据说在辛亥革命以后，绍地乡风渐开，于是最早便在丧葬队伍中出现了这样一个乡绅的角色，他衣冠楚楚，却在灵堂上调戏妇女，十分虚伪。

二 装扮的俗信

装扮不仅要求形似，更讲究神似，如前文所引《陶庵梦忆》中所说，当时抬阁扮故事以传奇为蓝本，三日三换，扮演者与所扮人物必须神情、相貌相似才行。民众常常会用"精神""很像""蛮漂亮的"这些词评价表演者的扮相。这当然是从表演艺术的角度对装扮提出的要求，我们如果将装扮放到民众的生活中，就会发现在色彩斑斓的形式之下，还蕴藏着更深层次的俗信观点。

"俗信，亦可称为民间俗信，作为民俗的重要组成部分，是主要以民众生产、生活经验的累积和对未来事物发展及生产、生活前景进行预测而形成的，一般在特定时间、地点、条件下发挥作用，并为一定范围内的民众群体广泛认可和遵行的一种心理信仰现象。"① 俗信的产生与原始信仰有一定的关系，它"原来是在古代民间传承中曾经是原始信仰或迷信的事项，但是随着社会的进步、科学的发达、人们文化程度的提高，一些迷信事象在流传中逐渐失去了原来的神秘色彩，失去了神秘的力量，人们在长期生产与生活经验中找出了一些合理性，于是把这些事象从迷信的桎梏中解放出来，形成了一种传统的习惯。这些传统习惯在行为上、口头上或心理上保留下来，直接间接用于生活目的"②。大部分俗信与民众的生活生产经验直接相关，尽管其中还有一些不科学的成分，但长期以来它渗透于传统节日习俗、人生礼仪、祭祀活动中，主要表达了人们趋吉避祸、福寿安康、社会安定的美好愿望，同时也是仪式庆典活动中民众娱神娱人活动的组成部分。

俗信中有一些禁忌，约束了表演者的行为。巡会中会货表演本身就具有献祭神灵的意味，绝不是演一演就算了的，那是要给菩萨、鬼神看的，演得好坏直接关系来年本地的运势。为了维护表演的神圣性，在参加巡会表演前，表演者都要吃几日斋，并在神灵菩萨面前拜过，以示虔诚。

俗信就像看不见的河床，对于表演者有一种看不见、摸不着的软控力。当地传说童家岭罗汉班曾经有一位大罗汉，有一年出会心中不太情愿，哪知到了舜王庙就闹肚子了，后来赶紧认错谢罪，才好转过来。这一则灵验的传闻固然并不可信，但从中可以窥见俗信对于民众惯常思维定式形成的影响，并在有意无意间规定了人们在其间的言行走向。

---

① 乌丙安：《论俗信》，刘德龙主编《民间俗信与科学文化》，山东教育出版社 2002 年版，第 19 页。

② 乌丙安：《中国民俗学》，辽宁大学出版社 1999 年版，第 239—240 页。

　　在当地俗信中，这些具有献祭功能的表演本身就具有神奇的灵力，人们希望能够运用各种手段竭力沾沾菩萨的光，将灵力借用过来。于是我们看到在巡会中，表演者还借装扮的角色身份而被认为暂时获得一些特殊的力量，这种观念和行为正是相类相生的顺势巫术思维的表现。如上文提到过的借打架老鼠治病就是一例，巡会中，当地一些妇女会把生病的孩子抱来，让打架老鼠的竹竿敲一下，以为这样孩子的病就会痊愈。又如无常，其实他是个鬼，本该阴森恐怖，令人望而生畏，但民众普遍认为触摸一下无常的脊梁会给自己带来好运。无常在队伍中活蹦乱跳，大鬼小鬼可以随便拿起路边小摊上的吃食、路祭供桌上的供品，此时主人往往笑呵呵地兴奋起来，巴望好运快点来。

　　但是鬼灵本身终究是令人恐惧的危险物，装扮成鬼怪的表演者很自然地被认为正处于一个十分危险的境况中。他们装扮成了鬼魅，便与鬼魅混同一体，会招致鬼魅的侵袭。"他们都是危险的，而且正处在危险中，而他们所处的危险，和影响于别人的危险……跟地心引力对人所起的作用一样，它能够像一剂氢氰酸一样置人于死地。"[1] 装扮成鬼魅意味着与真正的鬼魅发生了接触，为了能够保护表演者逃避鬼魅可能带来的不幸和灾祸，当地传承着种种禁忌。比如，旧时无常的扮演者要吊一条长舌头，按规矩一旦舌头安上，演员就不能开口说话了，因为一开口说话就会被鬼怪注意到，就会受到侵害。演出完毕后，还有人持刀在每个扮过鬼的演员的头上、身上象征性地乱砍一阵，称为"断邪"，俗信以为只有这样才能彻底消除演员身上的鬼气。最后，表演者要到菩萨面前磕头祷告，然后把表演用的纸制道具，包

---

① ［英］弗雷泽：《金枝上》，新世界出版社 2006 年版，第 220 页。

括纸制的帽子等全部烧掉，称为"烧大牌"。以为这样才彻底断了和鬼魅的牵扯，鬼魅也就认不出他们来了，可以保得平安吉祥。这是民众自我保护的手段，也说明民众心中对装扮神力的畏惧。

由此我们可以看到，巡会中的装扮除了使角色形象和造型更加鲜明外，一方面还具有纳福辟邪的实际功能，这些造型主要来源于生活素材和传统形象原型，其中还加了民众富有想象的加工，起到画龙点睛的作用，使装扮的符号象征意味更加明确；另一方面，围绕着装扮，民众间还传承着种种俗信与禁忌，这也为会货表演平添了几分迷离的色彩。

在本章中，我们从表演的队列结构、行与停的表演方式、表演的技巧、表演的装扮等方面入手，初步构建了新中国成立初期舜王巡会会货表演传统的艺术样式。虽然本章中对表演传统文本的修复很大程度上来自民众脱离表演场景的口头叙述，但我们仍然可以看到表演传统的生成、传承，以及解读与当地历史背景、社会生活之间紧密的联系，这正说明表演文本本身就是表演与情境互动经验化的积累。"一个民族的文化是多种文本的综合体，而这文本自身又是一些文本的综合，人类学家则需倾全力去确切地解读文本的本质。"① 会货的表演是传统积淀的符号系统，它与当地其他的诸多文化文本结合在一起，织就一张富有意味的文化之"网"。

民间表演文本的生成从来就不是几个作家坐在书斋里的业绩，而是在一次次表演实践中慢慢成熟、逐步定型的，其中的一招一式都包含独特的内涵意蕴。生成的过程本身就是表演者与生活情境不断磨合的过程，当表演完毕后，一些被视为有用的、好看的东西就被保留下

---

① 王海龙：《对阐释人类学的阐释》，利福德·吉尔兹（Clifford Geertz）《地方性知识》，王海龙、张家瑄译，中央编译出版社 2000 年版，第 10 页。

了。文本由各种符号构成，但它又不仅仅是符号本身，而是"以行动描写和揭示着的文化志，是立体文化之渊源"①。纯粹为审美而设计的招式方法，如果不能化为表演者自身的理解，就很容易被人们遗忘。文本的存在或者表演传统的沿袭，正是为了给表演者提供便利，在表演者看来，传统不是束缚手脚的枷锁，恰恰相反，是他们感情上的依靠和成功的保证。在以信仰为中心的会货表演中，传统文本的另一个作用就是用时间的积淀向人们证明这种套路是有效的，是能够讨得神明的欢心的，是可以实现祈求的愿望。当然，这里有一个前提，那就是传统的生命力，文本完整地再次回归表演场景，都有赖于当地总体社会生活模式的稳定。具体来讲，会货表演传统的生成有赖于传统农业文明生活框架和宗族社会结构，对它的理解和延续都受到其生存框架的制约，这一点在复兴的过程中感触良多。

---

① 王海龙：《对阐释人类学的阐释》，利福德·吉尔兹（Clifford Geertz）《地方性知识》，王海龙、张家瑄译，中央编译出版社 2000 年版，第 10 页。

第五章　会货表演的文化积淀

在会稽山区民间信仰神灵谱系中，舜王无疑是地位最高的上位神灵之一，即便其本身具有被公认的神性特征，虞舜信仰与祭祀活动仍然被作为生活习俗而长期地在民众中无意识地得以传承。这是一种基于生活习俗的信仰，它从当地家族及地域社会共同体的生活生产中自然孕育出来，并与宗族、村落等既有的社会组织融于一体。会货表演作为献给神灵的祭品而成为仪式的一部分，为信仰开辟了通往现实，联结民众的路径。

信仰与艺术共同从生活中汲取滋养，互相借助，相互渗透。信仰为仪式中艺术活动提供内在的精神动力，并为之营造了一个虚幻缥缈却引人无限追慕的奇幻境界。同时，它聚合了诸多当地自然物、社会现象，为艺术表演提供丰富的意象原型，潜移默化地引导和制约当地民众的审美意识。艺术则以丰富的审美要素成为仪式中民众情感宣泄的主要方式，从而为信仰积聚情感的力量，并刺激观念意识的进一步内化。这一切伴随着仪式活动周期性地重复展演，借助艺术的感染力及乡土社会的聚合流动，最终造就了虞舜信仰成为地域文化的象征。

我们无法想象没有会货表演的祭祀仪式将会如何乏味与单调，同样，失去虞舜信仰支持的会货表演又将如何散落成村口街头供人一笑的乡间娱乐。同时，会货表演也借信仰的名义增强了自身在现实社会图景中存在的合理性与神圣性。在周而复始中，表演逐渐沉淀下来，形成了较为稳定的模式化特征，其独立于舜王信仰的开放性特征也日渐显现。

开放性表现为会货表演的样式不再严格限制于虞舜信仰及祭祀仪式所提供的题材与意象原型，而接纳了当地诸多的其他的民间表演形式，比如，三十六行小戏、八仙庆寿戏、跳无常、打莲湘等。最终形成了一个包括民间歌舞、民间小戏、造型艺术、杂技武术、口头文学等在内的庞杂的艺术综合体。新的表演样式除了在数量与形式上极大地丰富了舜王巡会的艺术形式外，也在其中加入如鬼神信仰等地域性民间观念形态。于是在各类艺术样式背后，在敬神祈福的渴望下，神仙信仰、鬼灵观念与儒家伦理意识、越地生活俗信、世俗情感体验等共同叠加、交织在一起，造就了会货表演背后观念情感互相交融的现象。

第一节　儒家伦理价值观的渗透

作为传统社会主流价值观的儒家伦理道德观念在会货表演中留下了深刻的痕迹。儒家文化强调俗世功业，崇德报功，即通过神明的意志来支持道德的实践与完善，又以善恶有报、因果循环来惩罚和限制悖逆的行为。通过日常祭祀仪式、神话传说等信仰性行为，以及戏曲曲艺的"高台教化"，儒家政治伦理观念向日常生活实践渗透，唤醒、激发、强化民众朴素情感观念中与儒家文化相契合的伦理道德观念，为维护王朝的统治提供统一的价值取向。表演中，各种艺术样式、手段的运用进一步凸显其中蕴含了儒家伦理价值观，强化群体的认同意识，促进地域公共社会舆论价值判断的形成。

一　侍亲以孝

传统乡土社会中，孝是贯通于家庭、国家、个人品性道德、社会政治的道德标准，也彰显了儒家入世的基本手段与方法。时至今日，忠君思想早已泯灭在革命的浪潮中，但在具体层面的社会生活中，孝仍然是评价一个人道德水平的重要标准之一。孝，由亲情上升至个人道德操守的全面体现，这种类推的思维模式根深蒂固，成为民众心灵深处的无意识情节，至诚之孝"通于神明，光于四海，无所不通"①。在传承久远的会货表演中，孝依然占据重要的位置，以孝感动天地的情节依旧是常见的题材。这些艺术形式在娱乐民众的同时，也潜移默化地强化着此类观念。

旧时，巡会中村落请绍兴大班演戏，必演两出戏，一出是《芦花记》，一出是《龙虎斗》。《芦花记》本是二十四孝之三，说的是春秋末年鲁国人闵子骞的故事。闵子骞受继母虐待，用芦絮制棉衣，他的父亲发觉后，气愤之下想要休了后母，闵子骞苦苦哀求，终于使父亲改变了主意。他的后母幡然悔悟，从此后待子骞如己出。但是在舜王庙里演，情节不变，人物却换成了年幼的舜，变成一个地地道道的舜与后母的故事了。《龙虎斗》讲的是北宋乾德年间，呼延瓒为父报仇的故事，其中一句"手持钢鞭将你打，打死昏君抵父命"配以绍剧铿锵有力的唱腔，被当地民众反复唱诵，极具艺术感染力。此外还有《狸猫换太子》等剧目，也都是以彰显孝行为主题的。

---

① 《孝经·感应章》第十六，中华书局2009年版，第41页。

在如今巡会的队列安排中，组织者也十分重视对孝行的宣扬、体现对孝子们的褒奖。比如，位列队首的打街老鼠就要由公认的大孝子来担当；舜王上轿时，必有两位福寿俱全的老妇人相扶，抬轿的也必是孝善之人；犯人会中，有不少是为父母赎罪或是许愿而来，他们身穿囚服，戴着镣铐，几步一拜，十分虔诚。

此外，当地也流传着大量舜的孝子故事，尽管其中有嫁接、附会的痕迹，但孝行能感动天地、令神明赐福的观念确是实实在在地存在于民众心中。也正是因为舜对后母极孝，他才能得到神明的眷顾，于极端恶劣的环境下，平安度过，一次次化险为夷。普通民众也正是从此类故事与传说中，点点滴滴积累起行孝善莫大焉的潜在意识与观念。

二　入世为官

孝，是修身之本，齐家之德，但还只是"独善其身"，要"兼济天下"还得走上仕途——当官。儒家历来倡导学而优则仕，把仕途看成读书人最终的人生归宿。他们认为个人道德的完善固然好，但若是不能为官、施展政治抱负，人生总是有缺憾的。为官，是儒家一贯倡导的入世之路，进而形成了"官本位"的等级制度和观念形态。

官本位就是将做官视为人生价值的体现，将官职的大小作为衡量人价值大小的标尺。官本位思想是我国长期政治文化和政治实践的集中体现，它来源于农耕社会对权威的服从，并借助家国一体和血缘宗法制度得以巩固。

官本位在社会生活中直接的体现就是我国封建时代的中央集权和森严的官僚等级制度。在金字塔形的权力结构中，皇权毋庸置疑地居于顶端，皇权以下是一整套不可僭越的官僚体系。此外，儒家还制定了一套君君、臣臣、父父、子子的伦理制度强化其理想中的社会模型，并称其为"礼"。礼的作用就是定名分，辨等差，别贵贱，将每个人安置在社会等级序列的框架中，不容跨越。荀子说："礼者，贵贱有等，长幼有序，贫富轻重皆有称也。"① 士农工商，各个阶层，贵贱有别，官贵民贱的思想逐渐为民众所内化。不论官大官小，一律称为"老爷"，久而久之，"老爷"似乎成了一种权力的象征。

不过民众终究没有走上儒家的理想国，世间对"官"的向往多多少少变成了官僚阶层对社会资源控制特权的羡慕。《管子·立政》说："度爵而制服，量禄而用财，饮食有量，衣服有制，宫室有度，六畜、人徒有数，舟车、陈器有禁，修生则有轩冕、服位、谷禄、田宅之分，死则有棺椁、绞衾、圹垄之度。"② 官员按照等级高低，吃穿用度俱有详细的规格，不需烦愁。民间亦有一人得道鸡犬升天及当官发财的俗信。等级特权的把持，让民众看到了当官的实际利益，对当官的是既恼又羡慕，客观上强化了官本位的意识。

在当地，民众称舜王为"舜王老爷"，会货队列中仪仗、序列的安排，便是现实社会官僚等级体系在神灵世界中的映射。舜是帝王，民众便为他戴上皇冠、穿起龙袍，坐着八抬大轿，黄伞盖顶，宫灯开道，又有掌扇、执事、校会、提炉者簇拥，俨然一副帝王出巡的派头。

神灵出巡仪仗规格的高低反映了神灵的身份和地位的不同。比如，绍兴东浦天医庙会，巡会的队伍没有执事会、黄伞会及校会。另一处绍兴吴公庙会中，因为吴公生前是个地方官，因此出巡时还要为

---

① （战国）荀况著、蒋南华等注：《荀子全译》，贵州人民出版社 1995 年版，第 175 页。

② （战国）管子著、梁运华整理：《管子校注》，中华书局 2004 年版，第 76 页。

他配上供使唤的小公差，称为"皂隶会"。

民众按照世俗官僚体系、等级架构对神灵进行梳理与定位，并通过艺术化的模拟与象征加以表述，与现实的世俗官僚体系并无本质的区别。民间信仰并没有严格的仪式规则，民众只能在周遭的生活圈中选取他所熟悉并理解的文化要素，组合成符合他们想象的形象。然而，他们平日里所接触的也只是低级的地方官吏，对于上层官僚乃至帝王的印象大多来自戏曲的影响。因此，队列呈现出来的"仪礼"只是一些碎片的拼接和单一要素的突出，其中最重要的借帝王扮相宣示神灵的"正统性"。

事实上，民间迎神赛会时，男性神灵龙袍加身与女性神灵凤冠霞帔都是十分普遍的现象。这种"僭越"行为到南宋末年就已相当普遍了，甚至还引起了官员的不满，陈淳《上赵寺丞论淫祀书》中说：

> 一庙之迎，动以十数像，群与於街中，且黄其伞，龙其辇，黼其座，又装御直班，以导于前。僭拟踰越，恬不为怪。四境闻风，鼓动复为，俳优为戏，相胜以应之……①

这里说的是当时漳州庙会的情形，人们把数十座神像抬出来，在街上排队巡游，还仿效帝王的模样给他们打扮起来，民众毫不见怪，反而欢庆鼓舞。

将现实的等级制度投射到神灵的世界中，这样做最大的益处是能够很快获得广泛的接受与认同。但是，这并不意味民众能够在神灵的世界中重构等级框架，从而实现他们从现实等级世界的脱离和逃避。作用恰好相反，这样做在无形中加强了民众对世俗权力的敬畏，世俗

---

① （宋）陈淳：《北溪先生大全集·上赵寺丞论淫祀书》卷四三，四库全书本。

的伦理道德、社会等级在神的领域中同样适用，没有任何一个神灵的世界能够脱离世俗的规则。通过这种方式进一步唤醒、强化普通民众一般观念中与儒家政治伦理观相契合的部分，将他们朴素的道德情感导向社会主流道德规范。

对普通民众而言，若要跻身官僚体系的序列，最常见的办法就是参加科举，一朝金榜题名便能光宗耀祖。传统社会中国，科举制度就像一座风向标，指引社会知识阶层乃至普通百姓对人生成功的价值判断。"书中自有黄金屋，书中自有颜如玉，书中自有千钟粟"成为历代读书人奉若神明的信条。

魁星沿门点斗的习俗正是这种心态的典型反映。"魁星"是"奎星"的俗称，奎星是二十八星宿西方七宿之首，由十六颗星星组成，形状如同鞋底一般。《重修纬书集成》卷五《孝经授神契》载："奎主文章。""魁"与"奎"同音，又有第一的意思，旧时参加科举的举子都相信自己能否中榜全凭魁星定夺。这一带也流传着类似的传说，说是古时候有一个才子，才高八斗、学富五车，但相貌丑陋，满脸麻子，还跛了一只脚，中了状元也不能被任用。他一直怀才不遇，郁郁不得志，最后怨气郁结而死。玉皇大帝便封他为魁星菩萨，主管天下读书人的"文运"。在我国传统的吉祥图案中，魁星一般都被描绘成青面獠牙、奇丑无比的形象，他右手握着朱笔，左手持一只墨斗，右脚立在大鳌的头上，左脚扬起向后踢去，脚上即是北斗星，取意"魁星点斗，独占鳌头"。这里的装扮便是模仿"魁星点斗"。旧时，巡会会货中还有魁星随队表演、沿门点斗。魁星沿途看见孩子，就往他头上一点，表示"魁星点斗，独占鳌头"，十分吉祥，深受民众喜爱。

若是演庙戏，则必定要先演《跳魁星》。表演时有大小魁星五人，大魁星假面装扮，左手捧着魁星斗，右手握着朱笔。四个小魁星穿着戏曲中的龙套服饰，分别手持灯笼、朝笏、纱帽、印信。持灯的取意"文星高照"，接笏的是"当朝一品"，拿印信的是"万里封侯"，乌纱帽则是"官上加官"。大魁星立于中央，小魁星分散四方，大魁星手拿魁星笔，朝小魁星头上一一点过，每点一下，就说一句吉祥话。《跳魁星》同《跳加官》《跳财神》等都属于吉庆类的折子小戏，在浙江一带流传较广，本地的婺剧、京剧中都有《魁星点斗》的段子，在正戏开演前、过场或者场末表演，主要是为了烘托吉祥气氛，增添喜庆热闹，十分受欢迎。

事实上，这一类主题在民间表演中比比皆是，妻贤子孝、状元及第是普通人幸福观最直白而生动的表述。由此可见，儒家伦理道德观念凭借千年以来的不断灌输，已经实际成为普通民众心中潜移默化的道德规范标准。不能说是全部，但至少占了最主要的位置。而所谓的"福"也是对官本位、孝道等儒家经典理论最质朴的民间诠释。

第二节　神仙思想的影响

在巡会的舞队中，民众总是竭尽所能向一切有益于自身的神灵祈福，其中就塑造了一大批神仙形象，比如，抬阁会、高跷会、地图会等就是表演者直接扮演神仙，还有执事会的兵器、大旗上的图案花纹，也都可以看到一个个鲜活的仙人形象。这些道具、造型、表演的背后蕴含着民间独特而深厚的神仙信仰。

神仙信仰是我国独特的思想意识，它抓住了人们趋善避恶的心理，通过对长生不老、即身成就、羽化登仙的宣扬吸引大批信众。历朝历代，上至王公贵胄、文武将相、文人骚客，下至平民百姓，无一不对缥缈的仙境趋之若鹜。为求长生，秦始皇动用全国力量，数次前往海滨寻找仙山，而徐福率领五百童男童女东渡求仙的典故更是引得后世浮想联翩，成为文学创作中常见的题材。

说到神仙信仰，人们都会很自然地联想起道教，两者是有联系的，但神仙思想并不等同于道教，也不是道士发明创造的。在远古神话中，很早就有不死药、不死民、不死国的故事。春秋战国时期，饱受战乱而无法自救的民众，在摆脱对原始神灵的敬畏后开始注重自身现世的存在价值。也正是在这个时期，以灵魂和肉体的永生为核心的神仙思想初现端倪。渴望现世生活快乐、追求的肉体灵魂自由的观念，成为神仙信仰产生的原动力。战国中后期，在一大批方士的鼓吹下，神仙信仰逐渐定型，其中求长生和长生药成为主流，还出现了与之相应的具体操作方法。到秦汉时期，神仙信仰与道家理论的结合促成了道教的产生，并在此后漫长的时空中，神仙信仰与道教变得难分难解。道教在明清逐渐式微，但这并不影响神仙信仰的发展，它在民间依旧保持其强大的生命力，并对民众的日常生活产生重大影响。

神仙信仰，究其根本还是人们趋善避恶的心理表达，以及对美好生活环境的渴望，承载了他们对于人生际遇、人与社会、人与自然、人与生命的看法。在民众生活中，还出现了诸如延年益寿、祛病消灾、赐福纳吉等一系列相近观念和行为仪式。吉庆小戏《八仙大庆寿》就是巡会中这一类民众观念的集中体现，下面就以此为例，具体分析神仙信仰对民众表演艺术的渗透和影响。

一　《八仙大庆寿》表演模式

"八仙庆寿"属于庆贺寿辰类主题，是一种吉庆类短剧，早在宋元时期便已出现，至明代大盛。比如，宋末周密《武林旧事》卷十记载《宴瑶池爨》一剧，元末陶宗仪《辍耕录》中收录了《瑶池会》、《蟠桃会》、《王母祝寿》、《八仙会》等院本。表演的内容都是神仙出场祝贺寿辰的故事。至明代，八仙庆寿剧成为官府和民间庆寿场合中的重头戏，八仙结群上场，祝贺人间寿诞。明教坊传奇中有《众群仙庆赏蟠桃会》、《祝圣寿金母献蟠桃》、《争玉板八仙过沧海》、《西王母庆寿蟠桃会》、《众天仙庆贺长生会》等剧目。不过由于教坊传奇多是演给帝王贵族观看，因此剧中除了敬献祥瑞外，还多对帝王歌功颂德，赞颂太平盛世。如《众天仙庆贺长生会》中最后致辞唱道："您众位天仙在此目今祝诞万寿之辰。当今皇上乃豁达大度纳谏如流仁慈宽厚，因此上感到俺这群仙都来与皇上祝诞。"到了清代，八仙庆寿剧更加广泛地在民间流传，除了文人编写供皇家贵族表演的剧作外，也被各种地方戏曲吸收，用于普通百姓的庆寿场合，其中最普遍的就是《八仙庆寿》或者叫《蟠桃会》。剧中除了吕洞宾等八仙外，王母、南极仙翁、东华帝君、麻姑、嫦娥等神仙也常常出现在庆寿戏中。

舜王巡会中我们所看到的会货表演名为《八仙大庆寿》，表演的班子叫"八仙班"或者"八仙会"，表演并不是在戏台上进行的，而是随队演出。在菩萨骑马前，遇有路祭驻马时，随时演一下，为斋主添福加寿，因此表演形式比较简单。共有九名演员，分别扮演王母、吕洞宾、汉钟离、铁拐李、张果老、蓝采和、韩湘子和何仙姑。他们身穿戏服，手持法器，王母持拂尘、吕洞宾佩宝剑、汉钟离摇扇子、铁拐李背葫芦、张果老拿渔鼓、蓝采和捧花篮、韩湘子携紫箫、何仙姑拈荷花。九人以王母居中，八仙分列两边，围在供桌前演唱。表演时，以唱词为主，每位演员在单独表演时，都要舞动一下手中法器，作为赐福的标记。动作没有定式，可由演员随意发挥。

《八仙大庆寿》①，唱词如下：

八仙大庆寿

三十三天天上天，白云里面有神仙。

神仙都是凡人变，只怕凡人心不坚，

若还凡人心来坚，以后一定变神仙。

斋主弟子福寿高，诸佛神仙下九霄，

南极仙翁来上寿，西池皇姥献蟠桃。

第一位神仙汉钟离，头戴一顶九皇帽。

身穿一件黄金袍，手持掌扇风飘飘。

终南山上修成道，位列仙班道行高，

脚踏乌靴驾祥云，特来庆寿送蟠桃。

保佑土谷土祠下多吉兆。

第二位神仙曹国舅，头戴一顶乌纱帽。

身穿一件黄绸袍，手持云板的的敲，

看破世情似浮云，不爱繁华爱清高，

脚踏乌靴驾云到，特来庆寿送蟠桃，

保佑五谷丰登年成好。

第三位神仙张果老，头戴一顶书相帽，

身穿一件紫蟒袍，短发胡嘴背驼腰。

---

① 据手抄本整理。

手持渔鼓咚咚敲，倒骑驴子呵呵笑，

双手搭搭和高调，特来庆寿送蟠桃，

保佑四时八节多吉祥。

第四位神仙吕洞宾，头戴一顶道士帽，

身穿一件蓝衫袍，兼备宝剑斩腾蛟。

慈心救苦传妙道，至今万古姓名表，

岳阳楼上醉三遭，特来庆寿送蟠桃，

保佑财源广进生意好。

第五位神仙铁拐李，黑脸浓眉相咆哮，

肩背葫芦透九霄，身穿一件紫蟒袍。

虚心练就长生法，手持拐杖脚已跷，

脚踏云头步步高，特来庆寿送蟠桃，

保佑孝子贤孙龙门跳。

第六位神仙韩湘子，头戴一顶书生帽，

身穿一件云花袄，口吹玉笛阴阳调，

雪拥难（应作"蓝"字）关难行马，曾度文共赏九霄。

脚踏乌靴驾云到，特来庆寿送蟠桃，

保佑恩爱夫妻百偕老。

第七位神仙蓝彩（应作"采"）和，头戴一顶铜冠帽，

身穿一件绣花袄，手持花篮采仙桃。

名山修炼年纪小，最爱修行并办道。

脚踏乌靴驾云到，特来庆寿送蟠桃，

保佑公婆爹娘增福寿。

第八位神仙何仙姑，青丝细发能妖娆，

身穿一件武棉袄，肩背荷花向上飘。

苦志真修千百载，也归仙界乐逍遥。

手持笤帚桃叶拍，特来庆寿送蟠桃，

保佑福禄寿喜年年高。

海岛神仙把橹摇，潮潮滚滚浪滔滔，

一橹推转一橹摇，天河摇过好几道。

蓬莱山下摇过来，要到此地寿堂上，

上前看见诸佛祖，仙人来了木老老。

寿堂一见多热闹，寿斋供在寿堂上，

寿烛对对光明照，寿香绕绕炉内烧。

寿茶寿酒时时献，寿花朵朵叶飘飘，

寿饭粒粒珍珠宝，寿面延长数千条。

寿桃本是仙山物，寿糕一盘叠得高，

寿轴一副中堂挂，寿联对对两边飘。

东方叔去偷蟠桃，蟠桃园中走一遭，

偷摘蟠桃来上寿，一年上寿百年高，

百年上寿好逍遥。

保佑一家大小身体好。

皇母娘娘亲身到，跨上青鸾下九霄，

来到寿堂供佛法，送上二只大蟠桃。

和合二仙哈哈笑，勾肩搭背一道跑。

刘海仙把金钱洒，洒下金钱满地抛，

往上一抛千年富，往下一抛万年高。

孔夫子送财（应作"才"）学到，孙男孙女来接到。

财神菩萨又来到，扛进两只大元宝，

招财要问那（应作"哪"）家好，某某人家最最好。

众位神仙都来到，特来庆寿送蟠桃，

今朝来庆寿，长生永不老。

祝寿分为神仙降临、献寿礼、唱庆寿词三部分，每位神仙套用一遍，不断循环。首先由西王母和南极仙翁登场，表明来意，随后八仙依次上场，这部分是演唱的主体部分。汉钟离第一位，依次是曹国舅、张果老、铁拐李、韩湘子、蓝采和、何仙姑。每位神仙登场，分别介绍样貌和衣着，每人唱上一曲包含各自奉献的礼物，也讲述了各自的法术和行迹典故。唱词中接着回到现实着力描绘人间热闹的寿宴场面，在唱词的最后部分又出现了大量神仙形象，有和合二仙、刘海、财神，甚至孔夫子也位列仙班。人们所求福禄寿一应俱全，各有所司神仙担当：孔夫子佑学业，刘海、财神佑财，蓝采和佑长辈，韩湘子佑夫妻和睦，何仙姑佑福禄寿喜等。

二　神仙形象与观念表达

《八仙大庆寿》中，表演者通过唱词、装扮及道具的使用，塑造了一个个生动的神仙形象。这些神仙形象通过传说、戏曲在民间广为流传，为民众所喜闻乐见。他们的形象具有固定的意蕴指向，已然成为群体性的思维原型，代表着某一种特定的观念意识。

然而在人与仙的关系中，我们发现了一种"倒置"，在这一场愉悦神灵的献祭中，神仙却专程来给凡人祝寿。这跟民众对"仙"的认知模式有关。在古人的观念中，"神"与"仙"是两个不同的概念。《说文解字》释"神"曰："天神引出万物者也，从示，申声。"引申为通达天地之人。再关注一下偏旁"示"，"天垂象，见吉凶，所以示人也。从二、三垂，日月星也。观乎天文以察时变，示神事也。"可见"神"也好，"示"也好，都描述了远远超出常人可以企及的事。关于"仙"字，说文释曰："人在山上，从人从山。"《释名·释长幼》曰："老而不死曰仙。仙，迁也，迁入山也。故制其字，人旁作山也。"由此我们可以推论出：神，是天地造化，非人力可及，但人可以通过虔诚的修炼，达到仙的境界。正如《八仙大庆寿》唱词开篇所唱："神仙都是凡人变，只怕凡人心不坚。若还凡人心来坚，以后一定变神仙。"既然凡人能够变神仙，那么神仙也能下凡来为凡人庆寿。《八仙大庆寿》便由八仙为主的一系列神仙下凡祝寿，不过在这里这些神仙的符号意味大过具体的形象意味，体现着吉、善、福、寿等民众期盼的吉祥意义。

第一位出场的是西王母。西王母地位很高，在众仙下凡给世人庆寿的过程中，她往往是群仙的领袖，如上文所录《八仙大庆寿》，就是由她和南极仙翁共同组织的。这种角色安排主要出于民众信仰世界中对王母至高地位的认同。事实上，西王母信仰由来已久，她在仙界的地位很高，掌管女仙名籍。《十洲记》说王母住在昆仑山上，为"真官仙灵之所宗"①，统辖众仙，地位显赫。杜光庭的《墉城集仙录》"金元圣母"条说她"体柔顺之本为极阴之元，位配西方，母养群品，天上天下三界十方女子之登仙得道者，咸所隶焉"。

关于西王母很早就有相关的记载了，如《山海经》就有多处关于她的描述：

> 又西三百五十里，曰玉山，是西王母所居也。西王母其状如人，虎齿而善啸，蓬发戴胜，是司天之厉及五残。②

---

① （汉）东方朔：《海内十洲记》，《魏晋南北朝笔记小说大观》，上海古籍出版社1999年版，第79页。

② 《山海经·西山经》，华夏出版社2005年版，第37页。

西海之南，流沙之滨，赤水之后，黑水之前，有大山，名曰昆仑之丘。有神，人面虎身，有文有尾，皆白，处之。……有人戴胜，虎齿，有豹尾，穴处，名曰西王母。此山万物尽有。①

西王母梯几而戴胜杖。其南有三青鸟，为西王母取食。②

在早期记载中西王母形象尚处于人兽之间，居住在昆仑山上。到战国《穆天子传》，西王母渐成人形。《穆天子传》卷三曰：

吉日甲子，天子宾于西王母，乃执白圭玄璧，以见西王母。好献锦组百纯，□组三百纯西王母再拜受之。③

其后又有"乙丑，天子觞西王母于瑶池之上。西王母为天子谣"的记载，此时西王母已然与周穆王把酒交欢，这与后来《汉武故事》《汉武内传》中所记汉武帝的情形很相似，其中有王母献蟠桃的记载。在这些笔记志怪小说中，王母形象彻底仙化，被赋予了添福增寿的内涵。

王母赐寿又与她握有不死神药有关。据《山海经》记载，昆仑山上就有不死树，不死药。刘安《淮南子·览冥训》中提到"羿请不死之药于西王母，桓娥窃以奔月"的故事，从而奠定了西王母主寿的民间地位。到后来又出现了上寿的描述，如扬雄《甘泉赋》中就提到："想西王母欣然而上寿兮，屏玉女而却虙妃。"

到了两汉时期，西王母的形象更加丰满，进一步演变为一个降福降寿、去祸消灾的吉神。汉哀帝建平四年大旱，京师民众掀起一场祠

---

① 《山海经·大荒西经》，华夏出版社 2005 年版，第 218 页。
② 《山海经·海内北经》，华夏出版社 2005 年版，第 188 页。
③ 《穆天子传》卷三，上海古籍出版社编《汉魏六朝笔记小说大观》，上海古籍出版社 1999 年版，第 21 页。

西王母活动。《汉书·哀帝纪》载："四年春，大旱。关东民传行西王母筹，经历郡国，西入关至京师。民又会聚祠西王母，或夜持火上屋，击鼓号呼相惊恐。"① 《汉书·五行志》也记载了这件事情。还有《易林》记载的卜卦之辞也佐证了这一点，如：

> 稷为尧使，西见王母。拜请百福，赐我善子。
>
> 引船牵头，虽拘无忧。王母善祷，祸不成灾。
>
> 弱水之西，有西王母。生不知死，与天相保。
>
> 金牙铁齿，西王母子。无有祸殃。候舍陟道，到来不久。②

两汉以后，西王母在民间信仰中，在作为神仙首领之外，逐渐成为一位无所不能的善神，具有其他神仙不可比拟的神奇力量。

再来看看另一位组织者南极仙翁。南极仙翁也称寿星、老人星、南极真人、长生仙，也是庆寿戏中经常出现的神仙形象。《祝圣寿金母献蟠桃》一剧中南极仙翁自曰："贫道乃南极老人星是也，列居井宿，位至南天，主人间寿域，共乐雍熙，似我这等寿星，煞是光明显耀。"③ 这段话将自己的身份及在小戏中的使命说得十分清楚。

古代寿星有两个含义，一种指二十八星宿东方的角、亢二宿，《尔雅·释天》说："数起角亢，列宿之长，故曰寿。"另一种指南极老人星，秦汉时已经立祠祭祀，被视为国运兴隆的象征。《史记·封禅书》载秦时"于杜、亳有三社主之祠，寿星祠"。司马贞《索隐》载："寿星，盖南极老人星也，见则天下理安，故祠之以祈福寿。"④

---

① （汉）班固撰、颜师古注：《汉书·哀帝纪》卷一一，中华书局1962年版，第342页。
② （汉）焦延寿：《易林》，申必华等《白话易林》，三秦出版社1990年版，第11、37、38、60页。
③ 党芳莉：《八仙信仰与文学研究》，黑龙江人民出版社2006年版，第241页。
④ 王景琳、徐㭉主编：《中国民间信仰风俗辞典》，中国文联出版社1992年版，第207页。

南极仙翁后来又被视为掌管寿命的神仙,《后汉书·礼仪志》记载了东汉时期就已经把祭祀老人星与敬老活动结合在一起的事实。"仲秋之月,年始七十者,授之以王杖,哺之糜粥。八十、九十,礼有加赐。王杖长九尺,端以鸠为饰,鸠者,不噎之鸟也,故老人不噎。是月也,祀老人星于国都南郊老人庙。"① 至唐代开始把角亢二宿与老人星一同祭祀,并一直延续到后世。

明代以后,寿星信仰在民间大盛,与福、禄二星结合在一起,共称为"三星"。明以后寿星的形象一般都是长须白发的老者,拐杖弯曲且高过人头,最突出的特征就是额头高高隆起。至于额头向前突出的原因,《通俗编》是这样解释的:"世俗画寿星像,头每甚长。据《南史·夷貊传》,毗骞王身长丈二尺,头长三尺,自古不死,号长颈王。画家意或因乎此。"② 由此,长颈高额成为长寿的形象特征。

庆寿神仙的主体是八仙。八仙,民间家喻户晓的神仙群体,唐代就有相关传说出现,只是大多是单个,还未结成群。经过民众长期加工、提炼、想象和流传,八仙形象而日渐丰满。宋代以后流传就很广了。吴自牧《梦粱录》卷二"诸库迎煮"条中有八仙班的记载,可见在南宋时期八仙已经作为喜庆人物出现在迎神赛会的队伍中了。明清以后,汉钟离、吕洞宾、蓝采和、铁拐李、韩湘子、张果老、何仙姑、曹国舅八位神仙更是通过各种形式成为人们祈求幸福安康、多福多寿的对象。

"八仙庆寿戏"在民间的广泛传播显然与八仙的形象有很大关系。考察元明以来的八仙戏,我们就可以发现八仙身上世俗的气息

---

① (南朝宋)范晔:《后汉书·志第五·礼仪中》卷五,许嘉璐主编《二十四史全译·后汉书》,汉语大词典出版社 2004 年版,第 273 页。

② 王景琳、徐匋:《中国民间信仰风俗辞典》,中国文联出版社 1992 年版,第 207 页。

越来越浓。元代八仙戏中，八仙身怀异能，不仅自己讲究长生修行，还救度众人，扶贫救难。但他们执着于人世，度人成仙时往往采取功利甚至强逼的手段，软硬兼施，连哄带骗，最后逼得受度的人走投无路，只好出家。这种情况正是现实生活中，普通民众受到强权迫害的直接反映。在八仙戏中，神道并不那么庄严，民众利用世俗的观念不断对它进行改造。如果说元代的八仙戏还是以劝世修行为主，明代则加重了热闹排场，娱乐庆贺的比重。而且宋元以来城市生活的世俗内容越来越多地在剧中得以体现。八仙的形象特征也越来越鲜明，有的庄严，有的嬉戏，有的苦行，有的风流，在八仙中，人们看到自己的身影。正如明代王世贞所说："以是八公者，老则张，少则蓝、韩，将则钟离，书生则吕，贵则曹，病则李，妇女则何，为各据一端作滑稽观耶。"① 八仙以其出身与形象组合的特色使之具有广泛的社会代表性，男女老少、贫富贵贱都能在他们身上找到自己的影子与观念的投射。

除了西王母、南极仙翁、八仙外，《八仙大庆寿》中还组合了其他神仙。他们的到来都不是平白无故的，期望家庭和睦，于是招来了和合二仙；希望富有，就有了刘海钓钱、财神下凡；随便扯一个孔老夫子，也是为了斋主才高八斗而来。朴实、简单的期望使整个《八仙大庆寿》包含了大家心目中的各种期望，最终构成一个完美的结局，人们并不在意这个神仙由来。在一系列自以为是、为我所用的表白背后，我们看到神仙信仰本质上是民众对现世生存状态、生存价值象征性的表达。

---

① （明）王世贞：《弇州山人四部续稿·题八仙像后》卷二，上海古籍出版社 1994 年版。转引自吕集力《中国民间诸神》，河北教育出版社 2001 年版，第 703 页。

三 以"寿"为代表的吉祥心理

充满了神仙意象的《八仙大庆寿》，最后归结于"今朝来庆寿，长生永不老"。长生不老原本就是神仙信仰的核心，在这里，长生不老被更为简洁地替换成了"寿"的观念。人们抛开遥不可及的长生不老，更为现实地选择了延年益寿作为自己简朴的心愿和要求。可见，神仙信仰在具体表演的展现中，不仅需要广取博收众多仙人形象，还必须符合民众对可把握现实的美好期望，这就是以"寿"为代表的吉祥心理。

寿，本义为年长、年老。《毛传》释："寿，考也。"马瑞辰注："考，犹老也。"《说文解字》也说："同意相授，考老是也。"引申意为老人，汉代张衡《东京赋》中说："送迎拜乎三寿。"有注曰："三寿，三老也。"《诗经·鲁颂》也有"三寿作朋，如岗如陵"的诗句。

寿的观念来源于人们对美好人生不愿舍弃的渴望，不可割舍的亲情、不愿放弃的自由、不舍离开的家产，以及对死后前途的疑惑与恐惧，从古至今人们都希望自己能活得再长久些。

人类对死亡的恐惧与生俱来，但是"人类不能在死的阴影之下生活，凡与生活很亲而且享受圆满生活的人，更不能不怕生活的尽头。于是同死打了照面的人，乃设法寻求生活的期许"①，于是，人们运用各种手段表达对生命的珍惜。

《尚书·洪范》列寿为"五福"之首："一曰寿，二曰富，三曰

---

① （英）马林诺夫斯基：《巫术科学宗教与神话》，李安宅译，中国民间文艺出版社1985年版，第29页。

康宁，四曰修好德，五曰考终命。"民间亦有"五福寿为先"的说法，并且在中国古文化中，很早就发展出一套完整的寿诞礼仪。

绍兴一带老人从五十岁开始，逢十办寿。一般要办两天，寿诞当天的寿宴称为"正寿"，前一天称为"暖寿"。"正寿"必由儿孙操持，"暖寿"则由出嫁的女儿负责。庆寿的规矩可以提前，但不能延后。

临近寿诞，儿孙们就会遍邀亲朋好友。届时，贺寿的亲友们都携带寿礼登门道贺。所有的礼物都要盖上红纸剪成的"寿"字。在寿礼中，不可缺的是一种麦粉做成的桃形馒头，俗称"寿桃"。如果是小康之家，这天客人还会送寿联、寿轴表示庆贺。寿联一般写些"寿比南山，福如东海"之类的寿庆吉祥语，寿轴多为"松鹤图""福禄寿三星图""百寿图"等。庆寿人家的布置也十分讲究。从暖寿这天开始，厅堂内张灯结彩，正中要挂寿星图，点大蜡烛。正寿这一天，老人身穿崭新的衣裳，坐在大厅内接受子孙、宾客的祝贺。主人置办酒席宴请宾客，还会把寿面、寿馒头分给街坊邻居。若是大户人家，这一天还要请戏班来唱戏，表演内容十分丰富，有平调、花调、莲花落、隔壁戏。据地方志记载若是百岁老人做寿，不仅全家要欢天喜地地庆贺一番，连政府也要送上匾额，极其隆重。①

欢庆、吉祥的庆寿戏便是发生在这样的民俗场景中，带着浓厚的生活气息，其中的一些道具更是投射出民间"寿"思想的理念。

其中"蟠桃"必不可少，在《八仙大庆寿》的唱词中，仙人就是通过献蟠桃表达庆贺、赐福之意。"蟠桃"又称仙桃、王母桃，民

___

① 参见浙江民俗学会编《浙江风俗简志》，浙江人民出版社 1986 年版，第 249 页。

间俗信以为吃了可以使人延年益寿、长命百岁。这个说法久已有之，《山海经·西山经》中记载："（不周山）爰有嘉果，其实如桃，其叶如枣，黄华而赤柎，食之不劳。"①《神异经》又记载："东北有树焉，高五十丈，其叶长八尺，广四五尺，名曰桃。其子径三尺二寸，小狭核，食之令人知寿。"② 后来，蟠桃这种美好的想象物经过文学艺术家的再创造在民间广为流传，深入人心。比如，《西游记》中，天界土地向孙悟空禀报蟠桃园桃树数量时说："有三千六百株。前面一千二百株，花微果小，三千年一熟，人吃了成仙得道，体健身轻。中间一千二百株，层花甘实，六千年一熟，人吃了霞举飞升，长生不老。后面一千二百株，紫纹缃核，九千年一熟，人吃了与天地齐寿，日月同庚。"③ 小说随后出现的王母寿诞时以蟠桃宴大宴群仙的场景，更是坐实了蟠桃无上圣物的地位，也赋予了它承载寿之意的想象空间。

与蟠桃有关的还有一个广为人知的传说故事，就是东方朔偷桃，这也成了人们贺寿戏中经常出现的主题。东方朔，姓东方名朔，字曼倩，平原厌次（今山东陵县）人，为汉武帝时侍臣，《史记》《汉书》中有许多关于他的记载。东方朔滑稽幽默多智，敢于向汉武帝进谏。从两汉时期开始，民间就开始流传着东方朔的故事，而随后附会到他身上的各种奇言怪说，使东方朔的人物形象更多了几分传奇性与神秘性。

东方朔偷桃的传说与王母献仙桃有关。《博物志》卷八记载了

---

① 《山海经·西山经》，华夏出版社 2005 年版，第 32 页。
② （汉）东方朔：《神异经·东北荒经》，上海古籍出版社编《汉魏六朝笔记小说大观》，上海古籍出版社 1999 年版，第 57 页。
③ （明）吴承恩：《西游记·乱蟠桃大圣偷丹反天宫诸神捉怪》第五回，《李卓吾批评本西游记上》，岳麓书社 2006 年版，第 35 页。

这个故事：

> 汉武帝好仙道，祭祀名山大泽以求神仙之道。时西王母遣使乘白鹿告帝当来，乃供帐九华殿以待之。七月七日夜漏七刻，王母乘紫云车而至……帝东面西向，王母索七桃，大如弹丸，以五枚与帝，母食二枚。帝食桃辄以核著膝前，母曰："取此核将何为？"帝曰："此桃甘美，欲种之。"母笑曰："此桃三千年一生实。"……时东方朔窃从殿南厢朱鸟牖中窥母，母顾之，谓帝曰："此窥牖小儿，尝三来盗吾此桃。"①

东方朔就因为偷吃了三次蟠桃，活到了一万多岁的传说而被奉为寿星。在后世帝王寿辰及民间寿诞时，常常以"东方朔偷桃"作为贺寿和祈求长寿的吉祥图案。

寿的观念源自一种广泛的美好期盼，带有明显的吉祥心理意识，也是庆寿剧产生最根本的原因。在庆寿剧中，还混合了家庭和睦、财源广进、子孙学业有成等朴素的生活理想，这种求吉心理也使神仙观念、神仙形象呈现明显的世俗化倾向。

而这正体现了民众无与伦比的生活智慧与艺术创造力。神仙，以其远离尘世的高远，让世人赋予了它诸多美好的想象与愿望。但他实际承载的则是人们对理想生活的期盼，而神仙由人做的观念又使得这种期盼有了可以企及的微妙变化。从生而为神的西王母、到出身草根的八仙，以及确有其人的东方朔，一步步把神仙引入人间，引入我们的生活场景中。从羡慕神仙到神仙贺寿，在这里，人和神的界限开始模糊，让人对生活可以有更多的憧憬与想象。

---

① （西晋）张华编撰：《博物志·史补》卷八，上海古籍出版社编《汉魏六朝笔记小说大观》，上海古籍出版社1999年版，第220页。

第三节 鬼灵观念的展演

绍兴为古越地，越族先民是百越族的一支，在长期的历史发展中形成了自己独特的文化个性，其中信鬼神，好淫祀的社会风气表现得尤为突出。反映到民间表演上来，就表现为鬼戏十分发达，舜王巡会中有群舞"跳无常"，而且颇受当地民众的欢迎。

"跳无常"取材自浙东哑目连，后者又是鬼戏目连戏的一种。目连戏是以目连救母故事为母本发展起来的一个戏剧体系。目连救母的传说来源于《佛说盂兰盆经》，同时还融合了《地藏菩萨本愿经》婆罗门孝女救母的故事。在唐变文中，就已经出现了较为完全的目连救母故事。北宋时期又以杂剧的形式在勾栏瓦肆中表演，也是盂兰盆节必演的祀鬼戏。孟元老《东京梦华录》卷八载："七月十五日中元节。……要闹处亦卖果食种生花果之类，及印卖《尊胜目连经》。……自过七夕，便般'目连经救母'杂剧，直至十五日止，观者增倍。"① 其后随着民间艺人的不断诠释、发挥和创造，目连救母衍生出很多变文，逐渐形成了一个庞大的演剧体系。现存的绍兴目连戏有其独特的地域特色，是在祀鬼祓除活动中经常上演的一种平安戏，演给五方恶鬼看，娱乐鬼神，保护一方平安。

提到绍兴鬼戏，当然不能不说当地另一种常见的祀鬼戏剧目——"大戏"，也叫"平安大戏"。至于它与目连戏的区别，鲁迅先生在

---

① （宋）孟元老：《东京梦华录·中元节》卷八，中国商业出版社1982年版，第55页。

《女吊》一文中说得比较清楚:"大戏和目连虽然同是演给神、人、鬼看的戏文,但两者又很不同。不同之点:一在演员,前者是专门的戏子,后者则是临时集合的 Amateur——农民和工人;一在剧本,前者有许多种,后者却好歹总只演一本《目连救母记》。"① 大戏,多为一些传统的正本戏,比如《玉麒麟》《何文秀》等,在具体场次之间又穿插一些目连戏中的鬼灵片段,比如"男吊""女吊""起殇"等。

较之大戏的专业性特征,目连戏的民间性色彩更强。本节将以"跳无常"为代表,探讨其中所蕴含的鬼灵观念与民俗心理。"跳无常"以目连戏情节内容为依托,涉及神、人、鬼,具有浓郁的宗教意味,又以佛教六道轮回、善恶报应为中心,兼具儒家伦理道德观,同时还与古越地绍兴长期以来形成的鬼灵观念结合在一起,表现出深厚的文化传承积淀。

一 情节内容分析

"跳无常"是由太平会表演的群舞,又叫"哑鬼戏",是流行于这一带的一种哑舞剧形式。实际上"哑鬼戏"有台上、台下两种表演方式,台上演戏,台下群舞,台下表演以台上戏为依托。

台上戏选取了浙东目连戏中从阎王发牌到捉拿刘氏这一段情节,从刘氏得病到五方鬼捉拿刘氏结束,共分十九个场次。首场必是观音开台,即韦陀请来观音,开台镇鬼,降吉驱邪,保佑平安。末场也必定是阎王扫台,再次驱除鬼物,保佑地方平安。具体情节从阎王发牌捉拿刘氏开始,继而夜魃、无常前去捉拿刘氏。于是刘氏得病,请医问卜,送夜羹饭驱鬼。然后是夜魃渡河,请无常一同前去捉拿刘氏,称为"前捉

① 《鲁迅全集》第6卷,人民文学出版社1952年版,第638页。

刘氏"。不料无常、夜魃为刘家家仙所阻拦，阎王只好再次召集众鬼，展开"后捉刘氏"的情节。于是，在后半场人们看到形形色色的群鬼陆续登场，从男吊、女吊开始，有文武科场鬼、挑镣枷、斩子起解、饿鬼抢食等，直到大头和尚戏柳翠。各个场景中，众鬼穷形尽显，地府阴森恐怖。最后，阎王发五相鬼，完成后捉刘氏环节，敲纸铜锣、吊孝发丧，全剧结束。全剧演出一般需要演员五六十人，通宵达旦不能停歇，往往从夜半开始，直至东方露出红霞结束。看的人中途不能离场回家，当地俗信以为离开会将鬼魂带回家中，招祸上门。

台下表演就是舜王巡会中太平会的"跳无常"，即选取台上戏一些场景中的角色串成群舞。它名为"跳无常"，其实只是一个统称，角色选择的灵活度很大，从七八人到几十人均可，一般有十五人左右。这些人物多来自哑鬼戏中《跳无常》《送夜头》《夜魃渡河》《吊孝出丧》等几个场景，角色有活无常、阿领、无常嫂嫂、阿招、夜魃头、大少爷、刘氏及各种小鬼等，表演中人鬼同舞，十分有趣。表演时没有唱词，主要通过表演者的表情、动作、手势等表演情节来表现人物特征。

"跳无常"的表演具有很强的祭祀仪式色彩，与当地一些驱鬼习俗甚至宗教法事有着密切的关系，有时甚至是直接搬演。其中《送夜头》一场说的就是刘家流年不利，于是派了家人阿招端着摆满酒菜、锡箔纸钱的笤筛，送"夜头"请鬼吃的故事。巡会中经常表演的就是送夜头饭的家人斟酒，大小无常争酒喝的情形。送夜头，又称送夜羹饭，本是绍兴一带驱鬼的风俗，这个习俗与佛教"放焰口"的祭祀仪式有关。"戏中'施食'、'目连挂灯'等套数排场，完全可以视为'放焰口'、'水陆法会'等佛教法事的'舞台化'。"[①]

---

① 徐斯年：《绍兴目连戏散论》，《绍兴文理学院学报》2005年第3期。

　　"放焰口"本是佛教法事，经过道教的推波助澜，逐渐成为民间一种超度、祀鬼的祭祀仪式。据《佛说救拔焰口饿鬼陀罗尼经》记载，释迦牟尼的大弟子阿难尊者独居林中修禅定的时候遇到饿鬼道中的鬼王，名叫"焰口"。鬼王告诉阿难尊者，三天后，他也会堕入饿鬼道。阿难尊者大惊，连忙向释迦牟尼求救，佛祖为他口授焰口经和施食之法，让他施食与饿鬼与诸神，从而保佑他延年益寿，福寿齐天。后来就变成了民间普遍的驱鬼仪式。每到盂兰盆节，绍兴民间都要在各村村口搭台设祭，向孤魂野鬼施食，要他们安分守己，不要危害人间。久而久之，向恶鬼施食、祭路头便不再限于中元节，凡是家中不顺或者有人生病，主人就会请巫婆验看。若是看出家中有恶鬼，就要"送夜头"驱鬼了。主人家准备好香烛，一个畚箕，摆上酒菜、米饭和锡箔纸，趁半夜三更时，请人送到村口。送夜头的人一边走，一边念着"要吃要拿跟我来"。到了村口，放下畚箕，点燃香烛拜两拜，一边又念道"吃了拿了，好回你家去了"。然后，烧纸钱，完成整个仪式。

　　这一类情节内容的设置，强化了表演驱鬼的仪式功能，剧中的角色也由此沾染上了驱逐被除的神秘力量。当地俗信以为，这些角色蕴含着吉祥的力量，能够为自己带来好运。这种重鬼神的心理与越地长期以来形成的重鬼信巫之风一脉相承，在民众心中根深蒂固。

二　越地鬼灵俗信

　　越人重鬼信巫由来已久，近代王国维在《宋元戏曲考》中很清晰地描述道："周礼既废，巫风大兴，楚越之间其风尤盛。"① 再往上追

---

① 王国维：《王国维戏曲论文集》，中国戏剧出版社 1984 年版，第 4 页。

寻，《吕氏春秋》卷一《异宝篇》说："荆人畏鬼，而越人信禨。"《淮南子》卷一八《人间训》说："荆人鬼，越人禨。"而"禨"字据《说文解字》释为："禨，鬼俗也，从鬼几声。"这种信鬼的风气不仅弥漫于民间，而且还影响统治阶层。《越绝书》卷一二记载，越王勾践向文种讨教攻打吴国的策略，文种提出了九条措施，第一条就是"尊天地、事鬼神"。可见当时，越国国君和大臣都相信鬼神的存在，并认为敬鬼、事鬼有利于国家的安定，国力强盛。

在统治阶级的鼓吹下，越国信鬼尚鬼的风气更加浓厚，形成了一个专门的巫觋阶层。《越绝书·越绝外传记地传》中也有记载："巫里，勾践所徙巫为一里，去县二十五里。其亭祠今为和公群社稷墟。巫山者，越魅神巫之官也，死葬其上。去县十三里许。①"可见，当时巫觋在越国的地位非常高，不仅有专门的住所，死后还有专门的葬巫之山。同书又说："江东中葬者，越神巫无杜子孙也。死，勾践于中江而葬之。巫神，欲使覆祸吴人船，去县三十里。②"勾践甚至认为神巫的子孙死后仍然有法力，可以颠覆吴军的战船。

越巫的名声之大一直延续到汉魏六朝。《史记·孝武本纪》中记载了一件汉武帝重用越巫的事：

　　是时既灭南越，越人勇之乃言"越人俗信鬼，而其祠皆见鬼，数有效。昔东瓯王敬鬼，寿至百六十岁。后世谩怠，故衰耗"。乃令越巫立越祝祠，安台无坛，亦祠天神上帝百鬼，而以鸡卜。上信之，越祠鸡卜始用焉。③

---

① （汉）袁康、吴平辑录：《越绝书全译·越绝外传记地传》卷八，俞纪东译注，贵州人民出版社 1996 年版，第 186 页。
② 同上。
③ （汉）司马迁：《史记》，中州古籍出版社 1994 年版，第 104 页。

汉代应劭在《风俗通义》中也说："会稽俗多淫祀，好卜筮，民一以牛祭，巫祝赋敛受谢，民畏其口，惧被祟，不敢拒逆，是以财尽于鬼神，产匮于祭祀。"① 在应劭看来，越地巫风之盛，已经严重危害到了民生，"淫祀"过于严重。明代，大学者方孝孺在《逊志斋集》中记载了一则他游历杭州一带时，依据旅途中客人讲述而成的寓言《越巫》。说的是越巫驱鬼骗财最终却被"鬼"吓得胆裂而死的故事，借以表达讽刺之意。由此也可以看出，这一带越巫遗风即便到了明代仍有存在。

三 灵魂不灭与轮回观念

越地上下重鬼敬鬼的心理又与古老的灵魂不灭观念一脉相承。关于灵魂产生的问题，英国人类学家爱德华·泰勒在《人类学：人及其文化研究》一书中有过一番解释，他认为野蛮人对死亡感到吃惊，他们无法解释真正的死亡与昏睡之间的区别。同时，梦境、倒影、气息、思想等都让他们无从解释。于是其自然的解释就是出了我们的身体之外，还存在另一个"怪影"，也就是"灵魂"。"灵魂并不与肉体一起死亡，它在肉体弃世之后仍然继续活着。"② 灵魂观念的出现标志着人类对自身思考的开始，但是他们无法解释除了肉体之外，还有思维和感觉的现象，于是对他们来说，思维和感觉不是身体的一部分，而是另一种特殊的东西。他住在人的身体内，但是却可以在梦境、昏睡甚至死亡后离开身体，到处活动。"从这个时候起，

---

① （汉）应劭：《风俗通义·怪神第九》，吴树平校译，天津人民出版社1980年版，第339页。

② ［英］爱德华·泰勒：《人类学：人及其文化研究》，连树声译，广西师范大学出版社2004年版，第321页。

人们就不得不思索到这个灵魂对外界的关系。既然灵魂在人死之时就跟肉体分开而继续活动，那么便没有丝毫理由去设想灵魂另外还有什么死亡了。"①

在我国的传统文化中，鬼与人分属于阴阳两界，但这两界又并非完全隔绝，时有交叉而形成可沟通的空间。古人本着对生命的执着与不舍，一方面求助于长生不死的神仙；另一方面寄希望于肉体死后精神的不灭。《礼记·祭法》说："大凡生于天地之间者皆曰命。万物死曰折，人死曰鬼。"②《说文解字》也说："人所归为鬼。"人死后就变成鬼了，进入所谓阴间管理的世界。古人认为人由魂魄组成，所谓神魂形魄，魄赋予人肉体，魂则代表人的思维和精神，魂魄是可以分离的，人死后"魂气归于天，形魄归于地"③，又回到天地之间，所以称人死为"归"。道家经典《云笈七签》卷五四"魂神部"称人有三魂七魄，三魂是胎光、爽灵、幽精，又称天魂、地魂、人魂；七魄是尸狗、伏矢、雀阴、吞贼、非毒、除秽、臭肺，也称为天冲，灵慧，气，力，中枢，精，英。又有说三魂生存于人的精神中，人身去世后，天魂归天路，地魂归地府，人魂则徘徊于墓地间，到下一次投胎时，三魂重新聚集在一起。这种观念还逐渐演化出赏善罚恶的阎罗地狱审判之说，为人间的不平寻找出一个精神上的平衡途径。

但是在民间魂魄并没有分得那么清楚，往往统一称为"魂"，离体之魂就是鬼了。鬼有神秘的力量，它可以帮助人们，也会加害人们。而且鬼也有能力大小，可以将福祸带给个人、家族乃至国家，影

---

① ［德］恩格斯：《路德维希·费尔巴哈与德国古典哲学的终结》，人民出版社 1997 年版，第 15 页。

② 《礼记·祭法》第二十三，陈戍国点校《周礼·仪礼·礼记》，岳麓书社 1988 年版，第 441 页。

③ 《礼记·郊特牲》第十一，陈戍国点校《周礼·仪礼·礼记》，岳麓书社 1988 年版，第 367 页。

响从持续一段时间直至改变命运不等。因此，民众便创造出许多对鬼灵的祭祀活动。

在人们心目中，鬼有善恶之分，似乎是人世间品行的直接投射。善鬼经过修炼可以上升为神仙，家族中的祖先就是典型的善鬼。绍兴一带每到腊月廿四到廿八之间都要举行祝福仪式，祝福是请祚福之神，答谢神明保佑并祈求来年五谷丰登、六畜兴旺。祝福之后就是隆重的祭祖仪式，俗称"请回堂羹饭"。要准备三牲、五牲福礼，仪式与祭神相似。祖先因为与自己有血缘关系，因此他们的灵魂会保佑全家永享太平。恶鬼则专门与人作对，会给人们带来灾祸和不幸。绍兴有句骂人的土话"五殇恶鬼"，"五殇"是指那些横死者（正常死亡）变的鬼，诸如吊死、溺死、跌死、打死、火伤、虎伤、产伤等。这种类型的鬼因为怨气郁结于心中，经常要对阳世间的人进行报复，捉活人到阴间替自己受罪，那样它们就可以转世投胎做人了，这在当地被称为"讨替代"。当人受到莫名的惊吓或是遇到一些神秘而不可解释的坏事时，大家便常常会以为是招惹了这类鬼，需要通过专门的仪式来祛除它或是超度它。目连戏正是这样一种消灾避邪祈安的"太平戏"，在绍兴地区广为流传。

"跳无常"中既有阎王、无常、夜魃、小无常这种审判者、管理者，也有普通的各种鬼怪。在全本目连戏中，这些鬼怪背后都有一个个故事，叙述其来历，他们或因前世作恶而死后备受痛苦，或奉命向恶人索命。目连戏通过一个个鲜活的形象及具体的故事向民众展示了佛教六道轮回、善恶因果报应的教义，并劝导人们一心向善，遵循传统的伦理道德和社会秩序。

根据佛教的说法，众生除了大阿罗汉、菩萨、佛以外，世间众生无不处于六道轮回之中，去而复转，有如车轮旋转，周而复始，无休无止。六道就是众生轮回之途，可分为三善道和三恶道。天、人、阿修罗为三善道，畜生、恶鬼、地狱为三恶道。人在现世的所作所为，被称为"业"，它决定众生轮转的方向。业有善、恶、不记之分，以造作的善恶为业因，而后招致相应的善恶报应为业果。依众生的无明之心在生生死死中造作诸业，而后善有善报，恶有恶报，得了善恶业果报应的众生又在新的生命中造作新的"业"，招致新的"业果"。如此这般，一切未解脱的生命体就在天、人、阿修罗、畜生、饿鬼、地狱六道中辗转往复，不停地轮回。这种轮回观念在民间十分盛行，对民众的生活思想产生了巨大的影响。神、人、鬼三界被紧密地结合起来，能够给人很强的心理暗示，直接影响人们在实际生活中的行为。

热热闹闹的演出、大戏、群舞，便是用直观的形式将善恶、报应、轮回这样一些教义、观念与思想潜移默化地植入人们心底。"宗教虽然有一套抽象的概念体系，但其对象又是确定的概念所不易把握的，同时它需要用直观可感的形象把其对象或其对象的象征物呈现在群众跟前，用幻想和情感去拨动群众的心弦。"① 在剧中，人们看到刘氏背佛杀生、放纵欲望而被阎王拘捕，打入十八层地狱。阴曹地府中陈列的林立刑具与阴森恐怖的气氛让人心惊。目连一心向善，历经磨难最终获得菩萨的帮助，救出母亲，升入佛国仙界，终得圆满结果。"当艺术作品为表达某些宗教观念服务的时候，它的这种作用会比神学著作更加有力和广泛得多。"② 正是这些直观可感的形象，将报应、轮回观念悄然注入人们的心中，并与现实的生活诉求、长期以来的鬼灵观念混同起来，形成了独特的民间信仰心理意识。

---

① 吕大吉：《宗教学通论》，中国社会科学出版社 1989 年版，第 706 页。
② 同上书，第 708 页。

四 鬼灵观念的艺术化显现

如上文所述，"跳无常"所表现的鬼灵观念并不是单纯的恐惧或者讨好，而有多种观念意识的层层包裹，其中显示出民众对自身存在的强烈关注与不断调适的自主精神。这一点在舞蹈中通过鬼灵形象的设置、舞蹈场景的设计、舞蹈动作的编演及装扮等手段得以艺术化的显示，而这也正是舞蹈最具魅力的地方。

（一）鬼灵形象的世俗化

鬼怪原本充满了阴森之气，令人心生恐怖，但在表演中，人们却将人情世故植入故事中，将普通人的形象、情感、意识加到他们的身上，令鬼从可憎可怖变得可亲可玩。活无常就是人们最喜爱的一个鬼灵形象之一。

活无常本是阴曹地府阎王手下专门拘人灵魂的恶鬼，但在表演中，人们最喜爱的莫过于他了，因为着一身白衣，所以又叫作白无常。周作人写过一首儿童歌谣叫作《活无常》："目连大戏看连声，扮出强梁有五伤。小鬼鬼王都看厌，赏心只有活无常。"[1] "人民之于鬼物，惟独与他最为稔熟，也最为亲密。"[2] 活无常是当地民众最喜闻乐见的鬼灵形象，在他身上体现了不少世俗的气息与生活的趣味。在当地，活无常又称"白神"，太平会也叫"白神会"，将鬼称为神，大家对他的感情可见一斑。

关于活无常的形象，鲁迅先生曾有过相当生动的描写，与会货的

---

① 周作人：《儿童杂事诗笺注》，岳麓书社 2004 年，第 276 页。
② 鲁迅：《无常》，《鲁迅散文全编》，浙江文艺出版社 1991 年版，第 99 页。

实际情形大体不差。活无常"身上穿的是斩衰凶服，腰间束的是草绳，脚穿草鞋，项挂纸锭；手上是破芭蕉扇，铁索，算盘；肩膀是耸起的，头发却披下来；眉眼的外梢都向下，像一个'八'字。头上一顶长方帽，下大顶小，按比例一算，该有二尺来高罢；在正面，就是遗老遗少们所戴瓜皮小帽的缀一粒珠子或一块宝石的地方，直写着四个字道'一见有喜'。"① 活无常出场的时候，总是先拿破扇子遮着脸，然后缓缓放下，同时双腿一弯，屁股一撅，连放三个响屁，连打三个喷嚏。行走时迈着特有的八字步，一手叉开，一手用扇子到处拍打。动作粗犷，看似十分缓慢笨拙、随意，一般只要跟着音乐的节拍就可以了，具有很强的原生态气息。

在民众观念中，活无常是一个敢讲真话，颇有性情的形象。阎王曾经派他去勾堂房阿侄的命，哪知他怜惜嫂嫂悲戚，放了侄子还阳三刻，却因此触犯了天规，受了阎王五十大板，到头来只能埋怨自个儿自讨苦吃。从此以后，皇亲国戚、六亲不认，"无论贵贱，无论贫富，其时都是'一双空手见阎王'，有冤的得伸，有罪的得罚"②。

对这样一个"鬼而人、理而情，可怖而可爱的无常"③，民众自然要给他配个对。正如鲁迅先生所评价的那样，"凡'下等人'，都有一种通病：常喜欢以己之所欲，施之于人。虽是对于鬼神也不肯给他孤寂，凡有鬼神，大概总要给他们一对一对地配起来"④。民众一方面对鬼神顶礼膜拜，另一方面又总自以为是地安排着神鬼的世界，于是，人们很认真地给活无常找来一个花枝招展的无常嫂嫂，并带了一个儿子，叫阿领，当地土话中把妇女再嫁时与前夫所生的

---

① 鲁迅：《无常》，《鲁迅散文全编》，浙江文艺出版社1991年版，第99页。
② 同上书，第102页。
③ 同上书，第105页。
④ 同上。

孩子称为"阿领"，阿领并非无常亲生，但他的长相和装扮却是活脱脱的一个无常少爷，戴着小高帽，穿着小白衣，两肩高耸，眉目外梢向下。表演时，迈着独特的娃娃步，蹦蹦跳跳，显得活泼可爱。

另外"夜魈头"的形象也十分憨厚可笑，头戴扇形的蓬头，身穿灰白的褶裙，两条八字眉，眼鼻口处用白粉涂成蝴蝶形状，两腮有两大块红色胭脂，好像一个傻村姑。他做事冒冒失失、糊里糊涂又丢三落四，奉无常的命令去送牌票，却在路上被石头绊了个四脚朝天。到了河边，好不容易自己划渡船到对岸却发现忘带伞了，只好回头再去拿伞，拿了伞，又不小心弄断了缆绳，只好用伞当桨，终于到了对岸。这些情节在巡会会货中都凭借表演者栩栩如生的动作得以鲜活地展示出来。夜魈头仿佛是我们身边的寻常人，整天跑东跑西、忙忙碌碌，却粗枝大叶，满是世俗的人性特征。

宗教信仰中的鬼怪让人无比敬畏，他们可以改变日月星辰、人世命运，让人上天堂或是下地狱，人们不敢随意靠近，只能小心翼翼地安抚、取悦，必要时恐吓一下。愉悦鬼神、让五殇恶鬼舒解怨气，保一方平安，正是扮演目连戏的主要目的。但在表演的时候却轻松得多，特别在巡会中，但凡有人掏钱喝一声"跳个无常"，便会腾出空地，欢欢快快地舞起来。在一派嘉年华式的欢快中，哪里还会有什么教书先生的架子，开心、热闹才是最重要的。鬼怪与民众打成一片，他们宣泄着同常人一样的喜怒哀乐、七情六欲及烦恼，这时他们的本领并不比人高明多少，甚至还展露出很多常人具有的缺点。民众按照自身形象设计了可亲可畏的鬼灵人格。在展现鬼怪形象的世俗性的同时，用各种滑稽逗趣的场景达成了取悦鬼神、娱乐世人的目的。

（二）滑稽场景的设计

"跳无常"本身并不着意于故事情节的展现，而是将角色从情节中拉出来，用鲜明的形象直观地唤起人们对角色符号内涵的认同。在欢快的鼓点中，用角色的动作、情态表演，再现一些充满戏谑的场景，营造逗乐、有趣的氛围。而这些滑稽场景的设置直接来源于穿插在目连戏中的大量滑稽小戏。

大量滑稽片段的穿插是目连戏表演的一大特征，也是极为普遍的现象。与郑之珍《目连救母劝善戏文》相比，各地目连戏扮演中都加入很多滑稽的部分。比如，傅相祝寿一段中就加了哑背疯一段；刘氏焚庙一场加了叠罗汉、舞龙、窜刀几个杂技表演；刘氏一死，又跳了一场无常。这些场景、片段插科打诨、因情敷衍，往往与正剧的故事情节并没有太大关系，有的甚至打断剧情的正常发展，显得非常突兀，但是依然很受民众欢迎，虽有喧宾夺主之嫌，但乐在众生欢腾。

"跳无常"中家人阿招端着砻筛不停上下挥舞，无常便把头伸过去，跟着转动，拼命想抢食吃。这个动作来自《送夜头》一段，表露出无常与阿招抢夜羹饭吃的滑稽场面。无常与阿招抢着咬面条，又和阿领抢酒喝。阿招倒酒，活无常用杯接酒喝，阿领张大嘴在下边接漏酒喝。为了偷吃别人的夜羹饭，无常甚至使用"鬼打墙"的法术，将阿招困在一垛无形的墙内。演员的一个转身、一个跳跃都生动地展现了一个个荒诞的场面，以此来达到滑稽逗趣的效果。在浓浓的人情味中，人与鬼互相调笑打趣，鬼与鬼之间也不断上演着闹剧。

表演中，无常还不时地将手中的铁索抛给夜魃头，这个动作来自《前捉刘氏》中无常与夜魃头欲捉刘氏却为家仙所阻的一段场景。堂堂鬼怪却连一个普通的妇女也对付不了，反而受到戏弄。无常扔出铁索去套刘氏，却被家仙套在了夜魁头的脖子上，待无常背着夜魁头跑到门口一看，才发现套错了，两个鬼互相埋怨不已。

"跳无常"除了通过调侃鬼怪取笑逗乐外，其中也有不少场景是对道德规范的嘲弄和颠覆。大少爷是舞队中常见的角色，表演中他与无常嫂嫂挤眉弄眼、互相调情，大少爷究竟为何与无常嫂嫂眉来眼去，原因很难追究，但这个动作的设计却事出有因。在哑目连中有《吊孝出丧》一场，灵堂本是个庄重肃穆、讲究礼仪进制的地方，但戏中的大少爷却在一旁与人调情嬉闹，与丧礼的悲泣气氛格格不入。大少爷戴着金丝眼镜，身穿蓝色长袍，头戴黑色礼帽，手里拿着一把大折扇，摇来摇去，一派典型的公子哥形象。

如果我们把哑鬼戏的十九场戏联系起来看，就会发现这一类伤风败俗、有违道德教化的场景比比皆是。比如，《哑背疯》一段说的是傅相做寿，施舍救济穷人，来了一对夫妻，丈夫是哑巴，妻子下肢瘫痪，丈夫便背着妻子来到傅相家中请求帮助。可是却受到家丁的为难，在家丁的要挟下，两人不得不亲嘴。傅相施舍，来了各种各样的残疾人，瘸子、癫子、瞎子、疯子、瘫子等，他们形体丑陋，却极其夸张地表现自己的残疾和病态，引起观看者的阵阵笑声。人体连同人性中的一些缺陷，诸如贪婪、放荡、自私、怯懦都通过滑稽丑角的表演被放大出来，丑陋的场面却让民众感到畅快淋漓。

那么该如何评价这一类滑稽情节呢？张紫晨先生在《中国民间小戏》一书中将民间小戏的喜剧分为生活喜剧、抒情喜剧和讽刺喜剧三类。生活喜剧和抒情喜剧都"选取生活中的横断面，以简短的生活活动场景，表达一种欢乐的气氛和生活情趣"①，较之前两种喜剧，讽刺

---

① 张紫晨：《中国民间小戏》，浙江教育出版社 1995 年版，第 78 页。

类喜剧具有更强的批判力，"人们把在现实中观察和感受得来的落后、腐朽、可鄙可笑的事物，作为主要矛盾方面，使之构成笑料，使人在笑声中接受剧中的思想主题，从而否定或批判这些事物"①。讽刺类滑稽场面的确能够从反面达到强化主题的作用，但是这并不足以解释在跳无常中那些脱胎于目连戏情节而独立存在的舞剧表演。在艺术的语言中，他们只能算是只言片语，并不能充分担负起民众自我教化的责任，更何况在巡会的一片狂热中，民众似乎并没有那么高的道德敏感性。讽刺、道德强化的意味固然有，但根本的存在理由就是受到民众的喜爱和欢迎，让人觉得痛快和有趣。

目连戏编写的本义是通过鬼神故事宣扬轮回报应的观点，要求人们克己复礼、遵循既有的社会道德规范，积善行德，死后能够升入仙界，具有很强的道德教化观念。这是主流社会意识的目的，可以视为社会的"常态"观念，但在表演中还存在民间的"非常态"意识状态，即现存社会秩序、道德规范允许或者无法触及的灰色地带，宣泄一种集体的颠覆性情绪。对鬼怪的调侃、对道德伦理制度的嘲弄、对种种丑态的夸张嘲笑，是现实世界在虚构的艺术情境中颠倒和错乱的再现。在咚咚呛、咚咚呛的鼓点中，在无常上下翻动的破扇子中，鬼神可亲而非可怖，这是对现实约束的躲闪，是对日常生活情绪、行为约束的群体性逃脱。其颠覆性的快感让观者感到兴奋，亦即是学者们所认为的庙会的"狂欢"精神——一种无我的自然亢奋状态。

虽然在虚拟的艺术世界中，人们以自身的生存环境为尺度，重新创造了一个神、人、鬼的世界，但这种对原定外部世界示威性的颠覆在很大程度上只是即兴而发的一种观念及现象，它最终起到的作用与

---

① 张紫晨:《中国民间小戏》，浙江教育出版社 1995 年版，第 81 页。

主流社会意识正面的道德教化是一致的。不同的是，教化是"导"，是灌输；嘲讽是"疏"，是在合理的范围内使郁结的不良情绪得以宣泄抒发，进而达到维系和谐、控制社会生活秩序的目的。

至此，我们对"跳无常"这类脱胎于鬼戏的舞剧表演便有了更加深入的认识和理解。它以绍兴一带渊源悠久的鬼灵观念为基础，借塑造鬼怪形象为途径，将道德、宗教的义理蕴含其中，既具有祭祀祓除的民间信仰仪式作用，又是一部道德的教化剧。而其中最精彩的部分莫过于一个个独特的滑稽场景，这也使我们不得不折服于民众发乎自然的艺术创造力和生活智慧。

第四节　生活理想与世俗情绪的展现

虞舜信仰与会稽山区的自然丰富有着密切的联系，其祭祀活动中也孕育着诸多艺术表演意象原型。这些意象原型是民众将众多自然形象、社会生活事象、情感经验等加以提炼、积累而形成的文化符号，其中蕴含着当地民众共同的生活观念与情感意识。

会货表演是当地民众自发性的艺术活动，撷取了大量的意象原型，并加以艺术化的处理与表达。但表演同时也潜移默化地受到这些文化符号的引导与制约，从而更加符合地域民众的审美习惯。

一　鸟兽花草与民间俗信

在舞队中，我们可以看到龙、狮、虎、牡丹、梅花等常见的灵兽花卉形象，它们或成为舞蹈的道具，或以机关布景出现，或是作为装饰被雕刻或绣在道具、兵器上，表达了祀神避邪的吉祥寓意。而且，除了常见的吉祥含义之外，这一带的民众还赋予他们独特的地域文化特征。

龙舞队中最常见的就是龙会，龙分为大中小三档，大龙二十一档，需要二十一人舞，中龙十八至十九档，由十八九人舞动，小龙一般是十七档，十七人舞。龙一般是白底，根据鳞片颜色的不同可分为红、灰、黑、黄、白、青六种，其中以白龙数量最多。还有一种黄底黑鳞或者黄底红鳞的，称为花龙。

人们对龙的信仰与祈雨是分不开的。旧时民众靠天吃饭，自然特别希望风调雨顺，对司雨的龙就格外恭敬。在当地的传说中龙是由青蛇变的。传说王母娘娘寿诞，玉皇大帝允许凡间动物上天贺寿。青蛇便借了鲤鱼的脊鳞、牛的头、马的鬃、狗的牙、鸡的脚、鹿的角、狮的鼻子和鲐鲐的尾巴来装扮自己。上了天庭正好遇到打雷，便谎报"隆"为自己的姓名，刚刚睡醒的太白金星误听为"龙"字。后来，青蛇害怕别的动物向它讨还所借之物，就赖在天上不肯下来了。至今当地还有人叫龙为"大龙"，蛇为"小龙"。①

蛇信仰在会稽山所处的吴越之地由来已久。许慎在《说文解字·虫部》中直指越族人为蛇的后代："东南越，蛇种。"《吴越春秋》卷四《阖闾内传》载：阖闾"欲东并大越，越在东南，故立蛇门以制敌国。吴在辰，其位龙也，故小城南门上反羽为两鲵鳞以象龙角。越在巳地，其位蛇也，故南大门上有木蛇，北向首内，示越属于吴也"②。苏州有蛇门，为春秋时古城八门之一，位于苏州南园桥西。当时门上

---

① 参见李永鑫主编《绍兴市非物质文化遗产读本》，西泠印社出版社 2009 年版，第258 页。

② （汉）赵晔：《吴越春秋全译·阖闾内传》卷四，张觉校译，贵州人民出版社 1993年版，第 96 页。

悬挂一条木蛇，头朝越国方向，故名蛇门。《吴越春秋》卷七《勾践入臣外传》载，吴王"于是遂赦越王归国，送于蛇门之外"。宋代朱长文《吴郡图经续记》卷上又说"蛇门者，为其于十二位在巳也。又云：以越在巳地为木，蛇北向示越属吴也。"由此可见，蛇已经成为越人的象征和标志了，吴国可以确定蛇头的方向来实现对越国的控制。

从自然环境看，吴越地区多为水乡泽国，山岭茂盛，气候温湿，十分适合蛇的生长。在灵异故事多发的古代，崇拜它、祈求它的保护，并以之为神灵。崇蛇的遗风至今仍然保留在人们的日常生活中。蛇被视为宅神，若是家里见了蛇，不能打，要"好言相劝"，让它离开。它不但看家护院，还可以保佑商家生意兴隆。旧时，绍兴一带商家每逢初一、十五要祭祀五圣菩萨，所谓的五圣菩萨就是蛇。

龙舞是巡会中非常重要的表演项目，各个村子都欢迎龙会到自己家门口来表演，以为舞龙会给他们带来一方平安，五谷丰登，而布龙的制作过程充满人们对龙的敬仰情感。旧时制作龙的竹子是偷来的，制作者趁着天黑偷偷跑到竹林里砍竹，并在竹根旁放一个利市红包，点燃爆竹之后才大摇大摆地扛着竹子下山。而主人家不但不怪，反以之为喜。龙头制作的工艺很复杂，做好后要先用红绸布把龙眼包起来，选定良辰吉日，祭过神灵后再把红绸布揭下来，称为"开龙眼"。龙眼开了，大家还要聚餐，并设鼓乐吹打庆贺，谓之"养龙"。舞龙时，讲究腰要稳、步子要扎实，龙头不能碰破，龙身不能落地，即便休息也必须把龙身支撑起来，靠在墙上。

虎也是当地的祥瑞动物。这一带民众对虎有深厚的感情，巡会中老虎旗必不可少，一面巨型的、精心制作的老虎旗足以代表对舜王的虔诚，历来受到人们的重视。据说新中国成立前夕裘家村的老虎旗常常打头，红底金色的老虎有两丈多宽、一丈多高。绍兴民间一直把老虎当作神兽，借老虎的凶猛、威武来寄托镇宅驱邪、保佑平安的愿望。在传统的绍兴民居建筑台门的门斗上，人们往往会在正中嵌一块虎头牌，上面刻着"姜太公神位在此，百邪回避"[1]。老虎花纹斑斓，额头纹路恰似一个"王"字，于是在当地许多习俗中都要突出"虎头王"。比如，端午节要用雄黄酒在孩子额头画"王"字，要把加雄黄的老虎香袋挂在孩子胸前，寓意虎虎生威。若是一家有了新生儿，外婆家都会送上虎头鞋、虎头帽、虎头枕等，祈佑子孙平安长大。

虎甚至还是绍兴乌毡帽的祖师爷，旧时绍兴乌毡帽制作坊内都会挂一张老虎像。行内有个传说，说在很久以前当地有个猎户追赶一只受伤的老虎来到它的洞穴，猎人在洞穴内发现了一张软绵绵，形如饼状的东西。原来这是一块羊毛皮，经过老虎身体的长期重压，竟成了一块"羊毛毡"。猎户觉得这块毡又厚又软，还十分轻便暖和，就把它带回了家，做成了一顶帽子，戴在头上冬暖夏凉，十分舒服，人们争相效仿，都用羊毛制成毡帽。后来又把帽子染成了黑色，这样乌毡帽就诞生了。因为第一块制作毡帽的羊毛毡是从虎穴里找到的，老虎便被毡帽行业历代奉为"祖师爷"，老虎画像也成了此地毡帽行业的特殊标志。

巡会中能与龙舞相媲美的就是狮舞了。佛教中狮子是文殊菩萨的坐骑，专事守护之责。绍地民众好狮，大户人家门口、坟坛两旁都要设一对或者大小不等的几对石狮子，用来镇宅与避邪。

除了龙、狮、虎外，象、豹也是表演中常见的猛兽形象，人们正是借助动物的凶猛强悍和力量来表达自己被除灾害、求吉祈福的生活愿望。

---

① 浙江省民间文艺家协会选编：《浙江民俗大观》上，当代中国出版社1998年版，第154页。

此外，牡丹、梅、兰、竹、菊、松柏等也是表演者道具、服饰上常见的装饰图案，这些吉祥图案或寓意生活富贵，或表达品格高尚，或赞颂延年益寿。人们将它们聚在一起，希望堆起丰厚的祝福，祈求下一年的吉祥如意。

二　尚武精神

武术类会货在整个会货表演中十分突出，不仅数量多，而且技艺精湛，表演难度高，深受民众喜爱。这些武术表演正是当地尚武之风的具体表现。

作为越文化的中心地，会稽山区尚武之风由来已久。昔日越王勾践的"胆剑精神"就发生在这一地区。勾践战败受辱，在会稽山卧薪尝胆，经十年而得三千越甲可吞吴。其奋发图强的故事至今仍然在会稽山民众中口耳相传，更被演绎为顽强不屈的"胆剑精神"。《汉书·地理志下》载："吴、越之君皆好勇，故其民至今好用剑，轻死易发。"《越绝书》卷八也说越民："水行而山处，以船为车，以楫为马，往若飘风，去则难从，锐兵任死，越之常性也。"这种淳朴、刚勇、尚武的古越遗风至今仍然流淌在这一带民众的血液中。在舜王巡会路线区域内，不少村落直至新中国成立初期仍然保留了不少民间习武组织，并成为会货表演的重要组成部分。

除了传承先辈精神外，民间习武组织的建立还有保卫家园的实际作用。会稽山区山高林密，旧时经常会有野兽和土匪出没，于是民间习武组织就自然担当起了保护村寨乡邻的责任。当地年轻人也以加入这些武术组织为荣，各个组织都有一套自己的规章制度，自律性很强。

童家岭有罗汉会，据说创建于清康熙年间，当时的会头叫殷太婆。她用九石米从嵊州凡村请来了一位叫斌发的师傅，建起了罗汉会。罗汉会入会要拜师，准备些孝敬师傅的礼物，备下香案，行完三拜九叩的大礼，就算入会了。训练一般在农闲时进行，学习的地点就在村头回龙庙，现在的村礼堂内。中青年学习各种拳、棒、刀、枪、剑、棍、拐、扁镗、铜柱、铳、戟、匕首、流星、盾牌等武艺。学习三年之后，按规定要在伸手不见五指的黑夜里进行考试，拳对拳、兵器对兵器。兵器不开刃，考试时全凭听觉判断对手的位置和招式，通过者就被称为"大罗汉"。当然也有"小罗汉"，这是由家长送来学习各种筋斗的孩子。他们先学"吸壁"，即扶墙手倒立；"倒爬虫"，即倒立；做"桥"，即软腰功等基本功。然后，开始学习"地钟""硬钟""倒挂""金宝""火坛"等十多种筋斗。最后再跟大罗汉一起配合练习。循序渐进，一项不通过就不能进入后项学习。学习的要求很严格，据说单是"擦钟"的筋斗一定要练到能在鼓面上连翻好几个才算合格。新中国成立前有个叫李明校的小罗汉能在一块砖上连续翻二十几个筋斗，至今仍然传为佳话。

这些习武团体在巡会的时候都参加表演，这也直接促成了会货中的罗汉会、镗叉会、拳棒会、铳会、大炮会、大刀会、扁镗会的兴旺。

除了一些常见的阵法之外，各个会还有自己的武功套路，表演时异彩纷呈，十分好看。比如杨宅村的拳棒会，拳法有大港拳、小港拳、金雀拳等。持兵器对打称为"大操"，主要表演项目有双刀破木棍、苗刀破沙船、拉马拉扁、仰天机、独拐、双杆枪对打、牛角枪对打、虎头牌对打等套路。[①] 甚至在"跳无常"中，有时还有五个小鬼表演"戏镗叉"。表演时，小鬼迈八字步，排成梅花阵形，各自戏镗

---

① 参见俞日霞《绍兴虞舜文化研究》，浙江人民出版社 2006 年版，第 127 页。

叉。先将镗叉抛到左手腕上，提起左手臂，滚至左肩，上身使劲后仰，借力将镗叉滚至右肩，右臂下垂，使镗叉继续下滚至右手手掌。接着再从右手手掌到右肩，到左肩，到左手掌。如此循环往复，直到音乐停止。镗叉本是山民用来对付野兽的，几乎家家户户都有，大人小孩都会耍两下，人们自然十分乐意跟鬼怪分享一下。

围绕这些武术组织精湛的武艺，民众中还流传着不少传说故事，比如，童家岭一带有罗汉会李明法大罗汉的故事。故事说的是新中国成立前嵊州有个武功高强的强盗想到童家岭一带抢劫，但是强盗有点儿害怕李明法师傅的本事，就先来探个虚实。他到了童家岭，找到了正在劈竹篾的李师傅，二话不说，抡起斧头当头就劈了下去。李明法师傅只用手中的竹篾刀随手一挡，就把强盗震得虎口出血，从此以后再也不敢到童家岭一带作恶了。[①] 还有一个传说是杨宅拳棒会在诸暨枫桥一带教训当地地痞流氓的英雄事迹。观看表演为这些传说提供了一个再自然不过的触发契机和讲述场景，于是眼前的刀光剑影、拳脚招式与旧时的生活情境联系起来，俨然成为行侠仗义、疾恶如仇、除暴安良等一系列道德正义原则的符号化表现。民间的尚武精神实际上蕴含着民众渴望正义、生活平安的朴素愿望，巡会借菩萨之名，将自己的十八般武艺展现出来，既是为了让菩萨观赏、欢喜，也是表达了民众对自身力量的信心和自豪感。

三　凑热闹的世俗情绪

表演除了满足民众的审美需要以外，最大的作用就是让大家得到一个热闹的机会。当地俗谚说："锣鼓响，脚底痒。"说的是听到迎会

---

① 参见俞日霞《绍兴虞舜文化研究》，浙江人民出版社 2006 年版，第 123 页。

队伍敲锣打鼓的声音，人人都忍不住抛开手中的忙碌想去凑热闹的心情。对会稽山区的民众来说，舜王巡会曾经是当地一件盛事。

旧时会稽山区交通闭塞，各个村落之间较为分散，农民每天日出而作、日落而息，平时很少走亲访友，也没有娱乐活动，许多农民一生的活动范围也不过方圆数十里之内。参加巡会或者赶庙会对他们来说是一次难得的机会，也可趁此机会外出走走，沿途都会有农家招待食宿。久而久之，巡会甚至还形成了这样的规矩，巡会期间凡是看到手拿旗会小旗的人，沿途农家都要热情招待，否则视为对舜王菩萨不敬。姑且对这样一条规定可能会引起的各种问题存而不论，从中我们可以看到的是因舜王巡会而连接起来的村落与地域联合的事实。通过这个活动，平时难得一聚的乡民参与到同一件事中来，在民众为参加巡会提供各种便利，解决一些实际困难的同时，也彰显了独乐乐不如众乐乐的精神，使得巡会真正成为民众自己的节日，而不仅仅是表达信仰与虔诚的单方演出。

在巡会前两天，人们就已经开始准备了。头社派人在各村敲锣打鼓地贴告示；虔诚的老太太们赶到舜王庙里整夜念经，有的甚至还扯了一身蓝布新衣；有会货的村子全村人簇拥着表演队伍，翻山越岭赶往舜王庙。一个个生动有趣的形象、热火朝天的打斗场面、精彩的杂技技巧、宛如仙人班的人物，将那些平日里足不出村、生活环境较为闭塞的乡民带进另一个光怪陆离、目不暇接的世界里，怎能不让人兴奋呢？

这种欢愉、热闹的气氛并不是舜王巡会独有的，几乎是巡会的共同特征。清代希溥《东关赛会竹枝词》记录了当时绍兴五猖会的盛况，他说："近日传闻哄盛会，各村男女尽欢心。三日前头早约船，亲邻搭品各欣然。茶烟伙食头家备，随带身边零用钱。画船衔尾赴东关，先问戏文有几班。会货游人齐麋集，堪称人海与人山。……农村男女几奔空，各自欢心意气同。政学工商各界子，成群结队乐融融。"① 当时正值清末乱世，民间赛会依旧看客如潮，游人如织，引得学者不禁摇头叹息，"如期盛会实惊心，费却劳工多少金"②。

很多时候，大家并不关心表演的内容和演员的艺术水平，那些动作性强的打斗、杂技，特征鲜明的人物扮相，色彩鲜艳的手工制作，铿锵有力的鼓乐往往更能吸引人的眼球。至于其中的原因，一则，巡会中每个表演所占时间有限，无暇也没有场地铺陈情节性的表演；二则，在一片闹腾腾中，表演此起彼伏，到处都是起哄、喝彩，还有叽叽呱呱地聊天，动作性、形象性强的表演能够带来直接的感官冲击，引起兴奋；三则，许多人对表演中人物角色的背景故事往往了然于心，抽取出来的经典人物和场景更让人津津乐道。宁波地区有一首《社戏》的歌谣，十分形象地描绘了赛会中的这种情况：

> 铜锣响，脚底痒，阿奶抱我到晒场。台上站起九花娘，雪白粉嫩好貌相，那边走出年老将，老爷胡子长又长，你一枪，他一枪，乒乒乓乓打一仗。我问阿奶是啥格戏？阿奶是：摇摇头来不声张。

> 铜锣响，脚底痒，阿爷背我到晒场。椅上坐着瞎眼婆，白发满头可怜相，外面来了黑老爷，威风凛凛好貌相，进门没讲几句话，跪倒地上叫亲娘。我问爷爷啥格戏？爷爷说："问啥泥鳅短来黄鳝长？"③

---

① 裘士雄、吕山编注：《越中竹枝词》，西泠印社出版社 2008 年版，第 215 页。
② 同上书，第 218 页。
③ 贺挺主编：《浙江省民间文学集成·宁波市歌谣谚语卷》，浙江文艺出版社 1991 年版，第 308 页。

熟不熟悉剧情都不要紧，大家看的是一个热闹，表演中热闹欢腾的场面更是引人入胜。巡会及会货带给人们的是精神的欢愉、情感的放松和心情的宣泄。正如前一节谈到鬼戏戏谑场景的设置中所讲的一样，乡民借神灵之名，在社会道德、等级制度允许的弹性范围内，打破日常生活秩序，体现了一种社会情绪的自我疏导功能，以及乡民社会的自我调节、自我恢复功能。叶圣陶先生曾经感慨道："一般人为了生活，皱着眉头，耐着性儿，使着力气，流着血汗，偶尔能得笑一笑，乐一乐，正是精神上的一服补剂。因为有这服补剂，才觉得继续努力下去还有意思，还有兴致。否则只作肚子的奴隶，即便不至于悲观厌世，也必感到人生的空虚，有些人说，乡村间的迎神演戏是迷信又糜费的事情，应该取缔。这是单看了一面的说法；照这个说法，似乎农民只该劳苦又劳苦，一刻不息，直到埋入坟墓为止。要知道迎一回神，演一场戏，可以唤回农民不知多少新鲜的精神，因而使他们再高兴地举起锄头。迷信，果然；但不迷信而有同等功效的可以作为代替的娱乐又在哪里？"①

这段话当然是针对当时农村文化娱乐活动不甚丰富的情况而言的，但是其中对传统巡会及会货表演民俗心理和功能的剖析却十分精到。对会货的扮演者和观看者来说，他们并不是游手好闲，无所事事，虚度光阴，而是用他们自己的热情和旺盛的生命力在实现自我主体的恢复、表达和创造。于是，人们便将生活的情绪、诉求、理想直接付诸巡会及会货的各种艺术符号之中，从而获得精神家园的安宁之感。

---

① 叶圣陶：《倪焕之》，人民文学出版社 1982 年版，第 96 页。

第五节　多重观念意识的内在结构

民间信仰包含一个庞大的神灵体系，本身并不存在单一的至上神观念，赐福的神灵自然越多越好。为某一主神而进行的祭祀活动并不妨碍民众将各种不同的神鬼观念、生活诉求纳入其中。这些观念意识之间并没有很清楚的界限，在最深层的意识形态层面，他们相互交织、互为一体。然而这并不意味着混乱，多样化艺术样式之下多重并置的意识团也有其自身的结构。总的来说，它处于人类本身的情感与"对神灵或非人类存在所具有的保护力和惩罚力的信仰"[1] 的连接中，表现为多种不同生存欲求、利益认知、情绪体验的并置、统一与行为层面的"狂欢"气氛。

仪式表演的狂欢性在巴赫金口中被称为"节庆"，是人类生活的"第一性形式"，因为"在其历史发展的一切阶段上，节庆都是同自然、社会和人生的危机、转折关头相联系的"[2]。此类危机通常会危及整个村落或者地区的生存，进而成为超越该地世俗社会结构的整体性灾难事件。此时，举行仪式、敬献表演都深深地刻上了民众对生活中无法掌控事物的焦虑与恐惧。他们仅能寄希望于本领更大的神降下福佑，祈求指向代表了民众的共同愿望，从而形成一种全民性集体情感的爆发。在这一过程中，彼此间的个体差异被淡化，呈现出一种凝聚

---

① ［英］维克多·特纳：《仪式过程——结构与反结构》，黄剑波、柳博赟译，中国人民大学出版社 2006 年版，第 106 页。

② ［俄］米·巴赫金：《巴赫金文论选》，中国社会科学出版社 1996 年版，第 245 页。

力很强的群体共识，并以一种人群交融的形态出现。表演者、观看者、组织者，巡会中的每个个体都全身心投入其中，抛却了现实生活中的具体牵挂与束缚，以一种精神共振的姿态出现。

此时此刻，作为整体的社会关系、社会框架被暂时性遗忘，每一个具体、历史、特异的个体都处于与神异世界、其他世俗个体及自我的普遍联系之中，与不同方面进行着直接、全面、即时的对话。框架性束缚削弱后，各种代表生命个体基本诉求的利益、伦理观念，伴随着强烈的情感意识，通过肢体、道具、造型被直白地表现出来，祈求安全、长寿、发财、做官、避厄等心理交织在一起，这些观念并没有统一的逻辑或者道德标准，有的甚至互相矛盾。但这种混乱并不意味着与现实的割裂，它们都是从不同的生活经验和道德实践中提炼出来的，并在日常生活的框架中逐渐沉淀、积累起来。因此，社会等级框架的整体性缺失并不意味它完全消解，"它们还会被细细切分，组成为数众多，形式各异的结构性纽带"①。这些漂浮的"纽带"很多是观念上的，保留了基本的形态，却失去了彼此之间的秩序和排列，互相游离，又缠绕在一起，既混乱又自成一体。

这种基于精神共振上的、混乱无序的诉求，充满强烈的独一性或是个体性特征。正是对个体生命的强烈关注，促使民众不断地将直觉经验中富有原型意味的形象纳入表演的象征符号体系中。同时社会框架的整体性缺失，使他们的表述充满了自由与想象的空间。人们一方面祈求神仙赐福；另一方面又坚信神仙也是凡人。一会儿不停地祈求升官发财避厄，一会儿又巴望着自己也有一天能羽化登仙，脱离凡世。就连鬼灵，也一会儿是邪恶的化身，一会儿又是驱邪的祥瑞。如

---

① ［英］维克多·特纳：《仪式过程——结构与反结构》，黄剑波、柳博赟译，中国人民大学出版社 2006 年版，第 96 页。

此种种，表面上看充满着矛盾而混乱的并置，细细一想倒也并非荒诞不经，因为它们所表达的正是来自生活的体验，所依赖的也是来自生活的象征符号，它们实则在主体生命最根本的层面上存在普遍的联系。

对民众来说，象征性的表演并不仅仅是观念的表达，它还是情感的发动机。当等级框架、原有的道德约束减弱后，埋藏在生命最底层的一些情感也被唤起，这种情感带有明显的不确定性与片段性，多数会以一种有意无意的怪诞形态来展现，这就是我们在"跳无常"中看到的各种戏谑滑稽，充分展示人性弱点的鬼怪形象与滑稽场面。在鬼怪身上表现出的种种怪诞风格有很强的讽刺性，它并非为了让人畏惧，恰恰相反，它是为了让人无所畏惧，并为民众带来一次前所未有的颠覆性情感体验。它"使虚构的自由不可动摇，使异类相结合，化远为近，帮助摆脱看世界的正统观点，摆脱各种陈规虚礼，摆脱通行的真理，摆脱普通的、习见的、众所公认的观点，使之能以新的方式看世界，感受到一切现存的事物的相对性和有出现完全改观的世界秩序的可能性"①。

---

① ［俄］米·巴赫金：《巴赫金全集》，河北教育出版社1998年版，第40页。

第六章　会货表演的现代命运

据当地老人回忆，最后一次传统意义上的巡会是在 1952 年举行的。当时农民刚刚分得土地，经济条件有所改善，情绪也十分高涨。巡会由当时轮值的王坛社主持，队伍从舜王庙出发，途经肇湖、王坛、竹来、沙坞、俞家、湖头、罗镇、两溪，最后返回舜王庙。这次巡会的规模很大，热闹非凡。其后随着农村公社化运动的开展，"社"与"会"这类组织自然消失。舜王庙会也被改为物资交流会，参加的基本上都是当时各地的供销社。虽然还有民众自发前往舜王庙拜谒，却已是零星的个人行为，全然不是当年那种群策群力、共舞共乐的节日情景了。

历史仿佛总是依照自己的逻辑运行，在某一时刻，它戛然而止。而当我们津津乐道于今天经济生活之富裕、文化生活之丰富时，它又告诉我们是时候唤醒沉睡的记忆了。2007 年，舜王庙会被列入绍兴市第一批非物质文化遗产名录，也就在这一年，一支完全由当地农民自行组织的巡会队伍抬着舜王神像，吹吹打打、浩浩荡荡地走上了王坛镇的大街。只是这一次，出发的起点改变了，湖墩舜王庙代替双溪江舜王庙成为巡会会货的起点。

舜王巡会的恢复并不仅仅只是组织一场民间艺术会演，它要做的是将中断了半个多世纪的生活流重新接续起来。但是由于乡土社会的闭塞格局被打破，当下的生活框架呈现出新旧并置的状态，加之人们生活观念上的转化和价值观的多元化，使得会货在组织结构、表演传统及意义表达等诸多方面都发生了显著的变化。复兴是一个曲折的过程，同时也是一个基于新环境的探索过程。

第一节　复兴之路

一　复兴的过程

20 世纪 80 年代以后，在全国各地"文化搭台、经济唱戏"的浪潮下，舜王庙会作为当地独特的文化资源被挖掘出来。2000 年 10 月 22 日至 24 日，"绍兴舜越文化节暨农特产品交易会"在王坛舜王庙举办，此次活动由王坛镇人民政府主办，绍兴县文保所、绍兴县农副产品产销服务公司协办。活动的主题被确定为"观赏舜江风光，挖掘舜越文化，展示山区特色，振兴王坛经济"，活动日程安排如下：

王坛镇农交会活动日程安排

活动时间	地　点	内　容
22 日上午 10 时	舜王广场	开幕式
22 日下午 1：30	东村	青梅园区奠基仪式
22 日下午 3 时	镇政府	王坛经济发展恳谈会
23 日上午 8：30	镇政府	"舜王庙·舜越文化·旅游主题研讨会"

活动时间	地点	内容
22 日至 24 日	舜王广场	农特产品、百货直销
22 日	舜王广场	文化科技卫生下乡
22 日、23 日晚上	王坛影剧院	绍兴小百花越剧团演出

这是一次在当时十分普遍的经贸推介会，政治色彩很强。主办者的意愿是化"封建迷信"为新时期的文化活动，在政府的领导下，为地方旅游、经济事业服务。为了体现传统庙会与社会主义精神文明建设的关系，舜越文化被定义为"众善奉行，诸恶莫作""万事礼为首，百善孝为先"的舜王精神，因而活动主要展现了形而上的道德伦理观念的讨论和宣传。舜王庙古迹和小舜江风光被作为旅游资源大加宣传，主办者希望借此为王坛镇开拓新的经济增长点。庙会的信仰功能、社会整合功能、文艺功能并没有被纳入其中，对老百姓来说，这只是政府办的一次活动，最大的实惠也就是百货直销便宜，以及可以免费看小百花越剧团的表演。

应该说，会货表演的再度兴起得益于一场更大规模的、自上而下的全国非物质文化遗产保护工程。2003 年，中国民族民间文化保护工程启动。该工程旨在实现我国非物质文化遗产保护工作从单个项目保护向全国范围内的整体性、系统性保护阶段过渡，计划用十七年的时间建立全国范围内的有效保护机制。借助文化部、财政部及文联、国家民委等部门的力量，保护工作的精神自上而下传达到各地方级文化馆、文化站，并得到贯彻落实。

在现代文明的观念中，文化本身的存在价值，民族传统与现代国家软实力的关系，日益成为关注的焦点。随着非物质文化遗产立法的进一步完善，2004 年 8 月，我国批准加入联合国《保护非物质文化遗产公约》，随后颁布了《中华人民共和国非物质文化遗产保护法》。2005 年 3 月，国务院办公厅首次对非物质文化遗产保护工作发布权威性意见，出台了《关于加强我国非物质文化遗产保护工作的意见》，旨在通过全社会的努力，建立起比较完备的非物质文化遗产保护体系，使我国那些珍贵的、濒危的非物质文化遗产得到有效保护和传承。在《意见》的推动下，2005 年 6 月，我国开始了第一批国家级非物质文化遗产名录的申报和评选工作，并且逐步建立国家、省、市、县四级名录体系和保护制度。至此，非物质文化遗产的保护工作得到了法律、行政体系的双重保障，并被纳入政府常规性的工作内容中。

社会变革的大浪潮自然也影响了会稽山区的小乡镇。制度上的保障，政府主导意识的转变，不仅为舜王庙会、巡会的复兴提供了资金和社会舆论的支持，更在深层次上引起了民间思潮的变化和民间社团的复兴，于是围绕着舜王庙会、巡会的申遗、举办，当地政府、民间协会、村民之间展开了一场合纵角逐。

2005 年 10 月 26 日，农历九月廿四，王坛镇镇政府举办了 2005 年绍兴舜越文化旅游节开幕式暨祭舜王庙典礼。主题为弘扬中华文明，继承和发展特色文化，构建和谐社会。祭祀活动在当时王坛镇镇长的主持下进行。当天下午，在王坛镇中心操场举办了一场综合性的表演，表演项目包括越剧、鹦哥班、莲花落及小品、歌舞等。

2005 年 10 月，为了配合舜王庙会申遗申报片的制作，在当地一些文化人士的促成下，湖墩舜王庙前举行了一次小规模的传统会货表演，供拍摄之用。同时，拍摄组也前往童家岭等较偏远的山村进行更加深入的拍摄。拍摄组的到来，在乡间引起了极大的关注，上电视在当地人眼中代表了莫大的荣耀和肯定，拍摄进展得很顺利，乡民们翻箱倒柜、绞尽脑汁提供了不少有价值的资料和当时表演所用的道具。随后，荣誉接踵而至。2007 年，舜王庙会被列入绍兴市第一批非物质文化遗产名录，第二年，又进入浙江省第二批非物质文化遗产名录。红头文件，省政府、市政府大红的印章，给了老人们一个"说法"，对他们而言，这意味着失落已久的文化身份得到了重新认可，喜悦、自豪之情由然而生。

接下来就是行动了，2007 年农历九月廿三，在湖墩舜王庙管委会及绍兴旅游文化图书编辑委员会的共同努力下，巡会会货正式恢复，整个活动历时一天，共计有十二个会货，数百名群众自愿参加。巡会从湖墩舜王庙出发，经过九曲村、石屑村、董村、王城村、王坛村、下园地村、肇湖村，到双溪江舜王庙，随后荣华十番会在舜王庙的戏台上表演了绍剧《龙虎斗》。据组织者称，沿途群众夹道欢迎，有准备者早早备下了香案、供桌，大约有上千人涌进双溪江舜王庙，声势之大，连文保所都不敢收门票。绍兴电视台对这场巡会进行全程拍摄，并于 2008 年 5 月 17 日开播，每周一集，连续十三周，以纪录片的形式介绍了舜王庙会巡会的全过程，绍兴旅游文化图书编委会也配套出版了《舜越文化》小册子一本。为了一天的巡会，组织者花费了一年半的时间来准备，由民众自筹经费，自行解决演出服装与道具。虽然最后还有不少会货班子只能临时拉人凑，但巡会会货表演还是获得了一个好的开端。

2008 年同一天，由湖墩舜王庙打头，举办了为期两天的巡会，夜里在孙岙村过夜，会货项目有所增加。最让主办者引以为豪的是，在这次巡会中，出现了嵊州来的老虎旗，这面老虎旗有四五十年的历史。重要的是，它是从前辈们手上传下来的，代表了一种传承的力量。同时这也意味着他们再现当年盛况的愿望又向前迈进了一步。不过遗憾的是，巡会队伍进入双溪江舜王庙的要求没有得到有关部门的批准。

2009 年，巡会延长至三天，共有十九项会货参加，依旧由湖墩舜王庙作为第一站。有意思的是，就在巡会的第二天，王坛镇政府在双溪江舜王庙内组织了一场祭舜典礼，邀请当地政界、文化界人士参加，这个活动也吸引了大批的善男信女，现场有保安、民警维持秩序。与此同时，巡会的会货队伍在一片鼓乐喧天中越庙而过，民间与官方的仪式在同一时空里擦肩而过，没有形成任何交集。此举在乡民中引起了很大议论，人们既不满政府对庙会的改造，又对湖墩的做法心存疑虑，于是开始争论到底哪个庙才是正宗的。

2010 年，情况又发生了变化，湖墩与双溪江两处舜王庙联合办会，几个当地文化精英人士借绍兴虞舜文化研究会之名成为实际的策划组织者。具体的分工是，湖墩负责会货的落实，双溪江负责举行祭祀仪式。这次会货增加到二十七种，参加表演的有二三百余人，主要来自王坛、稽东两镇，又以孙岙、新建、岭北三个村子参加的人数最多，最远来自嵊州谷来村。巡会共进行三天，路线基本与 2009 年相仿，但范围有所扩大。巡会第二天，表演的舞队终于浩浩荡荡地进入双溪江舜王庙，在祭祀仪式上露了把脸，随后又应邀去了嵊州谷来村吴山寺。

就这样经过连续四年的恢复和重建，巡会制度逐渐稳定下来，会货的数量、规模不断增加，但是由于"社"与"会"早已不复存在，巡会会货的传统运行机制被打破，当下其组织模式发生了巨大的变化，主要表现为湖墩舜王庙地位上升，官方力量由台前转至幕后，以及地方文化精英在其中的领导地位得到普遍认同。

二　复兴中的三个变化

（一）湖墩舜王庙的崛起

湖墩舜王庙位于王坛镇新建村的一个小山丘上，从外观上看与一般的村庙无异。它的来历与我们说起过的一个分庙传说有关。据管理员说，那一年在双溪江舜王庙举行庙会，由于第一社孙岙社的迟到而引起争执，并发展成众社对菩萨行像的抢夺场面。最后湖墩村在十八胡子的带领下夺得菩萨的头，回村建起了舜王庙。这十八胡子不是一个人，而是十八个长得一模一样的兄弟，据说个个天生神力，十分英勇，是当时湖墩村的领头人。据此推测，湖墩舜王庙的建庙时间应当在清末民初。"文化大革命"时期寺庙被毁，后来村民在原址上搭起瓦房，成为当地一所小学，一直沿用到 20 世纪 90 年代。1997 年小学迁出，舜王庙在寺庙管理员的奔走下，通过村民募捐的形式重新建立起来。不同的是，重建的庙门朝南开，而不是原来的向东开。对比双溪江舜王庙，湖墩庙无论从庙宇的建筑、地理位置还是影响力都无法与前者匹敌，然而它却夺得了巡会复兴的控制权。其中固然有许多偶然因素，但根本原因还是在于两座庙宇与各自民众生活情境的密合度发生了变化。

双溪江舜王庙在 1997 年被确定为省级文物保护单位，由绍兴县文保所负责庙宇的日常管理及管理员的薪资补贴发放。因此若要使用舜王庙就必须经过上级主管部门的批准，平时民众入庙进香须交十元门票钱。这样一来限制了民众进香的积极性，逐渐失去其作为地域公共庙宇的实际功能，也就逐渐从民众的日常生活话语中淡出了。

而游离于体制之外的湖墩舜王庙则延续了它在民众生活流中的作用，是当地民众信仰活动的主要场所，同时又与周边各村村庙之间保持了良好的关系。

湖墩舜王庙不大，由山门、左右厢房和大殿组成一个封闭的方形格局。进入山门后就是大殿，大殿只有一进，没有戏台，但是可以临时搭建。2008 年巡会时，就曾在山门背后临时搭了个台子，供绍剧班唱戏，这也是当地村庙的普遍做法。大殿的布局如下图：

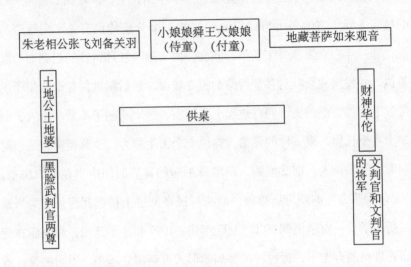

舜王庙是当地村民共享的信仰空间，修庙后香火旺盛。农历六月十九为观音生日，七月三十为地藏菩萨生日、三十一日为财神生日，八月初一为华佗生日，八月十九为如来生日，九月廿七为舜王生日，这些日子都有善男信女来庙里念经，其中以老年妇女居多。舜王庙里至今还保存着新中国成立初雕刻的舜王菩萨行像，香樟木雕成，手脚四肢可以活动。据说"文化大革命"时藏在一户老太太家中，也有一种说法是行像的头、身子、四肢分别保存在不同人家。20 世纪 90 年代重修庙宇的时候，由村民贡献出来，供人参拜。

湖墩舜王庙有专人管理，旧时称为庙祝，如今叫作管理委员会，有三人负责庙宇日常事务。舜王庙并无田产，旧时周边有十二户人家，称为"落脚"，主要协助庙祝做些日常维护工作，遇有大型活动也会来帮忙，如今这些人家年轻人纷纷出去打工，也只留下几个老人。目前，湖墩舜王庙的日常经费主要来源于信众的捐款和管理员个人的投入。连续组织了几次舜王巡会后，舜王庙在当地的知名度显著提升，有关它的种种灵异说法也忽然多了起来，这种神秘感在某种意义上也提升了舜王庙在信众心目中的地位。

在具体的操作过程中，湖墩舜王庙借助舜王信仰传统观念的力量，利用传统巡会圈内各村村庙作为结点，初步构筑起一个网络系统。一般在巡会举行前三个月，也就是七月左右，舜王庙牵头，联络附近大小村庄村庙，发龙头牌，告知举行庙会的时间和地点，并提出会货表演的初步方案供各村参考。各村庙头又通过来念经的善男信女传播消息，募集资金，讨论本村是否出会货。大约一个月后，舜王庙管委会三人就会分头到各村联系庙头，捐款，确定各村会货的内容和人数。待各村确定下来以后，由湖墩舜王庙出面，根据需要置办表演用的服装、道具等，并安排排练事宜。一般仪仗类的会货，表演形式比较简单，就由各村里自己组织排练，舜王庙负责服装道具。但像舞龙、舞狮、跳无常这样的节目就要请师傅来做特别训练了。通常的做法是，舜王庙定好日子，请好师傅，包上一辆面包车，到各村去接人，把演员集中到舜王庙里进行训练。

2010年巡会，参加到组织工作中的就有岭北村的风车庙，孙岙村的桥头庙（供奉舜王大帝），银沙村的百事庙，王坛村的桥头庙（供关帝），肇湖村的隘将庙，王城的舜湖庙、天官庙，马起的梓眼寺，还有喻宅村、坎上村和庙前村的庙宇等大小十几个。

这种网络模式的建立得益于当地民众对舜王信仰空间秩序的思维惯性和认同，即舜是主神，村庙里的菩萨都是舜的下位神灵，应当为舜王巡会服务。将神灵区分为三六九等并不是什么新鲜事，神灵的等

级既是人间等级观念的映射，又受到经济因素的影响。舜本身就以帝
王形象而被供奉，在民众观念中，他的地位自然高于周遭小庙里的菩
萨。另外，山区各村落分布较为分散，旧时交通不便，主要依靠水路和
山路。双溪江舜王庙会拥有小舜江交通之便，很早就衍生出商品交易的
附属属性，并已然成为当地最大的商贸活动中心，与周边小村落有密切
的经济文化联系，这同时也在观念上进一步巩固了舜王作为上位神灵的
地位。虽然如今旧有的组织模式被打破，但新型网络依然继承了传统的
信仰模式，并且通过行为的实践进一步强化着这种观念意识。

(二) 政府主办到政府主导

王坛镇政府 2008 和 2009 年连续办了两年庙会，但效果并不很理
想，于是在 2010 年决定还权于民。

民间祭祀活动必定不能脱离国家主流文化意识的引导，但官方力
量也无法直接安排民众心中的信仰生活。和绍兴当地的官方大禹祭典
不同，舜主要由民间来祭祀，对舜的祭祀活动是民众生活中的一次年
中行事。其信仰形态和表现方式在传统稳定的乡土社会框架中形成，
发展出一套自我生长、协调的运行机制，进而演变成一种生活的节
律，担负着具体的生活需求，是日常生活的延伸。这是一段"时间之
内或时间之外的片刻"，是"社会结构之内或之外的存在"，社会整体
框架消解，各种欲望在强烈的情感涌动中被赤裸裸并且自由地表达出
来，人与人、人与神、人与一切非人间的力量正进行着一场毫无间隙
的全面对话与亲密接触。这时，如果由政府行政力量强势介入，将直
接导致祭祀被重新纳入世俗社会的等级结构中，同时丧失了其最根本
的民众生活立场。对生活流的阻断，也正是政府举办两次失利最根本
的原因。一个简单的例子可以说明政府行政力量与民众信仰惯性之间

的不相为谋，2009 年舜王庙会举办时，山下贴出了一张告示，说："王坛镇人民政府定于 2009 年 11 月 11 日（农历九月廿五）上午 7：00~12：00 时，在舜王庙举行'2009 年绍兴虞舜文化旅游节开幕式暨祭舜王庙典礼'，活动期间暂停祭祀，敬请各位谅解。特此公告！"落款是"王坛镇人民政府"，日期为"2009 年 11 月 3 日"。距此不不远处又有一张告示："舜王庙内有大小香烛供应。"落款是"舜王庙香烛经营部"。两相比较，不禁令人哑然失笑。

政府从举办大型活动的角度与做好安全工作的需要出发，自然要清场维持稳定。香烛经营部当然知道这一条规定，但作为商人自然也预料到行政的指令并不能阻挡香客的脚步，那天定会香客云集，是个不能错过的赚钱好机会。事实也是如此，大典当日，舜王庙被挤得水泄不通，为了保证大殿内仪式程序能顺利进行，警察便在大殿四周拉起警戒线，不准香客踏入。这样，大殿内是排练好的祭祀仪式和少先队员鲜花，大殿外是往来穿梭的进香者，是不绝于耳的"阿弥陀佛"声。原本民众心目中属于自己的活动与欢乐蜕变成单纯的围观行为。在这里，原有的信仰模式被人为地替换，民间庙会的真意荡然无存。这种脱离信仰生活形态的庙会，最终不能获得认同，也就绝非偶然了。

2010 年时情况改变了，这次的组织者换成了几位年近花甲的老人，他们来自非官方层面，被学界习惯地称为"地方文化精英"。王坛镇政府将具体的组织工作委托给他们，自身退居幕后，只负责提供场地和经费上的支持。

（三）地方文化精英的参与

在当下巡会的组织中，地方文化精英的个人作用不容小觑。他们是土生土长的当地人，对地域文化传统十分熟悉，而且文字表达能力也很强。这些人对当下社会上的事物很关注，对社会舆论也很敏感，他们常常有"宏大的历史观"，能够将身边、村落中发生的变化和事件与宏观的社会发展、主流意识联系起来。同时，他们大多年近花甲，在当地生活多年，有一定的社会威望。退休的生活状态与丰富的人脉网络使他们有充裕的时间来回顾往昔，积极参与并推动巡会会货的恢复。

他们一方面与政府保持良好的合作关系，承担一些地方文化丛书的编纂任务，成为非遗工作的地方专家或者顾问，属于政策上可以信任的人群；另一方面，他们在民众间有威信，对于村落或者巡会中出现的一些问题往往能够提出可行性强的解决办法，也能运用个人关系，争取到一些社会资源的支持。加之平素擅于舞文弄墨、摄影登山，属于当地民众心目中有点儿神秘又令人羡慕的知识阶层。他们的角色很容易让人联想到传统的"社首"概念，事实上他们也以此自居。这些地方文化精英成为巡会的总导演，整理巡会传统，并对湖墩舜王庙的组织工作、会货排练进行具体的指导。

2010年5月，在王坛镇镇政府发起下，由文化精英们成立了一个民间协会——绍兴虞舜文化研究会。目前在册会员约二百余名，遍及绍兴县、上虞、诸暨、嵊州。其资金主要来源于两个部分，王坛镇镇政府每年拨款及当地企业家会员每年会费，各家1万—5万元不等。协会成立时收到浙江一家公司捐赠的3万元注册资金和办公用房一间。虞舜协会的成立带有各方力量平衡的色彩，也使得政府与协会合作举办舜王庙会和巡会变得名正言顺。于是人们看到2010年承办权顺利交接，至此，政府退居幕后。

当年参加会货表演的项目最全，人数也最多，有抬锣两人、执事会（持"肃静""回避"对牌）、八人旗会、八对十六人黄校会、荣华十番会、一乘十二人神轿、两人掌扇、一人打黄伞、两人掌帅旗、四人持大旗、八人敲嘭会、五十人旗会、十六人绿校会、十人铳会、湖墩十番会六人、高照会三人、"三十六行"会三十六人、十六人红校会、太平会六人、陶赵岙十番会六人、布龙两条、布狮四只六人、花校会十六人，八仙班九人、打街老鼠一人、掌灯两人，此外还有一个宣卷班。

当下舜王巡会在组织模式上的种种变化，向人们展示了围绕着传统信仰新时期下各种社会力量、资源的重新组合，显示出会货表演的强大生命力，同时这一过程也可以看作民间信仰活动在新环境下的有益尝试。

第二节　表演复兴中的问题与展望

当下的巡会从组织到表演都在试图复原传统的模式。传统是时间的积累，它是人们从先辈那里继承下来的，是往昔的东西，但是它之于当下还发挥着作用。对传统的遵循，暗含当下与过去的连续性，是一种能够为当下的存在提供合理性的解释和权威性的保障，并以此获得民众普遍认同的思想与行为。

在这个年度事件中，传统被一步步恢复。早在 2001 年，其中一位组织者就花了三年时间，走访五十余个村庄，调查访问了一百多位老人，搜集整理出三十余种会货表演资料，为后来巡会的恢复奠定了基础。

如今的巡会会货，基本延续了传统的队列结构、表演项目和表演风格。并且巡会的时间逐年延长，会货数量逐年增加。2007 年巡会一天，会货十二项；2009 年巡会三天，会货十九项；到了 2010 年巡会加长到三天，会货二十七项。2010 年，送龙头牌的风俗也得以恢复。所谓"送龙头牌"就是巡会之前，派人在巡会所经过的村子分送"龙头牌"。"龙头牌"是一张印着舜王神像的黄纸，用以通知各村巡会的日期。各村收到龙头牌后，要在装龙头牌的袋子里放上募捐来的善款，并注明捐助者的姓名、捐款金额，多少不计，随缘乐助。巡会时交与组织者，并在神像前将龙头牌焚化。

从表象上看，传统的表演模式得以延续，而且出现了令人欣慰的发展趋势，而事实上，任何一次对传统的复现都无法做到完全忠实于过去，传统只是人们根据当下的需要进行的一次拼接和再"发明"。英国学者埃里克·霍布斯鲍姆是这样解释"被发明的传统"的，他说："'被发明的传统'意味着一整套通常由已被公开或私下接受的规则所控制的实践活动，具有一种仪式或象征特性，试图通过重复来灌输一定的价值和行为规范，而且必然暗含与过去的连续性。"① 传统的元素被填入记忆中的框架，按照群体思维的惯性和逻辑规则建立起彼此的连接，不断提示行为所具有的意义和影响，从而将个人与群体连接起来，将自身与往昔联系起来。

在传统的恢复过程中，我们需要对其中的传承因素进行界定与梳理。在巡会中，组织与形式上的传统容易恢复，作为一种具有传承意义的样式毕竟只需要还原框架上的东西。但对表演及其他的细节而言，传承能否延续就显得至关重要了。值得庆幸的是，这个时间节点并没有久远到需要对传统巡会进行考古式研究的地步。从民间信仰到

---

① ［英］霍布斯鲍姆、兰格：《传统的发明》，顾杭、庞冠群译，译林出版社 2004 年版，第 1 页。

民间表演，都还只是式微而已，但式微同时意味着旧有模式的自我消解。尽管组织者力图恢复传统模式，但还是要面对表演元素不断散失的困境。

一　表演元素的散失与原因分析

巡会会货不仅仅是为了娱神娱人，更重要的是具有祈福避祸、被祸纳吉的仪式功能，因此必须保持结构功能上的完整性。也就是要与传统的队列结构模式一致，套用组织者的一句话来说"拉出去得像一支队伍"。

如果我们将2007年到2010四年巡会的队列做一个比较，就会发现这样一个令人玩味的现象：开路队和仪仗队恢复得最早、最稳定，功能保持也相对比较完整，而表演队则残缺严重。

细察一下，不难发现这里面既有对巡会仪式功能的考虑也有操作层面便利性因素的影响。开路队和仪仗队属于队列功能性要求强、艺术性功能要求弱的会货类型。恢复起来比较容易，因为他们的表演技巧要求不高，只要做好服装、道具的准备，一般不需要很多时间排练，也比较容易召集人员参加，即使有散失的情况，也比较容易控制。

艺术性强的会货部分表演元素散失得最多，恢复起来也最难。2010年的会货数量虽然达到二十七项之多，但真正属于传统意义上表演队的会货却仅仅只有龙会、狮会、十番会、敲嘭会、马灯会和白神会（太平会）这六种。在盛况难觅的表象下显现出传承上的窘迫。

龙会、狮会、十番会成为最早恢复的表演项目并不是偶然的，他们的表演在会货暂停的岁月里并未中断，一直都是当地民众生活中不可或缺的娱乐项目，在巡会中"拿来就可以用"。以荣华十番会为例，它就是当地一个半职业化的道士班子，共有九人。这些人平时在家务农，遇有村里的婚丧嫁娶就受邀出演，披上道袍，带上乐器，吹吹打打地去了，演奏的也是一些传统曲目。遇到有钱人家还会应要求表演坐唱，并演些绍剧曲目等。对他们而言十番会的表演是实实在在的生计，是日常生活劳作的一部分。同样，舞龙、舞狮也是当地节日庆典十分常见的民间表演项目，都建有业余的表演队，省市县各级民间艺术会演也时常邀请他们参加。当地还设有农民艺术学校，专门培养这方面的表演者。巡会中他们的表演最为专业，表演者年龄也最小。

罗汉会、拳棒会、高照会、踩瓶、踩碗等项目由于中断时间长、表演技巧性要求高、训练周期长等原因，表现出青黄不接、后继无人的状态。以童家岭罗汉会为例，在世的九位小罗汉都是在 20 世纪 30 年代前后出生的，如今都已是耄耋老人，再也无法承受巡会长途奔波的辛劳。而村子里的年轻人大多在外打工，他们对武术的印象基本来自武侠小说与武侠电影，大都是飞檐走壁、开山裂石这一类神奇的功夫。而传统的翻跟头、十八般武艺既枯燥难学，又无法带给他们在物质与现代生活上的满足感，自然无人问津了。即便有兴趣的，也迫于外出打工的生活压力，根本没有学习训练的必要时间。其他踩瓶、踩碗、高照会等杂技也同样面临这种尴尬的境遇。

即便是恢复后的会货，也存在表演形式与道具制作日渐简单化的趋势，技巧的维持更加无从谈起。先看表演形式，普遍存在队伍走得多了，演得少了。比如，提炉会，原本提炉会配合行走还有一些舞蹈，穿插走阵，如今只剩下提炉行走。再看道具，简单化成为特点。比如，马灯会表演需用马灯，旧时马灯上还要描些图案，插把小旗什么的，如今白纸糊糊就好了；校会原来有锡制的各种兵器，如今只是用简单的红、绿、黄三色长棍棒代替，缺少必要的艺术形式的感染力。最后是技巧的维持问题，如最具地域特色的跳无常一出，传统的舞步基本消失，动作单调，音乐节奏也大为简单，观赏性大大减弱。

表演类会货盛况难复原因首先是传统的舜王巡会祭祀圈已被打破，巡会的地域范围缩小。半个世纪以来，随着巡会活动的中断，各个村落之间在这方面的联系也随之中断，如今上虞、诸暨、嵊州早先处于祭祀圈边缘的地方已然退出巡会。加之湖墩舜王庙的辐射力远不及当年双溪江舜王庙，号召力也不如后者，参加的范围也就因之缩小了。且原有的自然村数量明显减少，原来的村落地域分化发生了变化。其中 2001 年小舜江水库一期工程竣工，使原本处于巡会中心地带的双溪江村、登岸村、塘里村被淹没。还有王坛、稽东各村由于行政建制的合并、改变，部分自然村消失。这也直接导致了会货基数的减少。

更深一层的原因是会货所依附的乡土生活框架被打破。会货的组织与当地的村落结构有很大关系，村落是在农耕社会中自然形成的群族聚集地，是一个经济、文化上相对独立的自足体，有着自身恒定的生活节律，为民间表演的发生、发展提供了充裕的人力、物力、时间上的保证。而现实的情况是，绍兴一带传统农耕社会的界限早已经被打破，村落对外界在经济、文化上的依赖性不断加强，其原有的生活流被打断，并逐渐成为现代经济一体化中的一部分。为了应付日益增加的生活开销，追求城市化的生活方式，原先在家务农的年轻人纷纷外出打工，村里完整的年龄梯队出现断层。同时，随着电视、手机、网络的大量普及，一方面快节奏的生活模式替代了往昔节奏缓慢、宁静质朴的乡村生活模式，人们能自由支配的时间变得越来越少；另一方面，原有娱乐样式的主体也逐渐被现代娱乐样式所替代。巡会由当年会稽山区民众生活中的一件盛事变为一种年轻人可参与、可围观的选择。这样一来，巡会会货表演所依托的原有乡土生活场景也就迅速消失了。

二　意义的淡化与重新阐释

传统的复兴有如拼图，从遗留在口头的记忆库中挑选具有原型意象的文化符号形式，在大框架中将它们重新组合起来，成为一个体系。但是即便是形式上较为准确的还原，也无法确保符号意义传达的一致性，更何况表演元素也面临着散失与残缺。这是从符号能指表象上来考虑当下会货表演中意义淡化的问题，从交流的角度来看，传统生活场景的消失也影响了当下的年轻受众对会货表演符号的解读。

吉尔兹在论述阐释学的目的时认为文化符号相互联系纠结于社会生活中，因此对它们的理解必须借助于社会话语，应当看到使人们行为趋于可理解性的意蕴的背景综合体。本文中，背景综合体就是表演所依附的社会生活网络。传统与现代并不截然对立，但生活经验的隔阂使得一些原本熟悉的生活场景、观念意识因为失去了存在的生活框架而变得模糊，甚至消失。这样的例子很多，比如，"莲子行"所记录的先辈乞讨为生的生活经历，狴犴龙背后的神话，夜魃头渡河的场景，逐渐淡化为不少人记忆中的痕迹，对现代的年轻人而言，似乎真是恍如隔世般的存在。重新审视一下会货中的诸个因素就知道这世界变化是多么的大。武术早已在现实的生活中派不上什么用场，山贼、土匪没有了，甚至根本没有进入新生代的现实语境中；山上野兽踪迹难觅，猛兽大多成了保护动物，或在动物园长住，根本没有什么威胁可言。铳、大刀等传统兵器不是成为老房子里的摆设，就只出现在文字的描述中，很多人连大致的形都不知道了。以武逞强、炫耀本领的观念逐渐淡漠，民间传统尚武之风也渐渐随老者老去。绍地历来的胆剑精神被重新定义为开拓进取、奋发图强、促进地区社会经济发展的地域精神。从这些变化可以看到，巡会会货中的形象元素已经部分或全部丧失了原有的精神印记，甚至被称为"那时候"的东西。

从整个巡会的目的、功能和效果来看，信仰的力量依然贯穿其中，但艺术娱乐的成分明显大过信仰，仪式的意义日渐淡薄。当代社会背景下，民间信仰活动由仪式向艺术的嬗变已然成为一种趋势。对这一现象的认识要从仪式和艺术的关系来看。仪式是信仰的实践，迎献的仪式本为敬神，对神灵的崇拜源于民众对于自身生存状态的焦灼心理，当不祥降临，而依靠自己的力量无法解决时，恐惧、紧张的情绪油然而生，民众就会求助于神灵，希望得到持久的庇护。这时人们就会特别关注仪式层面的准确性，但也并不排斥建立于准确性之上的艺术性演化。准确性来自面对神灵时恭敬不敢逾越的卑微心理，艺术性来自和谐与文饰的双重需要。因此仪式本身就包含了诸多艺术的元素和人类情感的体验，正如哈里森认为的"仪式是从现实生活到作为对于现实生活的观照和激情的艺术的过渡阶段"，"艺术并非直接源于生活本身，而是源于人类群体对于生活需求和欲望的集体诉求活动，即所谓仪式"①。即在崇拜的早期，仪式中信仰的成分占了上风，艺术是信仰物化的手段，它为人们提供宣泄情绪的方式与获得精神满足愉悦的虚幻空间。但当人们对自身命运的控制力逐渐加强后，原先对信仰审慎的态度就会发生变化，紧张与焦虑逐渐被愉悦代替，那么仪式中各种丰富的艺术元素就会越来越受欢迎，艺术也就成为"仪式的衍生和升华形式"②。那么信仰仪式的艺术化也就成为一种自

---

① ［英］简·艾伦·哈里森：《古代仪式与艺术》，刘宗迪译，三联书店 2008 年版，第 134 页。

② 同上书，第 146 页。

发的演变趋势。

到这里，我们需要回顾前面讨论的问题——意义的淡化，这是否意味着一种文化正在逐渐消失。事实上，当我们知晓信仰仪式的艺术化是一种必然的时候，我们也就知晓了淡化并不意味着意义的消失。任何事物存在的合理性都在于它是否符合了当下的需要，当人们重新构建一段传统时，必然会赋予它新的、当下的意义。而这种意义在开始时会呈现出一种不确定性，我们无法准确地预知它的未来，但我们可以在现象中发现它继续存在的端倪。舜王信仰，是绍兴留存已久的信仰，早已植根于当地民众的心底。巡会会货恢复过程中"一呼百应"的号召力足以显示其在当下仍具有相当的生命力。然而会货现在所要面对的不再是单一、同质的受众，这里既有对传统充满依恋的老一代，也有在经过奥运、世博等现代艺术形式洗礼后的现代中青年一代，而后者对艺术样式的诉求可能走得更远，因而会货的艺术形式的变革将是必然的路径。尽管我们仍然肯定信仰因素在会货复兴中的黏合作用，但是更加让人肯定并倚重的则是复兴所带来的自我价值与归属感的实现，人们正是通过对往昔的追忆而确认对当下的认知和解释。

传统的复兴是在现实社会生活的一个层面，建立起现代与过去的连接，将记忆连贯起来。它所呈现出来的当地独特的生活样式、观念形态、情感意识、风尚习俗，对老一辈来说是记忆的延续，对青年人来说是一次情感的洗礼和知识的积累。记忆是一个整体，"对同一事实的记忆也可以被置于多个框架之中，而这些框架是不同的集体记忆的产物"①。尽管年轻一代的价值观、审美观发生了巨大的变化，但传

---

① ［法］莫里斯·哈布瓦赫：《论集体记忆》，毕然、郭金华译，上海人民出版社2002年版，第92页。

统对其深层思维定式、心理图式潜移默化的塑造却是谁也不能逃脱的。从牙牙学语时期传统就开始了对个体的塑造过程，即便成年以后，意识更加独立，更易于接受新的习俗思潮，或者退出了原有的生活框架，但"从过去获得的范型不可动摇地主导了个性"①。当表演用鲜明的形象再现这些范型时，他们就成为记忆的片段，被纳入传统塑造的框架中。"这些记忆不停地再现；通过它们，就像是通过一种连续的关系，我们的认同感得以终生长存。"②

三　作为公共文化资源的传统庙会活动

一直以来，庙会引起了来自民俗学、社会学、宗教学、人类学、历史学等领域学者的研究兴趣。他们从历史演变、社会关系整合、道德伦理教化、宗教因素、文化力等方面对全国各地的民间信仰事象进行深入观察与剖析，理论与个案研究成果丰硕。民间信仰对基层社会结构的整合力，其中积极因素对民族文化传统形成、价值观念构成所起到的作用已被学界肯定，并得到广泛认同。

在社会主义和谐社会的建设中，对庙会这一类民间信仰性活动的关注则更应从社会建构的角度切入，以更加宽广的社会学、宗教学理论为依托，来探讨它转化为社会文化资源的可能性。在社会实践中探讨如何彰显其文化意蕴，参与到地域公共文化建设。这样的探讨并不仅仅局限于会稽山区的舜王信仰，而应将其视为最广泛的庙会活动中的一个代表，从整体上讨论在新的社会文化情境下，庙会活动包括其

---

① ［美］爱德华·希尔斯：《论传统》，傅铿、吕乐译，上海人民出版社1991年版，第53页
② ［法］莫里斯·哈布瓦赫：《论集体记忆》，毕然、郭金华译，上海人民出版社2002年版，第82页。

中的民间文艺表演的再定位问题。

"公共"相对于"私有"而言，公共文化是开放的、全民共享的文化类型。人们拥有相同的语言、信仰、道德、价值观、习俗和生活方式，形成以公共文化为表征的社会共同体。公共文化对于族群自我认同、社会凝聚具有结构性的聚合作用。庙会活动是为一定人群所共享的生活文化，历来就被视为一定地域文化空间内民众重要的公共文化活动。它的参与者没有年龄、身份地位、财富、职业、户籍等方面的限制，性别也只是在一些特殊的祭祀仪式中受到限制，个人只是凭借个体的身份存在就可以参与其中，并对群体产生感知。这一类民间信仰活动往往并不局限于祠堂、庙宇等单一空间，具有较强的灵活性和开放性。在舜王巡会中，巡会的仪仗队伍足迹遍及乡野，途中常常有新的会社表演临时加入，也有会社临时退出，并有手持香火的信众在迎神队伍经过时起意加入其中，跟着走一段路。广泛的参与性与高度的开放性赋予民间信仰天然的公共性特征。

庙会活动能够作为地域性公共文化资源，参与到当下民众生活文化建设中，更深层次的原因在于群体性的情感认同。在传统乡土社会中，庙会活动以民间习俗的方式深深根植于民众的日常生活世界中，构成了他们精神生活的基本层面。民间信仰归根结底是对超自然力量的崇拜，但在儒家思想、神道设教的长期影响下，这些神灵常常表现出鲜明的伦理道德化特征。它虽然没有形而上的对人生终极意义的关怀，也缺乏缜密的哲学义理、逻辑推理，但它的主旨仍旧是教化民众和睦向善。

其中对孝德的提倡表现得尤为突出。舜就是孝子的代表，围绕孝子舜不仅存在一大批传说故事，还影响祭祀仪式与表演的内容。民众还将别处的孝子故事张冠李戴到舜的头上，并津津乐道地讲述着。事实上，各地的民间信仰中都不乏将孝子孝女奉为神灵的例子。浙、苏、皖、闽等地流传孝子周雄信仰，称为周宣灵王。当地传说南宋嘉定四年，周雄奉母命去江西婺源五显庙进香祭祀，回来的时候坐船到衢州水亭门一带，听到母亲去世的消息，十分悲痛，竟僵立船中死去。从此，他侍母至孝的故事在民众中口耳相传，并不断被渲染夸饰，日益增多。周雄信仰也逐步发展，终于被纳入国家祀典；历经宋、元、明、清四朝有十一次敕封。作为三皇五帝之一的舜在民间也有"至孝"的美名，至今山西运城、湖南宁远和永州及浙江的上虞、余姚、绍兴、嵊州和山东济南等地都流传着不少有关舜遭继母迫害、以德报怨的孝行故事。尽管在这些传说故事中有不少嫁接、附会的痕迹，但孝行能感动天地、令神明赐福的观念却是实实在在地存在于民众心中。

人们所崇敬的神灵不少都是在历史上为当地做出杰出贡献，有功于地方的忠烈之士和能臣良将。他们往往在当地面临旱涝、疫疾、虫灾、兵乱等天灾人祸的危难时刻挺身而出，或以一己之力化解危机，或带领民众渡过困境。在他们身上体现了对地方公共利益的忠诚和自我牺牲精神，在民众中很有号召力。比如，钱塘江沿岸民众深受潮患之苦，于是人们就将当地有功于海塘修筑、整治潮患的英雄奉为潮神，久而久之便形成了一个复杂潮神体系。《浙江通志》"祠祀二"海宁"敕建海神庙"条记载祠庙正殿："崇奉运德海潮之神，左右配殿各三楹，以历代潮神、水神从祀。"其下列了一份潮神名单："祀越之上大夫文种，汉忠烈公霍光、晋横山公周凯、唐潮王石瑰、升平将军胡遏、宋周宣灵王雄、平浪侯卷帘使曹大将军春、护国宏佑公朱彝、广陵侯陆圭、静安公张夏……"共计有十六人之多。民众感其恩德，将他们视为公共利益的维护者和代表，为他们立祠建庙加以纪念。

民众对那些"立德、立言、立功"的文化英雄顶礼膜拜，将他们的人格精神神圣化。神灵的事迹与品格通过传说、神歌、雕刻、绘画等形式在民众当中以口耳相传。历经时代变换，在潜移默化中为人们提供行为的准则和评判标准，并对村落、城镇地域内社会舆论、道德伦理判断和公共价值体系起到一定的调和、疏导和维系作用。

另一方面，可利用性是文化资源的重要特征与实践操作的前提。这方面，庙会活动提供了一套丰富的具有广泛民众基础的文化符号，包括象征和实物载体。其中的仪式和民间艺术表演中经常使用龙凤狮虎、蝙蝠、梅花鹿、喜鹊、梅兰竹菊、青松翠柏、莲花等动植物形象，三教神灵也是其中常见的文化符号。这些形象经过传说、戏曲、民间说唱、吉祥图案等多种渠道的长期传播，早已深入人心。民众不仅对它们的性格特征、传奇故事了如指掌，并在它们身上暗蕴褒贬、寄予了自己淳朴的道德期望和求吉纳福的生活理想。

八仙是民间家喻户晓的神仙群体，在民间信仰活动中吉庆小戏"八仙庆寿"是人间庆寿的吉祥场面。八仙以其出身与形象组合的特色使之具有广泛的社会代表性，男女老少、贫富贵贱都能在他们身上找到自己的影子与观念的投射。八仙庆寿以八仙为表演主体，但各地民众还会根据自身的需要加入其他神仙形象。比如，舜王巡会上，"八仙庆寿"的唱词中还加了和合二仙、刘海、财神、王母娘娘、孔夫子，以满足民众福禄寿喜各种心理企盼。与此相似的吉庆小戏还有跳魁星、跳加官等，都是以三教神灵原型为主体，加以世俗化的表演，从而增添热闹喜庆、喧嚣欢快的情绪。白无常的形象本身带有浓郁的宗教意味，体现佛教六道轮回、善恶报应的象征意味，涉及神、人、鬼，但民众对其认知并不是单纯的恐惧或者讨好，而是包含对世俗生活、自身存在强烈关注的复杂情绪。

凡此种种，不胜枚举。这些文化形象通过民众长期的信仰实践连贯成一体，并获得了稳定的意义指向。民众对他们的认知已然固化为一种群体的"传统知识"，而他们的形象也在长期的传播中被固定下来，成为群体性的文化意象原型。当下，这些民间信仰的象征、实物载体在各地民间信仰文化活动中又被重新赋予了历史感和地方传统文化代表的特性。将它们合理地运用于实际，能够在现代社会变革中显示出民众生活的历史延续性，而成为文化地方性、中国性的重要标志。

最后，将庙会活动作为地域公共文化资源是当下社会和谐文化建设，尤其是农村公共文化建设现状提出的要求。农村文化通常以村落为单位，作为特定时空中民众共同体的生活方式，它不仅包含村落建筑、文化设施等物质层面，也不仅仅是消遣的娱乐活动或者一场场文艺演出，还涉及乡村生活图景中民众的风俗、制度、信仰与价值观念体系等精神层面。随着现代生产方式、生活样式的改变，乡村社会发生了巨大的变化，随之而来的是原有家庭、村落结构被打破，传统生活流断裂，从而导致文化碎片化现象比比皆是。单纯地引进现代文化娱乐方式往往只能留于表面，无法触及民众的心灵。从整体性的生活方式入手，通过文化的手段将传统与现代生活平面联结起来，才能真正做到建设有特色的农村文化。

附录一　双溪江舜王庙平面图^{*}

附录一　双溪江舜王庙平面图[*]

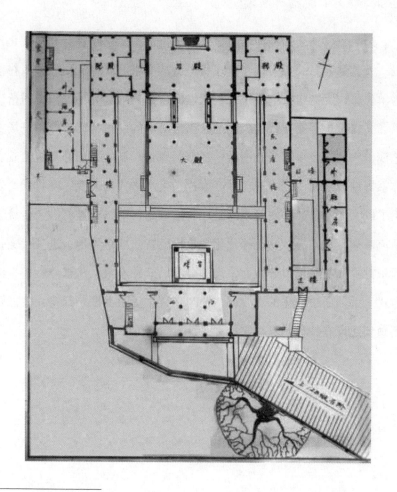

---

* 此图由双溪江舜王庙陈列馆提供。

附录二 2009年农历九月廿三至九月廿五舜王巡会路线图*

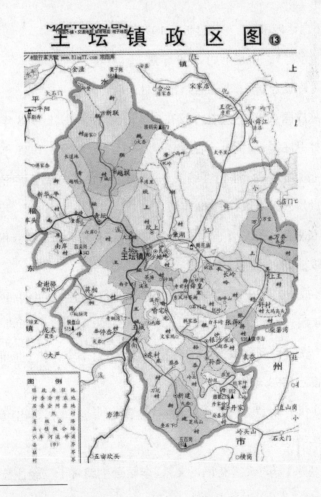

* 此图由湖墩舜王庙出发。

参 考 文 献

古籍

1. 《白话四书》，三秦出版社 1990 年版。

2. 《孝经》，中华书局 2009 年版。

3. 《诗骚合璧》，浙江古籍出版社 1995 年版。

4. 陈戍国点校：《周礼·仪礼·礼记》，岳麓书社 1988 年版。

5. 林尹注译：《周礼今注今译》，书目文献出版社 1985 年版。

6. （战国）吕不韦门客编撰、关贤柱等译注：《吕氏春秋全译》，贵州人民出版社 1990 年版。

7. （战国）荀况著、蒋南华等注译：《荀子全译》，贵州人民出版社 1995 年版。

8. （战国）管子著、梁运华整理：《管子校注》，中华书局 2004 年版。

9. （战国）列御寇著、王强模译注：《列子全译》，贵州人民出版社 1993 年版。

10. （汉）桓宽著、张之象注：《盐铁论》，上海古籍出版社 1990 年版。

11. （汉）郑玄：《礼记正义》，李学勤主编《十三经注疏（标点本)》北京大学出版社 1999 年版。

12. （汉）班固撰、颜师古注：《汉书》，中华书局1962年版。

13. （汉）赵晔著、张觉校译：《吴越春秋全译》，贵州人民出版社1993年版。

14. （汉）东方朔：《海内十洲记》，《魏晋南北朝笔记小说大观》，上海古籍出版社1999年。

15. （汉）焦延寿：《易林》，申必华等《白话易林》，三秦出版社1990年版。

16. （汉）袁康、吴平辑录，俞纪东译注：《越绝书全译》，贵州人民出版社1996年版。

17. （汉）司马迁：《史记》，中州古籍出版社1994年版。

18. （汉）应劭著、吴树平校译：《风俗通义》，天津人民出版社1980年版。

19. （西晋）陈寿：《三国志》，许嘉璐主编《二十四史全译》，汉语大词典出版社2004年版。

20. （北魏）杨衒之著、周振甫释译：《洛阳伽蓝记校释今译》，学苑出版社2001年版。

21. （北齐）魏收：《魏书》，许嘉璐主编《二十四史全译》，汉语大词典出版社2004年版。

22. （南朝宋）范晔撰：《后汉书》，许嘉璐主编《二十四史全译》，汉语大词典出版社2004年版。

23. （唐）段安节著、罗济平校点：《乐府杂录》，辽宁教育出版社1998年版。

24. （唐）苏鹗：《杜阳杂编》，《笔记小说大观》第一册，江苏广陵古籍刻印社1993年版。

25. （唐）房玄龄等编：《晋书》，许嘉璐主编《二十四史全译》，汉语大词典出版社 2004 年版。

26. （宋）孟元老：《东京梦华录》，中国商业出版社 1982 年版。

27. （宋）吴自牧：《梦粱录》，中国商业出版社 1982 年版。

28. （宋）周密：《武林旧事》，中国商业出版社 1982 年版。

29. （宋）《西湖老人繁胜录》，中国商业出版社 1982 年版。

30. （宋）陈元靓撰：《岁时广记》，丛书集成初编。

31. （元）脱脱撰：《辽史》，许嘉璐主编《二十四史全译》，汉语大词典出版社 2004 年版。

32. （元）熊梦祥著、北京图书馆善本组辑：《析津志辑佚》，北京古籍出版社 1983 年版。

33. （宋）陈淳：《北溪先生大全集》，四库全书本。

34. （明）宋濂、王濂：《元史》，许嘉璐主编《二十四史全译》，汉语大词典出版社 2004 年版。

35. （明）虞淳熙：《钱塘县志》，《武林掌故丛编》第 16 集。

36. （明）胡松：《胡庄肃公集》，齐鲁出版社 1997 年版。

37. （明）张岱：《陶庵梦忆》，《陶庵梦忆·西湖寻梦》，华夏出版社 2006 年版。

38. （清）赵尔巽等：《清史稿》，中华书局 1977 年版。

39. （清）徐珂：《清稗类钞》，中华书局 2010 年版。

中文专著

1. 蔡丰明：《江南民间社戏》，百家出版社 1995 年版。

2. 陈宝良：《中国的社与会》，浙江人民出版社 1996 年版。

3. 陈勤建：《文艺民俗学》，上海文化出版社 2009 年版。

4. 陈勤建：《中国民俗学》，华东师范大学出版社 2007 年版。

5. 陈泳超：《尧舜传说研究》，南京师范大学出版社 2000 年版。

6. 程蔷：《中国民间传说》，浙江教育出版社 1989 年版。

7. 党芳莉：《八仙信仰与文学研究》，黑龙江人民出版社 2006 年版。

8. 丁乃通：《中国民间故事类型索引》，华中师范大学出版社 2008 年版。

9. 丁世良、赵放主编：《中国地方志民俗资料汇编华东卷》，书目文献出版社 1995 年版。

10. 高有鹏：《庙会与中国文化》，人民出版社 2008 年版。

11. 贺挺主编：《浙江省民间文学集成·宁波市歌谣谚语卷》，浙江文艺出版社 1991 年版。

12. 华智亚、曹荣：《民间庙会》，中国社会出版社 2008 年版。

13. 黄天骥、康保成主编：《中国古代戏剧形态研究》，河南人民出版社 2009 年版。

14. 贾蕙萱、沈仁安编：《中日民俗的异同和交流》，北京大学出版社 1993 年版。

15. 姜彬主编：《吴越民间信仰民俗》，上海文艺出版社 1992 年版。

16. 卢芹娟、黄士波编著：《嵊州吹打》，浙江摄影出版社 2008 年版。

17. 鲁迅：《鲁迅全集》第 6 卷，人民文学出版社 1989 年版。

18. 鲁迅：《鲁迅散文全编》，浙江文艺出版社 1991 年版。

19. 吕大吉：《宗教学通论》，中国社会科学出版社 1989 年版。

20. 麻国钧：《日本民俗艺能巡礼》，外语教学与研究出版社 2009 年版。

21. 孟慧英著：《西方民俗学史》，中国社会科学出版社 2006 年版。

22. 裘士雄、吕山编注：《越中竹枝词》，西泠印社出版社 2008 年版。

23. 上虞市政协文史资料委员会编：《虞舜文化》，内部资料，1997 年。

24. 孙民选注：《古代风俗诗画》，辽宁美术出版社 1992 年版。

25. 万建中：《民间文学引论》，北京大学出版社 2006 年版。

26. 王国维：《王国维戏曲论文集》，中国戏剧出版社 1984 年版。

27. 王杰文编著：《民间社火》，中国社会出版社 2006 年版。

28. 王景琳、徐匋主编《中国民间信仰风俗辞典》，中国文联出版社 1992 年版。

29. 王克芬：《中国舞蹈发展史》，上海人民出版社 2004 年版。

30. 王耀华：《客家艺能文化》，福建教育出版社 1995 年版。

31. 乌丙安：《中国民间信仰》，上海人民出版社 1995 年版。

32. 萧亢达：《汉代乐舞百戏艺术研究》，文物出版社 1991 年版。

33. 小田：《在神圣与凡俗之间——江南庙会论考》，人民出版社 2002 年版。

34. 叶春生主编：《典藏民俗学丛书》，黑龙江人民出版社 2003 年版。

35. 叶大兵：《中国百戏史话》，浙江人民出版社 1995 年版。

36. 叶涛、周少明主编：《民间信仰与区域社会》，广西师范大学出版社 2010 年版。

37. 俞日霞：《绍兴虞舜文化研究》，浙江人民出版社 2006 年版。

38. 张士闪、耿波：《中国艺术民俗学》，山东人民出版社 2008 年版。

39. 张士闪：《乡民艺术的文化解读》，山东人民出版社 2005 年版。

40. 张紫晨：《中国民间小戏》，浙江教育出版社 1995 年版。

41. 赵世瑜：《狂欢与日常——明清以来的庙会与民间社会》，三联书店 2002 年版。

42. 郑土有：《晓望洞天福地：中国的神仙与神仙信仰》，陕西人民教育出版社 1991 年版。

43. 周作人：《儿童杂事诗笺注》，岳麓出版社 2004 年版。

44. 朱荣贵主编：《仪式、庙会与社区》，台北中央研究院中国文哲研究所 2007 年版。

45. 上虞县民间文学集成办公室编：《中国民间文学集成上虞县故事歌谣谚语卷》，浙江省民间文学集成办公室 1989 年版。

46. 萧山民间文学集成办公室编：《中国民间文学集成杭州市萧山市卷》，浙江民间文学集成办公室 1989 年版。

47. 余姚市民间文学集成办公室编：《中国民间文学集成宁波市余姚市故事歌谣谚语卷》，浙江省民间文学集成办公室 1988 年版。

48. 浙江民俗学会编：《浙江风俗简志》，浙江人民出版社 1986 年版。

49. 浙江省民间文艺家协会选编：《浙江民俗大观》，当代中国出版社 1998 年版。

50. 浙江省绍兴民族民间舞蹈集成编委会：《中国民族民间舞蹈集成浙江省绍兴卷》，绍兴民间舞蹈编委会 1993 年版。

译著

1. ［德］M. 兰德曼：《哲学人类学》，阎嘉译，贵州人民出版社 2006 年版。

2. ［德］恩格斯：《路德维希·费尔巴哈与德国古典哲学的终结》，人民出版社 1997 年版。

3. ［德］恩斯特·卡西尔：《人论》，甘阳译，上海译文出版社 2004 年版。

4. ［俄］米·巴赫金：《巴赫金全集》，河北教育出版社 1998 年版。

5. ［俄］米·巴赫金：《巴赫金文论选》，中国社会科学出版社 1996 年版。

6. ［法］莫里斯·哈布瓦赫：《论集体记忆》，毕然、郭金华译，上海人民出版社 2002 年版。

7. ［美］阿尔伯特·洛德：《故事的歌手》，尹虎彬译，中华书局 2004 年版。

8. ［美］阿兰·邓迪斯：《民俗解析》，户晓辉译，广西师范大学出版社 2004 年版。

9. ［美］爱德华·希尔斯：《论传统》，傅铿、吕乐译，上海人民出版社 1991 年版。

10. ［美］保罗·康纳顿：《社会如何记忆》，纳日碧力戈译，上海人民出版社 2000 年版。

11. ［美］克利福德·格尔茨（Clifford Geertz）：《文化的解释》，韩莉译，译林出版社 1999 年版。

12. ［美］克利福德·吉尔兹（Clifford Geertz）：《地方性知识》，王海龙、张家瑄译，中央编译出版社 2000 年版。

13. ［日］宫家准：《日本的民俗宗教》，赵仲明译，南京大学出版社 2008 年版。

14. ［日］柳田国男著：《传说论》，连湘译，中国民间文艺出版社 1985 年版。

15. ［日］田仲一成：《中国祭祀戏剧研究》，北京大学出版社 2008 年版。

16. ［英］阿兰·R.H. 贝克：《地理学与历史学——跨越楚河汉界》，阙维民译，商务印书馆 2008 年版。

17. ［英］爱德华·泰勒：《人类学：人及其文化研究》，连树声译，广西师范大学出版社 2004 年版。

18. ［英］弗雷泽：《金枝》，新世界出版社 2006 年版。

19. ［英］霍布斯鲍姆、兰格：《传统的发明》，顾杭、庞冠群译，译林出版社 2004 年版。

20. ［英］简·艾伦·哈里森：《古代仪式与艺术》，刘宗迪译，三联书店 2008 年版。

21. ［英］马凌诺夫斯基：《巫术科学宗教与神话》，李安宅译，中国民间文艺出版社 1985 年版。

22. ［英］维克多·特纳：《仪式过程——结构与反结构》，黄剑波、柳博赟译，中国人民大学出版社 2006 年版。

期刊

1. ［日］广田律子：《日本传统戏曲与中国民俗艺能之继承关系与应用立体坐标法解释》，《贵州民族学院学报》（哲学社会科学版）2007 年第 6 期。

2. ［日］诹访春雄：《艺能的成立和目的》，《上海大学学报》（社会科学版）1990 年第 2 期。

3. 巴莫曲布嫫：《叙事语境与演述场域——以诺苏彝族的口头论辩和史诗传统为例》，《文学评论》2004 年第 1 期。

4. 车文明：《台阁——一种古老而广泛的广场表演艺术》，《文化遗产》2008 年第 2 期。

5. 陈勤建：《村落少女情怀的艺能化展示》，《华东师范大学学报》（哲学社会科学版）2001 年第 6 期。

6. 程蔷：《识宝传说与文化冲突》，《民间文学论坛》1993 年第 2 期。

7. 顾希佳：《绍兴舜王庙会之调查思考》，《民间文化》2001 年第 1 期。

8. 廖明君、巴莫曲布嫫：《田野研究的"五个在场"——巴莫曲布嫫访谈录》，《民俗艺术》2004 年第 3 期。

9. 刘铁梁：《庙会类型与民俗宗教的实践模式——以安国药王庙会为例》，《民间文化论坛》2005 年第 4 期。

10. 刘晓春：《一个地域神的传说和民众生活世界》，《民间文学论坛》1998 年第 3 期。

11. 卢华为：《虚构与真实——民间传说、历史记忆与社会史"知识考古"》，《江苏社会科学》2006 年第 6 期。

12. 曲六乙：《中国现存敬神艺能的分类及其人类学价值》，《艺术百家》2002 年第 4 期。

13. 宋雷鸣：《论大传统和小传统概念的时间意义》，《广西民族大学学报》（哲学与社会科学版）2010 年第 2 期。

14. 王明珂：《历史事实、历史记忆与历史心性》，《历史研究》2001 年第 5 期。

15. 王晴佳：《如何看待后现代主义对史学的挑战》，《新史学》1999 年第 2 期。

16. 徐斯年：《绍兴目连戏散论》，《绍兴文理学院学报》2005 年第 3 期。

17. 杨利慧：《表演理论与民间叙事研究》，《民俗研究》2004 年
第 1 期。

18. 岳永逸：《俯视、蔑视与平视：百年乡村庙会研究史及其心
性》，《节日研究》2010 年 6 月第 1 辑。

19. 赵世瑜：《传说·历史·历史记忆》，《中国社会科学》2003
年第 2 期。

20. 志慧编译《日本的艺能》，《文艺研究》1987 年第 4 期。

博士论文

庞建春：《水利传说研究——以山陕旱作乡村社会水利传说为个
案》，博士学位论文，北京师范大学，2002 年。

外文专著

1. James Clifford, *The Predicament of Culture*, Boston：Harvard University Press, 1988.

2. Richard Bauman, *Verbal Art as Performance*, Waveland Press, 1984.